AUGUSTE DURAND, LIBRAIRE-ÉDITEUR, RUE DES GRÈS, 7,
A PARIS.



# MANUEL DU PARTAGE DES SUCCESSIONS

PAR M. AMÉDÉE NICOLAS

AVOCAT, ANCIEN AVOUÉ, ANCIEN NOTAIRE



*1 vol. in-8°, prix 5 fr. — Par la poste 5 fr. 50*

Ouvrage nécessaire aux Notaires, aux Étudiants en droit et aux Aspirants au notariat

**Utile aux Magistrats, Avocats et avoués.**

La matière des successions est la plus importante de nos codes; le partage, qui en est la suite forcée ainsi que son exécution, est la partie la plus difficile de cette matière.

Dans le plus grand nombre des successions, on trouve des dons entre-vifs, contractuels ou testamentaires, notamment lorsqu'il existe des héritiers à réserve. Il peut s'y rencontrer un ou plusieurs enfants naturels reconnus, soit hors mariage (art. 337, 756, 757 Cod. Nap.), soit durant le mariage (art. 337 ibid.), soit pendant des mariages qui ont produit ou non des enfants légitimes égaux ou inégaux en nombre (art. 337 ibid.). Ces enfants naturels cohéritent, soit avec des enfants légitimes, soit avec des ascendants aussi légitimes, soit avec des frères et sœurs ou des descendants d'eux, soit avec des collatéraux (art. 757 Cod. Nap.). On y voit encore des dons ou legs faits à l'époux de l'art. 1094 du Cod. Nap., ou à l'époux de l'art. 1098 ibid. Quelquefois le don fait à un enfant ou à un autre, en vertu de l'art. 913 Cod. Nap., prime la libéralité faite à l'époux, est primée par elle, ou concourt avec elle (art. 920 à 930 Cod. Nap.). Ailleurs, ce sont des enfants naturels qui succèdent seuls, et il devient nécessaire de distinguer la portion disponible de leur réserve (art. 758, 913 Cod. Nap.), ou c'est un enfant de cette qualité dont il faut régler la succession (art. 765, 766, 756 Cod. Nap.). D'autres fois le défunt est mineur de plus de 16 ans; son incapacité légale et partielle établit, en quelque sorte, une réserve au profit d'héritiers légitimes qui n'y auraient pas droit (art. 904 Cod. Nap.)

Un grand nombre d'hypothèses naissent de ces diverses positions, qui apparaissent tantôt isolées, tantôt plusieurs ensemble, tantôt réunies presque toutes. Elles présentent d'énormes complications et ne laissent souvent que le choix des erreurs et des fautes.

Ceux qui ont écrit sur les successions ont posé quelques jalons et présenté quelques tableaux de répartition. Mais ces jalons sont rares et placés souvent à faux ; ces tableaux sont incomplets et quelquefois en opposition avec la loi ; les difficultés sont laissées de côté, et ce qui est clair est développé avec luxe.

Dans son *Manuel*, M. Nicolas a exposé tous les cas généraux possibles qui dépassent le nombre de 700, et donnent naissance à plus de 3,900 cas particuliers. Il en a indiqué, démontré la solution, et marqué la répartition. Passant légèrement sur ce que tout le monde comprend, il s'est attaché aux difficultés ; on trouvera, dans son livre seul, la réponse à tous les doutes et à toutes les incertitudes que peut présenter le partage des successions.

Il ne s'est pas borné là ; il a exposé et démontré les principes qui fournissent les modes de procéder et dictent les solutions. Ayant exercé comme avocat, avoué et notaire, auteur de douze volumes sur le titre des Successions, et notamment du *Traité des Successeurs réguliers et irréguliers, et de celui de la réserve et de la portion disponible*, il était mieux placé que tout autre pour accomplir la tâche qu'il s'était imposée.

Ce *Manuel* est unique dans son genre ; rien de pareil et de si utile pour la pratique n'a été fait. Il sera d'un grand secours à ceux qui ont à s'occuper des partages, et plus particulièrement *aux notaires des cantons ruraux qui sont isolés, sans conseil ni direction, au milieu de populations paisibles et ignorantes qui abandonnent à leur probité et à leurs lumières le règlement de leurs intérêts*.

Utile aux étudiants en droit et pour former les principaux clercs de notaires, il est assurément digne d'être apprécié du public, et surtout des notaires qu'il aidera dans les partages.

---

*Opinion de la Chambre des Notaires de Marseille donnée à l'auteur avant l'impression.*

MARSEILLE, le 12 juillet 1854.

***La Chambre de discipline des Notaires de l'arrondissement de Marseille, à M. Nicolas, avocat, ancien notaire, ancien avoué à Marseille.***

MONSIEUR ET ANCIEN CONFRÈRE,

La Chambre des Notaires de Marseille a pris, sur votre demande, connaissance du plan de votre *Manuel du partage des Successions*, sur le rapport qui lui a été fait par un de ses membres.

La Chambre me charge de vous exprimer le désir qu'elle partage avec toutes les personnes qui ont eu connaissance de votre consciencieux et intéressant ouvrage, de voir livrer à l'impression un travail qui se distingue par l'habile déduction des principes qui découlent de l'examen raisonné des textes, et qui est appelé dans la pratique, à simplifier, dans beaucoup de cas, la tâche toujours si délicate déférée aux notaires, de liquider, sous le contrôle des magistrats, les divers ordres de succession établis par le Code Napoléon.

Je saisis avec empressement, etc.

*Le Secrétaire*,
TOURNAIRE.

---

*Opinion de M. Dalloz, dans son Recueil, deuxième cahier* 1856.

Cet ouvrage ne ressemble à aucun de ceux qui ont été publiés jusqu'ici sur les partages; tout y est tourné vers la pratique. Pour la plume de M. Nicolas, la théorie a une allure essentiellement différente de celle qui lui est attribuée dans les autres ouvrages. L'auteur ne discourt pas, ne discute pas; il parle, il expose ses principes avec brièveté, avec précision, non pas en vue d'opérer des convictions encore incertaines sur les points litigieux dont un partage peut être embarrassé, mais comme pour rappeler des dispositions qu'on pourrait perdre de vue. *Il ne dit point ce qui lui semble devoir être, mais ce qui est, ce que la loi ordonne, et pourquoi elle l'ordonne*. Il parle, en un mot, avec toute l'assurance d'un homme qui, en sa triple qualité d'avocat, d'ancien avoué et d'ancien notaire, a dû passer la plus grande partie de sa vie au milieu de l'application du droit aux faits, c'est-à-dire, dans la composition soit des partages entre héritiers, soit des comptes qui sont la conséquence de ces partages. *Là, en un mot, tout est pratique, exposé des règles et des principes d'une part, comptabilité et formation des tableaux de l'autre. Tout cela se fond, s'éclaire, s'explique d'une manière qui est toute nouvelle, et dont l'utilité ne saurait être trop signalée à tous les légistes.*

---

PARIS. — Imprimerie de J.-B. GROS et DONNAUD, rue Cassette, 9.

---

**BULLETIN DE SOUSCRIPTION.**

*Je soussigné*

*demeurant à*

*département de*

*déclare souscrire à un exemplaire du* Manuel du Partage des Successions, par A. NICOLAS, *in-8°, pour la somme de* 5 *fr.* 50 *c.* franc de port.

**A** *le* 185

Signature très lisible.

* NOTA. Remplir ce bulletin, le détacher, le plier et le mettre à la poste. — On peut encore se procurer l'ouvrage en le demandant chez tous les libraires de la localité.

Pour recevoir l'ouvrage ci-dessus : *envoyer un mandat de 5 fr. 50 c. sur la poste*, à l'ordre de *M. Auguste Durand*, libraire, 7, rue des Grès-Sorbonne.

*A Monsieur*

*Monsieur* DURAND, *Libraire-Éditeur*,

*Rue des Grès*, 7,

**PARIS.**

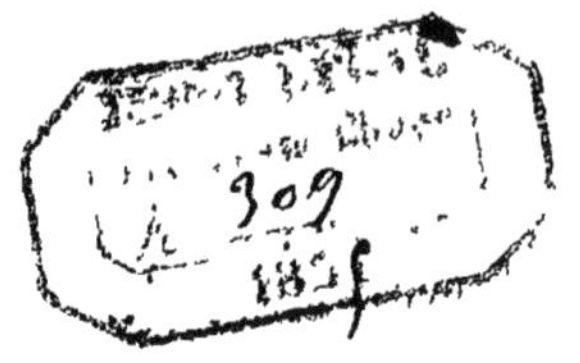

# MANUEL

DU

# PARTAGE DES SUCCESSIONS.

Seront reputés contrefaçons, tous les exemplaires qui ne seront pas revêtus de la griffe de l'Auteur.

(C.)

Marseille. — Typographie et lithographie Veuve Marius OLIVE. rue Mazade, 28.

# MANUEL

# DU PARTAGE

## DES SUCCESSIONS

PAR

M. AMÉDÉE NICOLAS,

Avocat, ancien Avoué, ancien Notaire.

**PARIS.**

M AUGUSTE DURAND,

libraire-éditeur,

rue des Grès-Sorbonne, 7

**MARSEILLE.**

M. ANDRÉ BERGAMIN,

libraire de l'Ordre des Avocats,

(*librairie générale de Jurisprudence*),

Place St-Louis, 2.

**1855.**

# APPROBATION.

## Lettre de la Chambre des Notaires de Marseille à l'Auteur.

**Marseille, 12 Juillet 1855.**

*La Chambre de Discipline des Notaires de l'arrondissement de Marseille, à M.* NICOLAS, *Avocat, ancien Notaire et Avoué, à Marseille.*

MONSIEUR ET ANCIEN CONFRÈRE,

La Chambre des Notaires de Marseille a pris, sur votre demande, connaissance du plan (*) de votre *Manuel du Partage des Successions*, sur le Rapport qui lui a été fait par l'un de ses membres.

La Chambre me charge de vous exprimer le désir qu'elle partage avec toutes les personnes qui ont eu connaissance de votre consciencieux et intéressant ouvrage, de voir livrer à l'impression un travail qui se distingue par l'habile déduction des principes qui découlent de l'examen raisonné des textes, et qui est appelé, dans la pratique, à simplifier, dans beaucoup de cas, la tâche toujours si délicate, déférée par la loi aux Notaires, de liquider, sous le contrôle des Magistrats, les divers ordres de Succession établis par le Code Napoléon.

Je saisis avec empressement, etc., etc.

*Le Secrétaire*,

TOURNAIRE.

(*) La Chambre n'a pas pu vérifier tous les chiffres, c'est le motif pour lequel elle s'est exprimée ainsi.

# AVIS.

Je présente au public le *Manuel du Partage des Successions*.

Ce petit ouvrage contient trois choses : l'exposition des principes qui régissent les partages, les modes de procéder et les comptes faits en chiffres.

Je crois avoir été complet dans l'énumération des cas généraux et particulier.

Ce Manuel, dans presque toutes ses parties, est principalement le résumé de deux traités que j'ai achevés, l'un sur les *Successeurs irréguliers*, l'autre, sur *la réserve et la portion disponible*. Il est l'application raisonnée des principes de la loi, exposés surtout dans ces deux ouvrages; il est essentiellement pratique, et, à ce titre, bien qu'il puisse servir aux Magistrats, aux Avocats et aux Avoués, il est, avant tout, utile aux Notaires et à leurs principaux Clercs. Je suis certain qu'un aspirant au Notariat qui voudra étudier les principes, leur comparer les modes de procéder qui sont indiqués, et refaire tous les calculs, se familiarisera tellement avec la matière des Partages, qu'il ne trouvera plus de difficultés foncières dans les affaires de ce genre dont il aura à s'occuper.

Ayant été principal Clerc chez plusieurs Notaires et Avoués, ayant même exercé longtemps ces deux fonctions ainsi que celle d'Avocat, j'ai pu voir les partages sous tous leurs points de vue, mieux sentir les exigences de la pratique, et y satisfaire.

Je me suis décidé à écrire ce Manuel parceque, après une étude approfondie de la loi et des divisions, subdivisions et comptes que présentaient divers ouvrages, et des Codes annotés, je me suis convaincu qu'il n'y avait de vrais que les comptes évidents par eux-mêmes, et que tous ceux qui présentaient des difficultés réelles étaient éludés ou faits d'une manière opposée à la loi. J'ai suivi une marche différente; je n'ai fait qu'énoncer ce que tout le monde comprend ; mais je me suis attaché aux difficultés, je les ai appelées, provoquées, je les ai développées, et quelques fois répétées sous diverses formes pour les faire mieux saisir.

C'est aux lecteurs à discuter mon Manuel; appuyé sur l'approbation de la Chambre des Notaires de Marseille, transcrite ci-devant, j'attends avec confiance le jugement du public compétent.

Je n'ai pas cru devoir faire la table des matières par ordre alphabétique; elle aurait été presque une répétition du Manuel qui est un résumé; mais j'ai répété, à la fin, les questions qui précèdent chaque Titre et chaque Chapitre, afin de mieux faire apercevoir la liaison de toutes les parties.

AMÉDÉE NICOLAS,
*Avocat, ancien Avoué, ancien Notaire.*

Marseille, 1er Juillet 1855.

rue Thubaneau, 37.
(35 après le 29 Septembre prochain)

# MANUEL

DU

# PARTAGE DES SUCCESSIONS.

## PRÉLIMINAIRES.

Il y a trois sortes de successions. La première est déférée par la loi seule ; la seconde est déférée par la loi et la volonté de l'homme tout à la fois ; la troisième est déférée par la volonté de l'homme seulement.

Nous ne nous occuperons que des deux premières espèces de successions, dans deux parties séparées. Dans la première, nous exposerons tous les cas de la succession purement légitime ; et dans la seconde, nous traiterons de la succession qui est déférée cumulativement par la loi, parce qu'il s'y trouve une portion réservée, et par la volonté de l'homme, parce qu'il s'y rencontre une portion disponible, en disant néanmoins quelque chose des effets de l'art. 904 C. civ., lorsqu'il n'existe pas d'héritiers à réserve.

## PREMIÈRE PARTIE.

*Des successions déférées par la loi.*

### Question.

1. — Division de la première partie.

1. — La succession déférée par la loi est dévolue à des parents légitimes ou naturels, puis au conjoint survivant, et, à défaut du conjoint, à l'Etat.

La succession de l'enfant naturel décédé sans postérité légitime ou naturelle obvient à ses père et mère qui l'ont reconnu, et, à leur défaut, à ses frères naturels et légitimes (art. 765, 766 C. civ.)

Il existe de plus une succession particulière dans le retour légal de l'art. 747 C. civ. : nous la laisserons de côté, parce qu'elle ne s'applique qu'à des objets particuliers et non à des quotités ou des universalités.

Il est inutile de parler aussi de la succession du conjoint survivant et de l'Etat, qui n'a lieu qu'à défaut de parents légitimes et d'enfant naturel, et qui arrive en totalité à ces successeurs, à moins que le défunt n'ait disposé de tous ses biens au profit d'un autre, ou ne leur arrive que pour moitié, si le disposant est un mineur de seize ans.

La succession déférée par la loi obvient, soit à des parents légitimes, soit à des parents légitimes et à des enfants naturels tout à la fois, soit à des enfants naturels seulement.

De là trois titres distincts dans notre première partie ; un quatrième titre traitera de la succession de l'enfant naturel décédé.

## TITRE PREMIER.

*Succession dévolue à des parents légitimes.*

### Questions.

2. — Catégories diverses des parents légitimes.
3. — De la représentation ordinaire ; quand elle a lieu.
4. — Distribution du titre en six chapitres.

**2.** — Les parents légitimes sont des descendants, des ascendants ou des collatéraux. Il peut y avoir un concours d'ascendants et de ces collatéraux ; et parmi les ascendants, les uns concourent avec des collatéraux ; d'autres sont primés par certains d'entre eux, tels que les frères et sœurs ou descendants d'eux, sans que jamais les descendants puissent concourir avec d'autres parents légitimes, car ils les priment dans tous les cas (art. 731 C. civ.) Toutefois, les ascendants ne priment les collatéraux qui ne sont ni frères et sœurs, ni descendants d'eux, que dans la ligne à laquelle ils appartiennent (art. 733, 753 C. civ.)

3. — La représentation a lieu dans la ligne directe descendante, art. 740 C. civ. et en ligne collatérale en faveur des descendants de frères et sœurs seulement, mais elle ne s'exerce ni dans la ligne directe ascendante (art. 741 C. civ.), ni dans le restant des membres des lignes collatérales (art. 742 C. civ.)

4. — Nous diviserons donc notre titre en six chapitres.

Le premier chapitre traitera des successions déférées à des descendants légitimes ;

Le second, de celles déférées à des ascendants seulement ;

Le troisième, de celles dévolues à des ascendants et à des frères et sœurs ou descendants d'eux ;

Le quatrième, de celles déférées à des ascendants et à des collatéraux autres que les frères et sœurs ou descendants d'eux;

Le cinquième, de celles obvenant uniquement à des frères et sœurs ou descendants d'eux ;

Et le sixième, de celles arrivant seulement à des collatéraux autres que les frères et sœurs ou descendants d'eux.

## CHAPITRE PREMIER.

*Successions dévolues à des descendants légitimes.*

### Question.

5. — Partage de cette succession.

5. — Nous prenons pour base une succession qui présente une valeur de 36,000 fr., parce que ce nombre est facilement divisible.

| | | | | |
|---|---|---|---|---|
| 1 enfant | | .........F. | 36,000 | » |
| 2 enfants, | chacun | ........ | 18,000 | » |
| 3 | Id. | Id. ........ | 12,000 | » |
| 4 | Id. | Id. ........ | 9,000 | » |
| 5 | Id. | Id. ........ | 7,200 | » |
| 6 | Id. | Id. ........ | 6,000 | » |
| 7 | Id. | Id. ........ | 5,142 | 85 5/7 |
| 8 | Id. | Id. ........ | 4,500 | » |
| 9 | Id. | Id. ........ | 4,000 | » |
| 10 | Id. | Id. ........ | 3,600 | » |

## CHAPITRE II.

*Successions déférées à des ascendants légitimes seulement.*

### Question.

6. — Partage de cette succession.

6. — La succession se divise en deux moitiés : l'une pour l'ascendant le plus proche de la ligne paternelle qui a, par là, 18,000 fr., et l'autre pour l'ascendant le plus proche de la ligne maternelle qui obtient aussi 18,000 fr.

## CHAPITRE III.

*Successions dévolues à des ascendants et à des frères et sœurs ou descendants d'eux.*

### Questions.

7. — Quels sont les ascendants qui concourent avec les frères et sœurs ou descendants d'eux? Quels sont ceux qui sont primés par ces derniers?

8. — Partage de la succession lorsque les père et mère existent tous deux.

9. — Partage de la succession lorsqu'il n'existe qu'un des père et mère.

7. — Les ascendants qui concourent ainsi avec des frères et sœurs ou descendants d'eux ne sont que les père et mère du défunt, car les autres ascendants sont primés par ces frères et sœurs ou leurs descendants (art. 750 C. civ.), alors même que ces derniers n'auraient pas le privilége du double lien (art 752 C. civ.).

8. — S'il existe le père et la mère du défunt, la succession est dévolue pour une moitié aux père et mère, et, pour l'autre moitié, aux frères et sœurs ou descendants d'eux.

Les père et mère partagent entre eux par demi la moitié qui leur obvient; les frères et sœurs ou descendants d'eux, en quelque nombre qu'ils soient, partagent entre eux et à égalité l'autre moitié, sans que leur quantité puisse influer sur la quotité dévolue aux père et mère. Si donc il y a dix frères et sœurs :

| | | |
|---|---|---|
| Le père aura 1/4..................... | F. | 9,000 00 |
| La mère aura 1/4..................... | | 9,000 00 |
| Et les frères et sœurs réunis auront 1/2.... | | 18,000 00 |
| Et chacun des frères et sœurs n'aura que.. | | 1,800 00 |

C'est la conséquence évidente et forcée des art. 748 et 752 C. civ.

9. — S'il n'existe qu'un des père et mère, le père par exemple, son droit ne sera pas augmenté par le prédécès de la mère ; la part de cette dernière ne lui accroîtra pas à lui, mais aux frères et sœurs ou descendants d'eux (art. 749, 751 C. civ.).

| | | |
|---|---|---|
| Ainsi, dans ce cas, le père aura 1/4.... | F. | 9,000 00 |
| Les frères et sœurs réunis auront 3/4... | | 27,000 00 |
| Et chacun de ces derniers, supposés au nombre de dix, aura............. | | 2,700 00 |

Nous dirons au chapitre V comment la 1/2 ou les 3/4 dévolus aux frères et sœurs doivent se partager lorsqu'il y en a qui sont germains, utérins ou consanguins (art. 733, 752 C. civ.).

## CHAPITRE IV.

*Successions déférées à des ascendants ou à des collatéraux autres que les frères et sœurs ou leurs descendants.*

---

### Questions.

10. — Partage de la succession entre l'ascendant d'une ligne et les collatéraux de l'autre.

11. — L'ascendant qui est père ou mère a de plus l'usufruit du tiers de la portion dévolue aux collatéraux.

10. — Dans cette hypothèse, comme les collatéraux, primés ordinairement par tous les ascendants, ne succèdent qu'à cause de la division par lignes paternelle et maternelle décrétée par l'art. 733 C. civ., et, parce qu'il n'y a pas d'ascendant dans la ligne à laquelle ils appartiennent, la succession se divise naturellement en deux moitiés, l'une pour l'ascendant d'une ligne, l'autre pour les collatéraux de l'autre ligne qui ont à se la partager entre eux (art. 753 C. civ.).

11. — Si l'ascendant qui succède est un père ou une mère, il a, en propriété, la même quotité qu'un autre ascendant ; mais il en a une plus forte en usufruit, en vertu de l'art. 754 C. civ. qui lui donne l'usufruit du tiers des biens auxquels il ne succède pas en propriété.

Ainsi, dans ce cas :

Le père a en propriété 18,000 fr., et en usufruit 24,000 00
Et les collatéraux ont id. 18,000 fr., id. 12,000 00

## CHAPITRE V.

*Des Successions dévolues uniquement à des Frères et Sœurs ou descendants d'eux.*

---

### Questions.

12. — Partage de la succession entre les frères et sœurs germains utérins ou consanguins ou leurs descendants. Compte fait pour ce cas.

13. — Ce mode de partage a lieu soit pour toute la succession, si les frères et sœurs héritent seuls, soit pour la part qu'ils obtiennent en concourant avec les père et mère ou le survivant d'entr'eux.

12. — Une pareille succession se divise toujours en deux moitiés : l'une pour la ligne paternelle et l'autre pour la ligne maternelle, en vertu de l'art. 733 C. civ., qui contient une disposition générale.

Si tous ces frères et sœurs ou descendants d'eux sont germains, c'est à dire, frères et sœurs dans les deux lignes, ils partagent entr'eux la succession par tête et à égalité, en sorte que, s'ils sont 8, par exemple, ils ont un huitième chacun.

Mais si les uns sont germains et les autres utérins ou consanguins, c'est à dire, frères et sœurs dans la ligne maternelle seulement, ou uniquement dans la ligne paternelle, les germains feront nombre et prendront part dans les deux lignes ; les utérins ne feront nombre et ne prendront part que dans la ligne maternelle, et les consanguins feront nombre et prendront part seulement dans la ligne parternelle.

Si donc il y a un frère germain, deux frères consanguins et

quatre frères utérins, le germain appartenant aux deux lignes, il y aura trois frères consanguins et cinq frères utérins.

Et en supposant une succession de la valeur de 36,000 fr., le germain aura : 1° un tiers de la moitié dévolue à la ligne paternelle........................... 6,000 fr. 00

2° un cinquième de la demie dévolue à la ligne maternelle........................... 3,600 fr. 00

TOTAL...... 9,600 fr. 00

Les deux frères utérins auront ensemble.... 12,000 fr. 00

Et les quatre frères consanguins auront tous réunis........................... 14,400 fr. 00

13. — Cette divison résulte du texte des art. 733 et 752 C. civ.

Elle a lieu aussi bien, pour la totalité de la succession lorsque, comme dans le cas qui nous occupe, les frères et sœurs recueillent toute l'hérédité, que pour la demi ou les trois quarts que les frères et sœurs obtiennent quand ils cohéritent avec les père et mère ou le survivant d'entr'eux (art. 752 C. civ.)

## CHAPITRE VI.

*Succession déférée à des Collatéraux autres que les Frères et Sœurs ou descendants d'eux.*

---

### Questions.

14. — Partage de cette succession. Le privilége du double lien profite aux collatéraux comme aux frères et sœurs.

15. — A qui obvient la succession à défaut de parents légitimes?

14. — Nous avons fixé les droits des collatéraux lorsqu'ils cohéritaient avec des ascendants père ou mère, ou autres que les père ou mère, car n'étant appelés qu'à défaut d'ascendants dans une ligne, ils ne peuvent jamais concourir avec des ascendants dans les deux lignes.

Lorsque les collatéraux dont il s'agit succèdent seuls, ils

partagent à égalité et par tête, comme feraient des frères, et on procède de la même manière. Ainsi, on partage la succession en deux moitiés, l'une pour les collatéraux de la ligne paternelle, l'autre pour ceux de la ligne maternelle, conformément à l'art 733 C. civ. Si, parmi les collatéraux, les uns appartiennent aux deux lignes cumulativement, ils font nombre et prennent part dans chacune d'elles; les collatéraux seulement paternels, ne font nombre et ne prennent part que dans la ligne paternelle; et ceux qui sont seulement maternels, ne font nombre et ne prennent part que dans la ligne à laquelle ils appartiennent.

Il en en est de même lorsque les collatéraux ne succèdent qu'à une demi en pleine propriété, ou bien à une demi en propriété et à un tiers en usufruit, dans le cas des art. 753 et 754 C. civ.

Notre exposition se fonde sur le texte explicite de l'art. 733 C. civ.

15. — Comme nous l'avons déjà dit, à défaut de parents legitimes, la succession revient à l'enfant naturel; à défaut de l'enfant naturel, au conjoint survivant; et à défaut du conjoint survivant, les biens obviennent à l'état par droit de déshérence, et parce que les biens vacants et sans maître particulier, appartiennent à la généralité, c'est à dire à l'état, qui la personnifie en lui-même.

## TITRE II.

*Succcession dévolue à des Parents légitimes et à des Enfants naturels.*

---

### Questions.

16. — Malgré les termes de l'art. 756 C. civ., l'enfant naturel est héritier.
17. — Division du titre.

16. — Bien que l'art. 756 C. civ. ait ouvert le 1er article de la matière de la succession des enfants naturels par ces mots faux et hasardés : *les enfants naturels ne sont pas héritiers*,

les enfants naturels héritent et cohéritent avec les parents légitimes, même avec des descendants de cette dernière qualité, et de plus il sont, comme eux, et comme les ascendants, héritiers à réserve.

17. — Ce titre se divise en trois chapitres, suivant les trois catégories établies par l'art. 757 C. civ.

Dans le chapitre premier, il s'agira du concours des enfants légitimes et naturels, dans le second, du concours d'ascendants, de frères et sœurs, ou de descendants d'eux avec des enfants naturels, et dans le troisième, des collatéraux cohéritant avec les enfants naturels.

## CHAPITRE PREMIER.

### *Des Successions dévolues à des Enfants légitimes et naturels.*

---

### Questions.

18. — Division du chapitre.

**SECTION 1re.**

***Les enfants naturels ont été reconnus en dehors du mariage d'où sont nés les enfants légitimes.***

19. — Sens des termes de l'art. 757 C. civ. : Si le père ou la mère a laissé des descendants légitimes, ce droit est le tiers de la portion héréditaire que l'enfant naturel aurait eu s'il eût été légitime.

20. — Donc un seul descendant légitime, de quelque degré qu'il soit, compte comme un enfant légitime du premier degré vis-à-vis de l'enfant naturel, et le réduit au tiers de la demi.

21. — Pour donc calculer le droit de l'enfant naturel, il faut le supposer légitime, l'ajouter aux enfants qui le sont, fixer la part qu'il aurait eue; le tiers de cette part sera son droit successif, le restant demeurant aux enfants légitimes.

22. — Réfutation d'un système différent, au cas où il y a plusieurs enfants naturels.

23. — Les enfants légitimes indignes ou renonçants, ne font pas nombre pour fixer le droit de l'enfant naturel.

24. — Si l'enfant légitime du premier degré est indigne ou renonce, tous ses descendants ne comptent que pour son nombre *un* vis-à-vis de l'enfant naturel. C'est là l'effet d'une représentation d'une autre espèce.

25. — On applique ici la disposition de l'art. 914 C. civ., faite pour le calcul de la portion disponible.

| | | | | | | |
|---|---|---|---|---|---|---|
| 26. — | 1er tableau. | 1 à 10 | enfants légitimes. | 1 | enfant naturel. | |
| 27. — | 2e Id. | 1 | Id. | 2 à 10 | Id. | |
| 28. — | 3e Id. | 2 | Id. | 2 à 10 | Id. | |
| 29. — | 4e Id. | 3 | Id. | 2 à 10 | Id. | |
| 30. — | 5e Id. | 4 | Id. | 2 à 10 | Id. | |
| 31. — | 6e Id. | 5 | Id. | 2 à 10 | Id. | |
| 32. — | 7e Id. | 6 | Id. | 2 à 10 | Id. | |
| 33. — | 8e Id. | 7 | Id. | 2 à 10 | Id. | |
| 34. — | 9e Id. | 8 | Id. | 2 à 10 | Id. | |
| 35. — | 10e Id. | 9 | Id. | 2 à 10 | Id. | |
| 36. — | 11e Id. | 10 | Id. | 2 à 10 | Id. | |

37. — Les enfants légitimes de l'enfant naturel peuvent exercer ses droits.

**SECTION 2e.**

*Il y a lieu à l'application de l'article 337 C. civ.*

38. — Sens de l'art. 337 C. civ.

39. — L'enfant naturel dont s'occupe cet article est celui qui a été reconnu durant le mariage, et non celui qui a été reconnu avant ou après tout mariage.

40. — L'art. 337 ne prive l'enfant naturel de ses droits, que vis-à-vis des enfants légitimes nés du mariage durant lequel il a été reconnu.

41. — Cet article n'est relatif qu'aux successions légitimes.

42. — Calcul des droits de chacun lorsqu'il y a un enfant légitime du premier mariage, un enfant légitime du deuxième, et un enfant naturel reconnu durant le premier mariage.

43. — Calcul des droits de chacun lorsqu'il y a un seul enfant légitime, un enfant naturel reconnu hors mariage, et un autre reconnu durant le mariage.

44. — Calcul des droits de chacun lorsqu'il y a deux enfants légitimes, un de chaque mariage, un enfant naturel reconnu durant le premier mariage, et un autre reconnu hors mariage.

45. — Calcul des droits de chacun lorsqu'il y a deux enfants légitimes, un de chaque mariage, deux enfants naturels reconnus chacun durant un mariage.

46. — Calcul des droits de chacun lorsqu'il y a, outre les deux enfants légitimes et les deux enfants naturels du no 45, un autre enfant naturel reconnu hors mariage.

**18.** — Les enfants naturels succèdent avec les enfants légitimes. Quelquefois certains d'entr'eux, ou tous, ne succèdent pas avec tous les enfants légitimes ou avec quelqu'un d'entr'eux, c'est le cas de l'art. 337 C. civ., qui dispose que la reconnaissance qui aura lieu durant le mariage ne pourra nuire ni aux enfants de ce mariage, ni à l'époux.

De là deux sections :

Dans la première, nous parlerons de la cohérédité des enfants légitimes et naturels, et dans la seconde des entraves qu'y apporte l'art. 337 C. civ.

## SECTION PREMIÈRE.

### *Succession dévolue à des Enfants légitimes et naturels.*

19. — 1° L'art. 757 C. civ. fixe les droits de l'enfant naturel, dans tous les cas où il ne succède pas seul, et notamment lorsqu'il est en concours avec des descendants légitimes. Ce droit est du 1/3 de la *portion héréditaire que l'enfant naturel aurait eue s'il eut été légitime.*

Tous les termes de cette disposition législative doivent être lus avec beaucoup de réflexion, car ils ont tous leur importance.

20. — La loi emploie le mot *descendants légitimes*, et non celui d'*enfants*, pour faire entendre que le descendant légitime le plus éloigné en degré, fût-il seul, n'est jamais primé par l'enfant naturel qui est au premier degré, qu'il suffit pour réduire l'enfant naturel au tiers de ce qu'il aurait eu s'il eût été légitime et à un degré aussi éloigné que lui, et ce lors même que l'enfant légitime du premier degré dont il descendrait aurait été indigne ou renonçant, et n'aurait pas pu le faire profiter du bénéfice de la représentation, conformément aux art. 730 et 787 C. civ.; ce descendant légitime, du troisième degré, par exemple, petit-fils d'un enfant du premier degré renonçant ou indigne, concourra toujours avec le bâtard reconnu, et succèdera avec lui, et parce qu'il est bien *un descendant légitime* dans le sens de l'art. 757 C. civ., il le réduira au tiers de ce qu'il aurait eu s'il eût été légitime. Du reste, l'enfant naturel bénéficiera de l'indignité ou de la renonciation de tous les descendants légitimes des degrés antérieurs; car, dans notre espèce, il obtiendra en ne concourant qu'avec un seul descendant légitime, plus que ce qu'il aurait eu s'il eût cohérité avec un plus grand nombre.

21. — Quels sont la portée et l'effet de ces mots : *le tiers de la portion héréditaire que l'enfant naturel aurait eue s'il eû*

*été légitime?* les voici : il faut considérer le bâtard comme légitime, lui faire augmenter par là le nombre des enfants de cette qualité, et lui assigner le tiers de la portion qu'il aurait eue s'il eût joui de la légitimité; en sorte qu'il faut procéder d'abord par l'addition du nombre de l'enfant naturel à celui des enfants légitimes, et qu'il faut procéder de même par voie de conséquence forcée, lorsqu'il y a plusieurs enfants naturels.

22. — Il y a des gens qui ont raisonné d'une manière étrange, ont tiré des inductions singulières des termes déjà cités de l'art. 757, et ont dit : l'enfant naturel est le tiers d'un enfant légitime, donc trois enfants naturels font un enfant légitime, et s'il n'y a qu'un enfant du mariage, les trois enfants naturels valant à eux trois autant que lui, auront la 1/2 de la succession ou 18,000 fr., l'autre 1/2, soit 18,000 fr., restant à l'enfant légitime. Dans cette hypothèse, chaque bâtard aurait 6,000 fr., et l'enfant légitime aurait 18,000 fr.

Cette répartition est contraire aux termes de l'art. 757 et à la manière dont on procède pour calculer la part du bâtard ou des bâtards, s'ils sont trois, ou un plus grand nombre. On suppose légitimes ces trois enfants naturels, on les ajoute à l'enfant légitime, ce qui fait quatre enfants; ayant chacun 1/4, chaque bâtard étant un tiers d'enfant légitime, a le 1/3 de ce 1/4, ou soit 1/12 ; les trois enfants illégitimes ont par là, 3/12 ou 9,000 fr., soit 3,000 fr. pour chacun d'eux, et l'enfant réellement légitime a 9/12, soit 3/4 ou 27,000 fr.; comme on peut le voir, la différence est importante.

Nous devons ajouter quelques autres considérations avant de présenter nos tableaux de répartition.

23. — Tout comme les enfants indignes ou renonçants ne font pas nombre pour le calcul des droits des enfants légitimes dignes et acceptants, et cela parce qu'ils ne prennent et ne peuvent pas prendre part, et que la portion qu'ils auraient eue accroît à leurs cohéritiers qui sont dignes et qui acceptent (art. 786 C. civ.), de même les enfants légitimes indignes ou renonçants ne font pas nombre, pour fixer le droit de l'enfant naturel, qui a pour base celui d'un enfant légitime et en est une quotité;

ainsi, s'il y a trois enfants légitimes, l'un renonçant, l'autre indigne, et le troisième acceptant, l'enfant naturel ne concourra qu'avec celui qui aura accepté, et comme il aurait eu 1/2 étant supposé légitime, il aura, étant naturel, 1/3 de cette 1/2 ou 1/6, et l'enfant légitime acceptant aura 5/6.

24. — L'article 914 du Code civil porte que le mot *Enfants* dont se sert l'art. 913 qui le précède, comprend les descendants en quelque degré que ce soit; mais il ajoute que, néanmoins, ces enfants ne sont comptés que pour l'enfant (du 1er degré) qu'ils représentent dans la succession du disposant.

Si donc il n'y a qu'un enfant du premier degré qui soit décédé, et ait laissé dix enfants qui lui succèdent, soit par représentation, soit de leur chef, la portion disponible sera seulement toujours d'une moitié et non d'un quart, en vertu du principe résultant de la combinaison des art. 913 et 914 C. civ.

Il en sera de même lorsque l'enfant du premier degré, père de ces dix descendants, aura été déclaré indigne ou aura répudié la succession; ses dix enfants venant alors incontestablement de leur chef, puisqu'on ne représente pas, dans le sens de la loi, celui qui a renoncé ou est indigne, n'auront néanmoins, vis-à-vis de la quotité disponible, que les droits de leur père, ne compteront que pour lui, pour son nombre *un* s'il est fils unique. La réserve de ces dix petits-enfants sera donc seulement d'une 1/2, ce qui établit une espèce de représentation des enfants des indignes ou des renonçants, vis-à-vis de leur père, à l'égard de la portion disponible.

Le sens commun et la raison appuyent cette disposition de l'art. 914. Si un père qui n'a qu'un enfant peut disposer de la moitié de ses biens, il doit conserver le même droit dans le cas où son enfant le prédécède laissant lui-même des enfants qui le représentent. La mort de cet enfant, fait entièrement étranger au père, ne peut influer en rien sur ses droits et sa liberté et réduire à 1/4, au lieu d'une 1/2, la portion dont il peut disposer.

Cette vérité est encore plus vivement ressentie lorsque l'enfant unique est exclu pour cause d'indignité ou de renonciation; si on ne l'admettait pas, on ferait profiter les enfants de l'indigne de la faute de leur père ; et l'enfant légitime unique qui aurait trois enfants ou plus serait le maître ou l'arbitre de la force ou de la faiblesse de la portion disponible, de la facilité plus ou moins étendue de disposer de son père ; car s'il acceptait, la portion disponible serait de 1/2, et s'il renonçait, il la réduirait au quart.

25. — Eh bien ! ce que nous trouvons juste, équitable, évident pour la conservation et le maintien de la portion disponible, doit nous paraître tel, vis-à-vis des enfants naturels. Entachés déjà de la faute de leur père et mère, ayant par ce motif des droits restreints, ils ne doivent pas pouvoir les voir encore restreindre par le prédécès d'un enfant légitime, amenant, par l'effet de la représentation, des petits-enfants, par exemple, à la succession ; ils ne doivent pas les voir restreindre par le crime, la faute de l'indigne ; ils ne doivent pas être à la merci de l'enfant unique du premier degré qui, en acceptant, leur conserve leur droit dans son intégrité, et qui le leur diminuerait considérablement en renonçant.

Concluons donc que les enfants légitimes du second degré ou des degrés ultérieurs ne sont comptés, vis-à-vis de l'enfant naturel, que pour l'enfant unique du premier degré dont ils descendent, ce qui établit une représentation pareille à celle des art. 913 et 914 du Code civ. combinés.

Venons maintenant aux tableaux. Nous emploierons les fractions pour avoir plus de simplicité, de clarté et de facilité.

Les droits des enfants légitimes et naturels dépendent de leur nombre. Les comptes qui suivent le montreront clairement.

## PREMIER TABLEAU.

Il y a de 1 à 10 enfants légitimes, et 1 seul enfant naturel.

| | | | | | |
|---|---|---|---|---|---|
| 26. — | 1 enfant légitime... | 5/6 | 1 enfant naturel.......... | 1/6 |
| | 2 Id......... | 8/9 | Id................ | 1/9 |
| | 3 Id......... | 11/12 | Id................ | 1/12 |
| | 4 Id......... | 14/15 | Id................ | 1/15 |
| | 5 Id......... | 17/18 | Id................ | 1/18 |
| | 6 Id......... | 20/21 | Id................ | 1/21 |
| | 7 Id......... | 23/24 | Id................ | 1/24 |
| | 8 Id......... | 26/27 | Id................ | 1/27 |
| | 8 Id......... | 29/30 | Id................ | 1/30 |
| | 10 Id......... | 32/33 | Id................ | 1/33 |

### DEUXIÈME TABLEAU.

Il n'y a qu'un enfant légitime et de 2 à 10 enfants naturels.

27. — *Nota.* Le premier tableau fixant les droits de chacun dans le cas où il n'y a qu'un enfant naturel, c'est le motif pour lequel nous ne parlons, dans ce tableau comme dans les subséquents, que du nombre de deux enfants naturels au moins.

| | | | | |
|---|---|---|---|---|
| 1 enfant légitime... | 7/9 | 2 | enfants naturels......... | 2/9 |
| Id......... | 9/12 | 3 | Id................ | 3/12 |
| Id......... | 11/15 | 4 | Id................ | 4/15 |
| Id......... | 13/18 | 5 | Id................ | 5/18 |
| Id......... | 15/21 | 6 | Id................ | 6/21 |
| Id......... | 17/24 | 7 | Id................ | 7/24 |
| Id......... | 19/27 | 8 | Id................ | 8/27 |
| Id......... | 21/30 | 9 | Id................ | 9/30 |
| Id......... | 23/33 | 10 | Id................ | 10/33 |

### TROISIÈME TABLEAU.

Il y a 2 enfants légitimes et de 2 à 10 enfants naturels.

| | | | | | |
|---|---|---|---|---|---|
| 28. — | 2 enfants légitimes. | 10/12 | 2 | enfants naturels......... | 2/12 |
| | Id......... | 12/15 | 3 | Id................ | 3/15 |
| | Id......... | 14/18 | 4 | Id................ | 4/18 |
| | Id......... | 16/21 | 5 | Id................ | 5/21 |
| | Id......... | 18/24 | 6 | Id................ | 6/24 |
| | Id......... | 20/27 | 7 | Id................ | 7/27 |
| | Id......... | 22/30 | 8 | Id................ | 8/30 |
| | Id......... | 24/33 | 9 | Id................ | 9/33 |
| | Id......... | 26/36 | 10 | Id................ | 10/36 |

### QUATRIÈME TABLEAU.

Il y a 3 enfants légitimes et de 2 à 10 enfants naturels.

| | | | | | |
|---|---|---|---|---|---|
| 29. — | 3 enfants légitimes. | 13/15 | 2 | enfants naturels......... | 2/15 |
| | Id......... | 15/18 | 3 | Id................ | 3/18 |
| | Id......... | 17/21 | 4 | Id................ | 4/21 |
| | Id......... | 19/24 | 5 | Id................ | 5/24 |
| | Id......... | 21/27 | 6 | Id................ | 6/27 |
| | Id......... | 23/30 | 7 | Id................ | 7/30 |
| | Id......... | 25/33 | 8 | Id................ | 8/33 |
| | Id......... | 27/36 | 9 | Id................ | 9/36 |
| | Id......... | 29/39 | 10 | Id................ | 10/39 |

## CINQUIÈME TABLEAU.

Il y a 4 enfants légitimes et de 2 à 10 enfants naturels.

| | | | | | |
|---|---|---|---|---|---|
| 30.— | 4 enfants légitimes. | 16/18 | 2 | enfants naturels......... | 2/18 |
| | Id......... | 18/21 | 3 | Id................ | 3/21 |
| | Id......... | 20/24 | 4 | Id................ | 4/24 |
| | Id......... | 22/27 | 5 | Id................ | 5/27 |
| | Id......... | 24/30 | 6 | Id................ | 6/30 |
| | Id......... | 26/33 | 7 | Id................ | 7/33 |
| | Id......... | 28/36 | 8 | Id................ | 8/36 |
| | Id......... | 30/39 | 9 | Id................ | 9/39 |
| | Id......... | 32/42 | 10 | Id................ | 10/42 |

## SIXIÈME TABLEAU.

Il y a 6 enfants légitimes et de 2 à 10 enfants naturels.

| | | | | | |
|---|---|---|---|---|---|
| 31.— | 5 enfants......... | 19/21 | 2 | enfants naturels......... | 2/21 |
| | Id......... | 21/24 | 3 | Id................ | 3/24 |
| | Id......... | 23/27 | 4 | Id................ | 4/27 |
| | Id......... | 25/30 | 5 | Id................ | 5/30 |
| | Id......... | 27/33 | 6 | Id................ | 6/33 |
| | Id......... | 29/36 | 7 | Id................ | 7/36 |
| | Id......... | 31/39 | 8 | Id................ | 8/39 |
| | Id......... | 33/42 | 9 | Id................ | 9/42 |
| | Id......... | 35/45 | 10 | Id................ | 10/45 |

## SEPTIÈME TABLEAU.

Il y a 5 enfants légitimes et de 2 à 10 enfants naturels.

| | | | | | |
|---|---|---|---|---|---|
| 32.— | 6 enfants légitimes. | 22/24 | 2 | enfants naturels......... | 2/24 |
| | Id......... | 24/27 | 3 | Id................ | 3/27 |
| | Id......... | 26/30 | 4 | Id................ | 4/30 |
| | Id......... | 28/33 | 5 | Id................ | 5/33 |
| | Id......... | 30/36 | 6 | Id................ | 6/36 |
| | Id......... | 32/39 | 7 | Id................ | 7/39 |
| | Id......... | 34/42 | 8 | Id................ | 8/42 |
| | Id......... | 36/45 | 9 | Id................ | 9/45 |
| | Id......... | 38/48 | 10 | Id................ | 10/48 |

## HUITIÈME TABLEAU.

Il y a 7 enfants légitimes et 2 à 10 enfants naturels.

| | | | | | |
|---|---|---|---|---|---|
| 33.— | 7 enfants légitimes. | 25/27 | 2 | enfants naturels........ | 2/27 |
| | Id......... | 27/30 | 3 | Id................ | 3/30 |
| | Id......... | 29/33 | 4 | Id................ | 4/33 |
| | Id......... | 31/36 | 5 | Id................ | 5/36 |
| | Id......... | 33/39 | 6 | Id................ | 6/39 |
| | Id......... | 35/42 | 7 | Id................ | 7/42 |
| | Id......... | 37/45 | 8 | Id................ | 8/45 |
| | Id......... | 39 48 | 9 | Id................ | 9/48 |
| | Id......... | 41/51 | 10 | Id................ | 10/51 |

### NEUVIÈME TABLEAU.

Il y a 8 enfants légitimes et de 2 à 10 enfants naturels.

| | | | | | |
|---|---|---|---|---|---|
| 34. — | 8 enfants légitimes. | 28/30 | 2 | enfants naturels......... | 2/30 |
| | Id. ....... | 30/33 | 3 | Id............... | 3/33 |
| | Id......... | 32/36 | 4 | Id............... | 4/36 |
| | Id......... | 34/39 | 5 | Id............... | 5/39 |
| | Id. ...... | 36/42 | 6 | Id............... | 6/42 |
| | Id......... | 38/45 | 7 | Id............... | 7/45 |
| | Id......... | 40/48 | 8 | Id............... | 8/48 |
| | Id......... | 42/51 | 9 | Id............... | 9/51 |
| | Id......... | 44/54 | 10 | Id............... | 10/54 |

### DIXIÈME TABLEAU.

Il y a 9 enfants légitimes et de 2 à 10 enfants naturels.

| | | | | | |
|---|---|---|---|---|---|
| 35. -- | 9 enfants légitimes. | 31/33 | 2 | enfants naturels......... | 2/33 |
| | Id......... | 33/36 | 3 | Id............... | 3/36 |
| | Id......... | 35/39 | 4 | Id............... | 4/39 |
| | Id......... | 37/42 | 5 | Id............... | 5/42 |
| | Id......... | 39/45 | 6 | Id............... | 6/45 |
| | Id......... | 41/48 | 7 | Id............... | 7/48 |
| | Id......... | 43/51 | 8 | Id............... | 8/51 |
| | Id......... | 45/54 | 9 | Id............... | 9/54 |
| | Id......... | 47/57 | 10 | Id............... | 10/57 |

### ONZIÈME TABLEAU.

Il y a 10 enfants légitimes et de 2 à 10 enfants naturels.

| | | | | | |
|---|---|---|---|---|---|
| 36. — | 10 enfants légitimes. | 34/36 | 2 | enfants naturels......... | 2/36 |
| | Id......... | 36/39 | 3 | Id............... | 3/39 |
| | Id......... | 38/42 | 4 | Id............... | 4/42 |
| | Id......... | 40/45 | 5 | Id............... | 5/45 |
| | Id......... | 42/48 | 6 | Id............... | 6/48 |
| | Id......... | 44/51 | 7 | Id............... | 7/51 |
| | Id......... | 46/54 | 8 | Id............... | 8/54 |
| | Id......... | 48/57 | 9 | Id............... | 9/57 |
| | Id......... | 50/60 | 10 | Id............... | 10/60 |

37. — *Nota.* L'art. 759 du Code civ. appelant les enfants légitimes de l'enfant naturel, par représentation de leur père, ce qui a été dit du père s'applique aux enfants.

## SECTION DEUXIÈME.

*Influence de l'art.* 337 *C. civ. sur la Succession des Enfants naturels en concours avec des Enfants légitimes.*

38. — L'art. 337 ne prive l'enfant naturel de son droit de

succession que vis à vis des enfants nés du mariage durant lequel il a été reconnu.

De là, les conséquences suivantes :

39. — 1° L'enfant naturel dont s'occupe cet article, est celui qui a été reconnu durant le mariage, et non celui qui l'a été avant ou après tout mariage.

40. — 2° L'enfant naturel reconnu durant un mariage n'est privé de son droit de concours cohéréditaire que vis-à-vis des enfants légitimes nés de ce mariage, et non à l'égard des enfants légitimes issus d'autres mariages, ni à l'égard des autres enfants naturels.

41. — 3° L'art. 337 C. civ. est relatif aux successions légitimes.

Plusieurs positions naissent de la disposition de l'art. 337.

42. — S'il y a un enfant légitime d'un premier mariage, un autre enfant légitime d'un second mariage et un enfant naturel reconnu durant le premier mariage, on calculera le droit de l'enfant légitime né du premier mariage, tout comme si l'enfant naturel n'avait pas été reconnu (ce qui est ne pas exister quant à la succession), c'est à dire, tout comme s'il ne cohéritait qu'avec un autre enfant légitime, et il aura par suite la moitié de la succession, ou............ F. 18,000 00

On calculera le droit de l'enfant légitime du second mariage en tenant compte et de l'enfant légitime du premier mariage et de l'enfant naturel, ce qui lui assignera 4/9 de la succession, ou.................................. 16,000 00

Et les 2,000 fr. de solde formeront le droit de l'enfant naturel...................... 2,000 00

Pour nous convaincre de la justice légale de cette répartition et de sa parfaite conformité avec les principes que nous avons posés ci-devant, nous n'avons qu'à remarquer une chose, savoir : que sans l'application de l'art. 337 C. civ., l'enfant naturel aurait obtenu 4,000 fr. ; que sans son existence chacun des deux enfants légitimes aurait eu 1/2 du total, ou 18,000 fr. ; que cette existence ôtant à ces deux enfants légitimes réunis

4,000 fr., enlève à chacun d'eux 2,000 fr., et que l'art. 337 s'opposant à ce qu'on enlève 2,000 fr. à l'enfant légitime du premier lit, ne permet de les enlever qu'à celui du second lit, d'où l'on voit clairement que tout le droit de l'enfant naturel, dans notre cas, est le montant juste de ce qu'il enlève à l'enfant légitime du deuxième mariage, ni plus ni moins.

43.—S'il y a un enfant légitime issu du seul mariage qui ait eu lieu, un enfant naturel reconnu durant ce mariage, et un autre enfant naturel reconnu avant tout mariage, on calculera le droit de l'enfant unique légitime tout comme s'il n'avait devant lui que l'enfant naturel reconnu hors mariage ; on calculera ensuite le droit de ce dernier bâtard, en son état de concours avec l'enfant légitime et avec l'autre enfant naturel, et le solde sera le droit de l'enfant naturel reconnu durant le mariage.

Par là, l'enfant légitime, ne concourant qu'avec un bâtard, aura, en vertu de l'art. 757 C. civ., les 5/6 ou. F. 30,000 00

L'enfant naturel reconnu hors mariage, concourant avec un autre enfant naturel et l'enfant légitime, aura 1/3 du 1/3, soit 1/9 ou....... 4,000 00

Et l'enfant naturel, reconnu durant le mariage, aura le solde, soit............... 2,000 00

Par là, l'art. 337 C. civ. est observé, puisque, d'un côté, le second enfant naturel ne concourt pas avec l'enfant légitime, et qu'il cohérite avec l'autre enfant naturel en faveur duquel cet article n'a pas été fait ; et les 2,000 fr. revenant à ce bâtard reconnu durant le mariage ne sont pris que par déduction sur la part de l'autre bâtard qui aurait eu, sans la seconde existence, 6,000 fr., et qui, à cause d'elle, n'en a que 4,000 fr., c'est-à-dire 2,000 fr. de moins qui forment exactement le droit de l'enfant naturel reconnu durant le mariage.

44.—S'il existe un enfant légitime né d'un premier mariage, un autre enfant légitime issu d'un second mariage, un enfant naturel reconnu durant le premier mariage et un autre reconnu hors mariage, on procèdera de la manière suivante :

On calculera le droit de l'enfant naturel légitime, né du premier mariage, tout comme s'il n'existait qu'un autre enfant légitime, et un enfant naturel (celui qui a été reconnu hors mariage), et on fixera ce droit à 4/9, soit.....F. 16,000 00

On calculera le droit de l'autre enfant légitime, en tenant compte de son concours héréditaire avec un autre enfant légitime et deux enfants naturels (compris le bâtard reconnu durant le premier mariage), et on trouvera par là qu'il a 5/12 ou.................. , 15,000 00

On calculera de la même manière le droit de l'enfant naturel reconnu hors mariage, et ou lui assignera 1/12 ou................. 3,000 00

Et le solde, montant à 2,000 fr., sera le montant du droit de l'enfant naturel reconnu durant le premier mariage.............. . 2,000 00

Ce solde se compose et des 1,000 fr. de différence entre le premier enfant légitime et le second, différence qui est la distraction que fait sur ce second enfant légitime l'existence successorale quant à lui d'un second enfant naturel, et des 1,000 fr. montant de la différence qui existe entre le 1/12 ou les 3,000 fr. qu'obtient l'enfant naturel reconnu hors mariage et le 1/9 ou les 4,000 fr. qu'il aurait obtenus sans cette seconde existence bâtarde.

45. — S'il existe un enfant légitime d'un premier mariage un autre d'un second, et un enfant naturel reconnu durant chacun de ces deux mariages, on agira de la manière ci-après marquée:

On calculera le droit de l'enfant légitime du premier mariage, tout comme s'il ne concourait qu'avec l'autre enfant légitime et un seul enfant naturel (celui qui a été reconnu durant ce deuxième mariage), et on arrivera à lui assigner 4/9, ou soit.......................... F. 16,000 00

On procèdera de la même manière (parceque la position est identique) pour le second enfant légitime, et on obtiendra aussi pour lui..... 16,000 00

Et le solde de 4,000 fr. se partagera par 1/2

entre les deux enfants naturels, qui sont chacun dans la même position, ce qui donnera à l'un.......................... 2,000 00
Et à l'autre, même somme de............ 2,000 00

Comme on peut aisément le voir, sans les deux enfants naturels, chaque enfant légitime aurait eu 1/2 ou 18,000 fr. Cette double existence enlève à chacun d'eux 2,000 fr., qui forment exactement la part d'un enfant naturel.

46. — S'il existe un enfant légitime du premier mariage, un enfant légitime d'un second, un enfant naturel reconnu hors mariage, un enfant naturel reconnu durant le premier mariage, et un enfant naturel reconnu durant le second, voici comment on procèdera :

On calculera le droit de l'enfant légitime du premier mariage tout comme s'il n'existait avec lui que l'autre enfant légitime et deux enfants naturels, savoir : celui qui a été reconnu hors mariage et celui qui l'a été durant le second, et on trouvera qu'il doit avoir 5/12, ou................ F. 15,000 00

On fera de même pour l'autre enfant légitime qui est dans une composition identique, et on lui reconnaîtra aussi 5/12, ou............... 15,000 00

On calculera le droit de l'enfant naturel reconnu hors mariage, en tenant compte de l'existence de deux autres enfants naturels et des deux enfants légitimes, et on verra qu'il ne peut avoir pour ce motif, que 1/15, ou...... 2,400 00

Et les 3,600 fr. de solde se partageront par moitié entre les deux autres enfants naturels, qui sont dans la même position, en sorte que chacun d'eux obtiendra.................. 1,800 00

Ces deux derniers enfants naturels auraient eu chacun 1/18 du total, ou 2,400 fr., ils n'en obtiennent que 1,800 fr., de là une perte de 600 fr.

Cette diminution est exactement le chiffre dont l'art. 337 augmente le droit des enfants légitimes, car, par cet article, chaque enfant légitime n'aurait eu que 6/15, soit F. 14,400 00.

# CHAPITRE II.

## *Des Enfants naturels succèdant avec des ascendants ou des frères et sœurs ou descendants d'eux.*

---

### Questions.

47. — Divers cas de concours de l'enfant naturel.

48. — Sens de l'art. 757 C. civ., quant à ce dont il s'agit au présent chapitre.

49. — On partage la succession en deux moitiés, l'une pour la parenté naturelle, l'autre pour la parenté légitime. Chaque moitié forme une succession isolée et particulière qui se partage d'après ses propres principes.

50. — L'existence de descendants de frères et sœurs légitimes suffit pour limiter l'enfant naturel à 1/2 de la succession.

51. — La présence d'un ascendant dans une seule ligne, concourant avec des collatéraux dans l'autre ligne, suffit pour limiter l'enfant naturel à 1/2. Il n'a pas 1/2 vis-à-vis de l'ascendant, et 3/4 vis-à-vis des collatéraux.

52. — Quel que soit le nombre des enfants naturels, ils n'ont jamais, tous réunis, plus d'une moitié.

47. — L'art. 757 C. civ. dispose que, lorsqu'il y a des ascendants ou des frères et sœurs en face de l'enfant naturel, ce dernier a la moitié de la succession, et que les parents légitimes, dont il s'agit ici, ont l'autre moitié.

Il peut n'y avoir dans les parents légitimes que des ascendants dans les deux lignes.

Il peut y avoir des pères et mères, ou le survivant d'entr'eux, en concours avec des frères et sœurs ou descendants d'eux.

Il peut y avoir seulement des frères et sœurs ou des descendants d'eux, primant les ascendants autres que les père et mère.

Il peut y avoir des ascendants dans une ligne et des collatéraux dans l'autre. Cet ascendant peut être le père ou la mère du défunt.

Il peut n'y avoir d'ascendants que dans une seule ligne, profitant de la dévolution par suite du manque de parents légitimes dans l'autre ligne.

48. — Que signifient ces termes de l'art. 757 C. civ. : *le*

*droit de l'enfant naturel sur les biens de ses père et mère etc., est de la 1/2 lorsque les père ou mère ne laissent pas de descendants, mais bien des ascendants ou des frères et sœurs?* Cette moitié est-elle la 1/2 de la succession? est-elle la moitié de ce que l'enfant naturel aurait eu s'il eût été légitime? une réponse affirmative sur chacune de ces questions nous fait arriver au même résultat, qui est de donner à l'enfant naturel la moitié de la succession; car, si l'enfant naturel était supposé légitime, il aurait eu toute la succession, et aurait primé les ascendants ou frères et sœurs, tandis que sa qualité bâtarde fait qu'il ne leur enlève qu'une moitié de ce tout, ne les prime que pour une moitié de ce même tout.

49. — Dans cette seconde partie de l'art. 757 C. civ., on ne calcule pas le droit du bâtard comme dans la première : dans celle-ci, on ajoutait l'enfant naturel supposé légitime, aux enfants légitimes réellement ; on fixait sa part comme tel; on prenait le tiers de cette part, ce tiers était le droit de l'enfant naturel. Dans la partie dont il s'agit au présent chapitre, on ne procède pas ainsi, on ne fait ni cette supposition, ni cette addition. Tout au contraire, on divise la succession en deux moitiés, l'une pour la parenté naturelle, l'autre pour la parenté légitime. Ces deux moitiés sont réellement deux successions séparées et distinctes, qui sont attribuées et partagées par les principes qui leur sont propres, qui ne sont liées que *in re tantùm*, et qui n'ont rien autre de commun entr'elles.

La moitié dévolue à la parenté légitime se partage entre les membres qui la composent, comme une succession isolée et particulière, suivant le mode indiqué dans les 2e, 3e, 4e et 5e chapitres du titre 1er de la présente première partie ; les sommes varient toutes seules, les droits de chacun seront seulement ici d'une moitié inférieurs à ceux dont il est parlé dans lesdits chapitres, puisque la succession à partager est ici de 18,000 fr., moitié de 36,000 fr.; nous ne présenterons pas de nouveaux tableaux, n'exposerons pas de nouveau les divers cas qui se produisent, nous référant à ces divers chapitres.

50. — Cependant, nous avons à résoudre deux difficultés

importantes : la première est de savoir si les descendants légitimes de frères et sœurs légitimes, sont considérés comme frères et sœurs, en vertu de la représentation de l'art. 742 C. civ., et si leur existence limite l'enfant naturel à 1/2, ou bien s'ils sont considérés comme simples collatéraux et le laissent porter ses droits jusqu'aux 3/4 de la succession. La seconde est de savoir si, lorsqu'il existe un ascendant dans une ligne et de simples collatéraux dans l'autre, l'enfant naturel a 1/2 vis-à-vis de l'ascendant et 3/4 vis-à-vis des collatéraux, ou bien s'il n'a seulement qu'une 1/2, à cause du concours d'un seul ascendant qui n'obtient que la 1/2 de la 1/2 dévolue à la parenté légitime.

Pour résoudre la première difficulté, il faut nous bien pénétrer de cette idée que, dans la position actuelle, on ne procède pas par suppositions légitimes et par additions, mais par divisions entre la parenté légitime et la parenté naturelle, à égalité entr'elles. Il est évident que, dans le partage de la 1/2 dévolue à la parenté légitime, les descendants légitimes des frères et sœurs, usent du bénéfice de la représentation pour concourir avec d'autres frères et sœurs, avec des pères et mères, primer des ascendants ou des collatéraux très-rapprochés, tels que des oncles. En cet état, pourquoi la représentation ne serait-elle pas aussi reçue, lorsqu'il n'existe pas d'ascendants, et que tous les frères et sœurs sont prédécédés en laissant des enfants ? est-ce que la représentation n'est pas la règle générale ? est-ce qu'elle n'est pas admise dans le cas où tous les frères et sœurs sont morts, aussi bien dans celui ou certains d'entr'eux ont survécu? n'est-il pas vrai de dire que, pour écarter cette représentation vis-à-vis de l'enfant naturel, il faudrait une disposition dérogatoire expresse, s'annonçant formellement comme telle? peut-on considérer comme une dérogation suffisante le pur silence qui peut provenir d'une omission, de l'idée de s'en référer aux principes généraux déjà posés, de l'inutilité de dire une chose qui ne serait qu'une répétition ? puis voyez la singularité, l'inconséquence, l'absurdité, la déraison. Un frère existe encore, alors les enfants des frères décédés succèderont par représentation, et l'enfant naturel sera réduit à une moitié, ce qui donnera un droit assez élevé à ces représentants. Ce frère meurt comme les autres, et cette mort qui est étrangère aux enfants des frères et sœurs, modifiera leurs droits vis-à-vis de l'enfant naturel, de telle manière qu'ils seront diminués de moitié! cette diminution a-t-elle un motif raisonnable et juste? non, elle n'en a pas, donc elle ne doit pas avoir lieu.

51. — La seconde difficulté se résout à peu près de la même manière. Si, dans le cas de la 2e partie de l'art. 757 C. civ., on ne procède pas par supposition légitime et par addition, mais bien par division entre la parenté légitime et la parenté naturelle, à égalité entre elles, si chacune de ces moitiés se partage entre ceux qui y ont droit par les principes particuliers à chaque succession (ou chaque moitié qui forme une succession distincte et particulière), et si la présence cohéréditaire d'un ascendant suffit, d'après ledit art. 757, pour réduire l'enfant naturel à une motié, sans que, à cause de la séparation des deux moitiés ou successions, le bâtard ait à s'immiscer dans la 1/2 dévolue à la parenté légitime, il est évident que le concours des collatéraux légitimes avec des ascendants légitimes aussi ne saurait augmenter le droit de l'enfant naturel et le porter aux 3/4 vis-à-vis de ces collatéraux.

52. — De ce principe écrit dans la 2e partie de l'art. 757 C. civ., que la succession se divise, dans notre hypothèse, en deux moitiés ou deux successions particulières et distinctes, liées *in re tantùm*, l'une pour la parenté légitime, l'autre pour la parenté illégitime, il suit que, quel que soit le nombre des enfants naturels, ils n'obtiendront jamais, tous réunis, plus d'une moitié, et qu'ils se partageront cette moitié à égalité entre eux, comme des descendants légitimes, parce qu'elle est pour eux toute la succession, et qu'étant tous naturels, ils sont égaux en droit.

On verra donc la première moitié dévolue à la parenté légitime, partagée suivant les art. 746, 747, 748, 749, 750, 751, 752 et 753 C. civ., et la deuxième moitié dévolue à la parenté naturelle, divisée suivant l'art. 745 du même Code, ce qui établit encore mieux la séparation et la distinction de ces deux moitiés ou successions.

Nous n'avons pas besoin de faire des tableaux pour montrer la division entre les divers membres de la parenté légitime, nous nous référons au tableau de division entre les descendants légitimes, qui se trouve au chap. Ier du titre 1er de la présente première partie.

## CHAPITRE III.

*Des enfants naturels succédant avec de simples collatéraux.*

---

### Questions.

53. — Dans ce cas, l'enfant naturel a les 3/4 ; s'il y en a plusieurs, ils n'ont, tous réunis, que les 3/4.

54. — Les enfants légitimes de l'enfant naturel le représentent dans les trois cas de l'art. 757 C. civ.

23. — S'il existe de simples collatéraux, l'art. 757 C. civ. accorde à l'enfant naturel les 3/4 de la succession, le 1/4 de solde restant à ces collatéraux, parents légitimes. Il n'est pas besoin de tableau pour faire comprendre ces choses-là.

Ici encore, on ne procède ni par supposition légitime, ni par addition, mais par attribution et séparation, 3/4 formant la succession particulière et distincte de l'enfant naturel, 1/4 étant la succession particulière et distincte, liée *in re tantùm*, des collatéraux parents légitimes. Aussi la parenté naturelle n'a jamais plus de 3/4, quelque soit le nombre de ceux qui la composent. Ces 3/4 se partagent à égalité, d'après l'art. 745 C. civ., entre les divers enfants naturels, et le 1/4 restant se partage entre les divers collatéraux légitimes, suivant les principes des art. 733 et 734 C. civ., ce qui montre bien la distinction des deux successions.

54. — Nous ferons remarquer que les enfants légitimes de l'enfant naturel ou d'un des enfants naturels représentent leur père, en vertu des art. 740 et 759 C. civ., dans tous les cas de l'art. 757.

## TITRE III.

*Des enfants naturels succédant seuls.*

---

### Question.

55. — Dans ce cas, la succession est attribuée ou divisée comme celle qui est dévolue à des enfants légitimes.

55. — L'article 758 du Code civil dispose que l'enfant naturel a droit à la totalité des biens lorsque ses père et mère ne laissent pas de parents *légitimes* au degré successible.

Si l'enfant naturel est unique, il aura toute la succession, c'est évident; il est aussi évident que s'il y en a plusieurs, étant tous égaux en droits et en qualité, ils partageront par égalité, comme feraient des enfants légitimes en vertu de l'art. 745 du C. civ. Nous nous référons donc au tableau de division qui se trouve au chapitre 1er, titre 1er de la présente première partie.

## TITRE IV.

*De la Succession de l'Enfant naturel.*

---

### Questions.

56. — Ses descendants légitimes lui succédent les premiers.

57. — Ses descendants naturels lui succédent, soit concurremment avec des enfants légitimes, soit à leur défaut.

58. — A défaut de descendants légitimes ou naturels, la succession est dévolue aux père et mère naturels.

59. — Les père et mère naturels priment le conjoint survivant.

60. — Le conjoint survivant prime les frères et sœurs légitimes et naturels.

61. — A défaut du conjoint, la succession est attribuée aux frères et sœurs naturels; les frères et sœurs légitimes n'ont qu'une succession *in re particulari.*

62. — Le retour légal de l'art. 747 C. civ. profite aux père et mère naturels. Ces derniers priment, dans tous les cas, les frères et sœurs, sans jamais concourir avec eux.

63. — Celui des père et mère qui a reconnu le bâtard lui succède seul.

64. — Les biens donnés par le père naturel, par exemple, à l'enfant naturel décédé, peuvent obvenir, par droit de retour, aux frères légitimes

utérins. Les biens donnés par la mère naturelle, obviennent de la même manière aux frères légitimes consanguins.

65. — S'il n'y a pas de frères et sœurs légitimes, les frères et sœurs naturels recueillent même les biens donnés par les père et mère.

66. — Les frères et sœurs légitimes même excluent et priment l'état.

56. — Si l'enfant naturel a laissé des descendants légitimes, ces derniers recueillent et partagent seuls la succession, suivant l'art. 745 C. civ., et la répartition qui est contenue au chap. 1er, titre 1er de la présente première partie.

57. — S'il a laissé des enfants légitimes et naturels tout à la fois, sa succession se partage suivant la première partie de l'art. 757 C. civ., et ce qui est exposé dans la présente partie, titre 2, chapitre 1er, section 1re et 2me.

58. — S il a laissé des ascendants naturels (car il n'en peut laisser d'une qualité légitime), des frères et sœurs qui ne sont en général rien vis-à-vis de lui, puisqu'il n'a aucun droit sur leur succession et qu'eux n'en ont sur la sienne que dans un cas particulier et exceptionnel, et en même temps des enfants naturels, ces enfants naturels primeront les ascendants et les frères et sœurs, parce que, tout comme les descendants légitimes avec qui ils concourent priment les ascendants légitimes, de même les descendants naturels priment les ascendants naturels.

59. — Si l'enfant naturel laisse son conjoint survivant, et des père et mère, soit le père ou la mère ; les père et mère naturels, ou le survivant d'entr'eux, primeront l'époux. Le motif en est que la succession de l'ascendant naturel est la compensation et le réciproque de la succession de l'enfant naturel, et que, par conséquent, tout comme l'enfant naturel prime le conjoint, de même l'ascendant naturel prime ce même conjoint; sans cela la réciprocité qui est le premier principe, le principe dominant en cette matière, et qui est écrit dans les art. 756 et 765 C. civ., serait violé.

60. — Mais le conjoint survivant primera les frères et sœurs légitimes et naturels de l'enfant naturel. L'art. 766 est une faveur exceptionnelle pour ces derniers ; mais il n'a pas dé-

truit ni pu détruire les art. 723 et 767 C. civ., et s'il eût voulu le faire, il s'en serait expliqué d'une manière expresse.

61. — S'il n'existe ni descendants légitimes ou naturels, ni ascendants naturels (qui ne peuvent être que les père ou mère, en vertu des art. 756 et 765 C. civ.), ni conjoint survivant, l'art. 766 attribue aux frères légitimes, les biens provenant à l'enfant naturel de ses père et mère, par la forme d'une succession particulière, d'un retour légal semblable, presque en tout, à celui de l'art. 747 C. civ., et il attribue la succession aux frères et sœurs naturels ou à leurs descendants.

62. — Lorsque les père et mère succèdent parce qu'ils ont tous deux reconnu l'enfant naturel, ils ont néanmoins en sus le droit de retour légal de l'art. 747 déjà cité; mais il est à remarquer qu'ils sont dans une position meilleure que les ascendants légitimes, parce qu'ils priment toujours et en tout les frères et sœurs légitimes et naturels.

63. — Si un seul des père et mère a reconnu l'enfant naturel, il recueillera seul toute la succession, c'est la disposition de l'art. 765 C. civ.

64. — Le retour légal de l'art. 766 attribue aux frères légitimes de l'enfant naturel, tout ce que ce dernier a reçu de ses père et mère sans distinction aucune. Or, comme l'enfant naturel peut avoir des frères légitimes germains, consanguins ou utérins, que dans le deuxième cas, il peut avoir reçu de sa mère des biens, et que dans le troisième, il peut en avoir reçu de son père (mère et père auxquels ces frères légitimes consanguins ou utérins sont étrangers), il convient de savoir si les biens donnés par la mère, pourront revenir aux frères légitimes consanguins en concours avec les autres s'il y a lieu, et si les biens donnés par le père, pourront obvenir aux frères légitimes utérins. Nous adoptons l'affirmative, parce que l'art. 766 ne distingue pas, qu'il a principalement en vue dans cette attribution la qualité de frère légitime, la légitimité, et qu'il donne à cette légitimité tous les biens que l'enfant naturel avait reçus en don de ses père et mère.

65. — Puisque l'attribution aux frères et sœurs légitimes

est une succession particulière comprise dans la succession générale, une succession *in re certâ*, dont la défaillance profite à la succession générale et à ceux qui sont pleinement héritiers, il est logique de conclure que, s'il n'existe pas de frères et sœurs légitimes, les frères et sœurs naturels recueillent tous les biens de la succession, tout comme font les héritiers ordinaires lorsque l'ascendant donateur, dont il est parlé en l'art. 747 C. civ., est prédécédé, ou a renoncé, ou est déclaré indigne, d'où la conséquence que les biens donnés, qui auraient pu être frappés du droit de retour, n'obviennent pas à l'Etat comme vacants et sans maître.

66. — S'il n'existait que des frères et sœurs légitimes et point de naturels, nous leur reconnaîtrions le droit d'empêcher la déshérence au profit de l'Etat, de primer l'Etat, et cela, parce qu'ils sont héritiers, puisque le droit de retour est un droit successif légitime, et qu'ils doivent tout avoir, parce qu'il n'existe pas d'héritier qui leur soit préférable; car enfin l'Etat n'est pas, ne sera jamais, et ne peut être héritier, il ne lui revient que les successions en déshérence, et il ne prend les biens que comme vacants et sans maître.

Passons maintenant à la seconde partie qui traite des successions déférées tout à la fois par la loi et la volonté de l'homme.

# MANUEL

DU

# PARTAGE DES SUCCESSIONS.

## DEUXIÈME PARTIE.

*Des successions déférées tout à la fois par la loi et par la volonté de l'homme.*

### PRINCIPES GÉNÉRAUX.

### Questions.

67. — L'exécution simultanée de la loi et de la volonté de l'homme a lieu dans trois hypothèses

68. — Dans cette partie on ne s'occupe principalement que de la troisième hypothèse, celle où il y a des héritiers *siens*, c'est-à-dire une portion réservée et une portion disponible.

69. — Les descendants et ascendants légitimes ont droit à la réserve.

70. — Il en est de même des descendants et ascendants naturels.

71. — Les descendants légitimes ont seuls droit à la réserve quand ils héritent parce qu'ils priment toutes personnes. L'enfant naturel a une réserve, soit en concourant avec des descendants légitimes ou avec d'autres parents légitimes, soit en succédant seul.

72. — Portion réservée et portion disponible lorsque les héritiers sont des descendants légitimes.

73. — L'égalité de la portion disponible à une portion réservée, l'addition du donataire, comme enfant légitime, aux enfants de cette qualité, est le principe de l'art. 913 C. civ., lorsqu'il y a 1, 2 ou 3 enfants,

Si, en sus de ce nombre 3, la portion disponible ne diminue pas, c'est, par exception, parce qu'on n'a pas voulu la rabaisser trop.

74. — Puisque le nombre des enfants légitimes, en tant qu'ils ne sont pas plus de trois, influe sur la force de la portion disponible, l'existence et le nombre des enfants naturels réputés légitimes pour 1/3, doit nécessairement influer sur elle, lorsqu'ils concourent avec des enfants légitimes.

75. — Lorsque la descendance naturelle concourt avec des parents légitimes autres que des descendants, le nombre des bâtards n'influant pas sur la portion disponible qui se trouve dans la 1/2 ou le 1/4, dévolue à la parenté légitime, influe nécessairement sur celle qui se trouve dans la 1/2 ou les 3/4 dévolus à la descendance naturelle

76. — Si les enfants naturels succèdent seuls, leur nombre, au-dessous de 4, influe sur la portion disponible; ils sont régis en entier, quant à ce, par l'art. 913, parce qu'ils sont égaux entr'eux, et sont, vis-à-vis les uns des autres, tout comme légitimes.

77. — La portion disponible qui se trouve dans la 1/2 ou les 3/4, ou toute la succession revenant aux enfants naturels, peut être donnée à l'un d'eux, en sus de sa réserve, malgré l'art. 908 C. civ., qui n'est fait que pour protéger la parenté légitime contre les bâtards.

78. — La réserve n'est accordée aux ascendants qu'en tant qu'ils sont appelés à la succession. Ceux qui sont primés par des frères et sœurs ou descendants d'eux, n'y ont aucun droit.

79. — D'où l'on doit conclure que l'indignité ou la renonciation des frères et sœurs ou descendants d'eux, lorsqu'il existe un don universel, ne donne aucune réserve aux ascendants appelés à leur défaut.

80. — Les ascendants n'ont de réserve que dans leur ligne; la dévolution d'une ligne à l'autre, n'ajoute rien à cette réserve.

81. — La réserve d'un descendant légitime est toujours inférieure à son droit successif. La réserve des ascendants est aussi inférieure à ce droit, lorsqu'ils succèdent seuls ou avec des collatéraux; mais elle est égale à ce même droit, lorsqu'ils concourent avec des frères et sœurs ou descendants d'eux.

82. — La quotité disponible à l'égard de l'époux, de l'art. 1094 C. civ, 2e partie, est autre que celle de l'art. 913, lorsqu'il existe des enfants du seul mariage contracté.

83. — Celui qui n'a que des ascendants peut donner à son conjoint, outre la quotité disponible de l'art. 915 C. civ., l'usufruit de la réserve des ascendants.

84. — Celui qui n'a qu'un enfant commun ne peut donner à son époux que 1/4 en pleine propriété et 1/4 en usufruit, et jamais 1/2 en pleine propriété. Anomalie de cette disposition.

85. — Celui qui n'a que deux enfants communs ne peut donner à son conjoint plus de 1/4 en propriété et 1/4 en usufruit.

86. — Celui qui a 3 enfants communs ou davantage, peut toujours donner à son conjoint 1/4 en propriété et un 1/4 en usufruit,

87. — Celui qui a des enfants d'un précédent mariage ne peut donner à son conjoint qu'une part d'un enfant légitime le moins prenant, sans que ce don puisse jamais excéder le 1/4.

88. — Lorsqu'il y a plus de trois enfants, dans le cas de l'art. 1098 C. civ., et que le disponible en faveur de l'époux est inférieur au /14, il faut, pour fixer son droit, le supposer enfant légitime, l'ajouter à ces enfants, et partager entr'eux la succession comme s'il était enfant.

89. — Réflexions sur l'art. 1098 comme sur l'art. 1094.

90. — L'existence d'un seul enfant d'un mariage antérieur profite à tous les enfants communs, et son prédécès appelle l'application de l'art. 1094 C. civ.

91. — L'indignité ou la renonciation de l'enfant du mariage antérieur, n'empêche pas l'application de l'art. 1098, et ne force pas celle de l'art. 1094.

92. — Il peut exister simultanément le don du disponible des art. 913 et 915 C. civ., et celui du disponible de l'art. 1094 ou de l'art. 1098.

93. — Si le don qui est le premier en rang absorbe la plus forte quotité disponible ou excède seulement la portion qui est disponible en faveur du second donataire, ce don postérieur sera caduc. Dans le cas contraire, le restant reviendra au second donataire.

94. — S'il y a concours, c'est-à-dire égalité de rang, entre les deux dons, on fixera les deux dons comme si chacun d'eux devait s'exécuter seul; la partie commune aux deux dons, jusqu'à l'héberge, sera partagée par moitié entre les deux donataires, et l'excédant restera à celui qui a la plus grande quotité disponible.

95. — Si l'on n'a disposé que d'une partie d'une portion disponible, on pourra encore donner le surplus.

96. — S'il existe à la fois des dons inégaux faits à des personnes à l'égard desquelles il n'y a qu'une seule et même portion disponible, on en fera une masse; si elle excède la portion disponible, on réduira cette masse à cette portion, et on réduira chaque don proportionnellement, en conservant par là, entre les donataires, l'inégalité qu'a voulu y mettre le disposant.

97. — Celui qui a donné à un enfant, à un étranger ou à son époux, 1/4 en pleine propriété, peut encore donner à ce dernier 1/4 d'usufruit.

98. — Celui qui, ayant 3 enfants ou plus, a donné à l'un d'eux, à un étranger ou à l'époux, 1/4 en nue-propriété, peut encore donner à ce dernier 1/2 d'usufruit.

99. — Celui qui, ayant 3 enfants ou plus, a donné à son époux 1/4 en pleine propriété, peut encore donner à un autre 1/4 d'usufruit.

100. — Celui qui, n'ayant qu'un enfant, a donné à un étranger 1/4 de nue-propriété et 1/2 d'usufruit, peut encore donner à son époux 1/4 de nue-propriété.

101. — Celui qui, ayant 3 enfants ou plus, a donné à son conjoint 1/2 d'usufruit, peut encore donner 1/4 en nue-propriété à un autre.

102. — Celui qui a donné à son conjoint 1/2 d'usufruit, peut lui donner encore 1/4 de nue-propriété.

103. — Le mineur de 16 ans qui n'a disposé que par testament, et non par contrat de mariage, ne peut disposer que de la 1/2 de la capacité du majeur.

104. — L'art. 337 C. civ. ne protège que les enfants légitimes nés d'un mariage contre les enfants naturels reconnus durant ce mariage, et non les donataires ou légataires de la portion disponible. Cet article ne protège pas l'époux de l'art. 1094, dont les droits sont invariablement fixés, et qui est suffisamment protégé par l'art. 1094 C. civ.; mais il sert à l'époux de l'art. 1098 C. civ., lorsqu'il y a des enfants de ce dernier.

105. — Division de la matière.

67. — L'exécution cumulée de la loi et de la volonté de l'homme a lieu dans trois hypothèses diverses.

La première, lorsque le défunt, pouvant disposer de toute sa succession, n'a disposé que d'une partie, laissant à la loi le soin de transmettre l'autre.

La seconde, lorsque le défunt n'ayant aucun héritier à réserve, ayant pour ce motif une succession entièrement disponible, est gêné par son incapacité personnelle et non par la qualité de ses héritiers légitimes, parce qu'étant mineur de seize ans, il ne peut disposer que de la moitié de ses biens.

Et la troisième, lorsqu'il existe des héritiers *siens* à qui une portion de la succession est réservée par la loi et qu'une quotité seulement de la succession est disponible; en sorte que la succession se partage en deux portions, la réserve et la quotité dont on a disposé et pu disposer, la première étant transmise par la loi, même malgré le défunt, et la seconde étant transmise par la seule volonté de ce dernier.

68. — Dans cette deuxième partie, nous nous occuperons principalement de la troisième hypothèse, celle où il existe une

quotité disponible, afin de les distinguer, fixer et évaluer dans tous les cas qui peuvent se présenter.

69. — Les descendants et les ascendants légitimes ont seuls droit à une réserve ; les art. 913 et 914 C. civ. l'accordent aux premiers, l'art. 915 l'accorde aux seconds, en même temps que ces articles fixent les quotités dont on peut disposer au préjudice des héritiers de ces deux qualités.

70.— Le même droit a été reconnu aux descendants et ascendants naturels; seulement les quotités varient à l'égard des des descendants, tandis que celles de l'art. 915 s'appliquent aux ascendants naturels qui n'y ont droit qu'autant qu'ils viennent à la succession, tout comme il en est des ascendants légitimes (art. 915 C. civ.).

71. — Lorsque les descendants légitimes succèdent en vertu de la loi, ils ont seuls droit à une réserve et ils priment les ascendants, les frères et sœurs ou descendants d'eux et les autres collatéraux, mais ils ne priment pas l'enfant ou les enfants naturels dont les droits sont seulement inférieurs aux leurs.

Les enfants naturels, au contraire, à défaut d'enfants légitimes, succèdent avec des ascendants qui sont aussi héritiers à réserve, soit avec des frères et sœurs ou descendants d'eux, soit même avec des collatéraux ; mais, à défaut de parents légitimes, ils sont en entier dans la position de descendants légitimes.

72. — Les art. 913 et 914 du Code civil établissent la quotité disponible en face de descendants légitimes. Ils la graduent sur le nombre de ces enfants, puis ils la constituent invariable.

Ainsi y a-t-il un seul enfant, la réserve de cet enfant est de 1/2, et la portion disponible d'une autre 1/2, égale à la part de l'enfant.

Y a-t-il deux enfants, la réserve générale est des 2/3, la réserve de chaque enfant est de 1/3, et la portion disponible est d'un 1/3, c'est-à-dire, égale à une part d'enfant.

Y a-t-il trois enfants, la réserve générale est des 3/4, la réserve de chaque enfant est de 1/4, et la portion disponible est de 1/4, c'est-à-dire, égale à une part d'enfant.

73. — L'égalité de la portion disponible à une part d'enfant, voilà le principe dominant de l'art. 913 C.civ. ; mais, comme le nombre des enfants pourrait être considérable ; qu'en suivant ce principe en tout et toujours, la diminution d'une part d'enfant par leur nombre diminuerait considérablement la portion disponible et empêcherait le père de récompenser une bonne conduite, des services rendus et de s'acquitter d'obligations de pure conscience ou de délicatesse, il a été statué que, s'il y avait plus de trois enfants, la portion disponible resterait fixée à 1/4 de la succession, sans pouvoir descendre plus bas ; mais cette dérogation n'a pas détruit le principe.

74. — Lorsque les enfants naturels succèdent concurremment avec des descendants légitimes, comme la supposition légitime est la base de la fixation de leur droit, elle l'est aussi de leur réserve, en sorte que, pour ce motif, leur nombre influe nécessairement sur la portion disponible, et quelquefois il n'influe plus, tout comme la portion disponible ne diminue plus lorsqu'il y a plus de trois enfants légitimes.

75. — Lorsque la descendance naturelle concourt avec des ascendants, des frères et sœurs ou des descendants d'eux, ou des collatéraux, si le nombre des bâtards n'influe pas sur la portion disponible qui se trouve dans la 1/2 ou le 1/4 dévolus à la parenté légitime, il influe nécessairement sur la portion dont on peut disposer au préjudice de ces enfants naturels, et, comme dans la 1/2 ou les 3/4 qui leur sont dévolus, ils sont entre eux comme des enfants légitimes, puisqu'ils sont égaux en droit, il s'ensuit que, s'il y a un enfant naturel, sa réserve sera de la 1/2 de la 1/2 ou des 3/4 dévolus à la descendance naturelle, et que la portion disponible à son égard, sera de l'autre 1/2 de cette moitié ou de ces 3/4 ; que, s'il y a deux enfants naturels, leur réserve générale sera des 2/3 de la 1/2 ou des 3/4 ; que la réserve de chacun d'eux sera de 1/3 de cette 1/2 ou de ces 3/4, et que la portion disponible à leur égard sera du 1/3 de cette 1/2 ou de ces 3/4, c'est-à-dire égale à la réserve de chacun de ces deux enfants naturels ; que s'il y a trois enfants naturels, leur réserve générale sera des 3/4 de la 1/2 ou des 3/4 de la suc-

cession ; que la réserve d'un de ces trois enfants sera de 1/4 de cette 1/2 ou de ces 3/4, et que la portion disponible, à leur égard, sera de 1/4 de cette 1/2 ou de ces 3/4, c'est-à-dire égale à la réserve de chacun de ces trois enfants naturels ; et enfin que s'il y a quatre enfants naturels ou un plus grand nombre, la portion disponible ne diminuera plus par ce nombre, qu'elle restera fixée à 1/4 de la 1/2 ou des 3/4 dévolus à la descendance naturelle, en sorte que ce nombre ne nuira qu'aux enfants naturels entre eux, parce que, plus ils seront, moins ils auront chacun à titre de réserve.

76. — Lorsque les enfants naturels succèderont seuls en vertu de la loi, sans concourir avec des parents légitimes, l'article 913 sera en tout suivi à leur égard, seulement la portion disponible vis-à-vis d'eux, au lieu d'être la 1/2, le 1/3 ou le 1/4 de la 1/2 ou des 3/4 de la succession, sera la 1/2, le 1/3 ou le 1/4 de toute l'hérédité.

77. — L'art. 908 C. civ. dispose que les enfants naturels ne peuvent rien recevoir au-delà de ce qui leur est accordé au titre des successions. Suit-il de là que, lorsqu'il existe plusieurs enfants naturels, succédant seuls ou concourant avec des ascendants, des frères et sœurs ou descendants d'eux, ou des collatéraux, et même avec des descendants légitimes, un de ces enfants ne puisse pas obtenir plus que son droit successif au moyen de l'attribution qui lui serait faite de la portion qui serait disponible, eu égard aux enfants naturels seulement ? Nous ne pouvons le penser, parce que l'art. 908 n'est fait que pour protéger la parenté légitime contre la famille naturelle, et non pour protéger les enfants naturels les uns à l'égard des autres, parce que les enfants naturels, étant égaux entre eux, sont les uns vis-à-vis des autres comme des enfants légitimes ; et que, par conséquent, on peut en avantager un dans la même proportion qu'on pourrait avantager un enfant légitime.

78. — La réserve des ascendants est établie d'une manière bien différente.

D'abord, ayant la qualité d'héritiers à réserve, ils ne le sont qu'en tant qu'ils succèdent, et, à la différence des descendants légitimes, ils peuvent être primés. Ainsi, les père et mère succèdent avec des frères et sœurs, des descendants d'eux et des collatéraux, mais les autres ascendants sont primés par les frères et sœurs ou leurs descendants.

79. — Il est logique de conclure de là que l'indignité ou renonciation des frères et sœurs ou descendants d'eux, lorsqu'il existe un don universel, ne donne aucune réserve et aucun droit successif aux ascendants qui recueilleraient, à leur défaut, la succession purement légitime, sinon il dépendrait des frères et sœurs qui n'ont pas de réserve, et qui doivent laisser au donataire tous les biens, de lui en enlever une quotité pour l'attribuer aux ascendants.

80. — En suite, à cause de la division en deux lignes de toute succession dévolue à des ascendants ou à des collatéraux, l'ascendant n'a de réserve que dans la ligne à laquelle il appartient; en sorte que s'il vient à recueillir, par la dévolution, la portion de l'autre ligne, cette portion n'a nullement, dans ses mains, pour le tout ou pour une partie, la qualité réservée.

81. — De plus, la réserve d'un descendant légitime ou naturel est toujours inférieure à son droit successif, elle est de la 1/2, des 2/3 ou des 3/4 de ce droit. Mais il n'en est pas toujours ainsi de celle d'un ascendant; s'il y a deux ascendants dans chaque ligne, succédant seuls, leur droit successif étant d'une 1/2 pour chacun d'eux, leur réserve sera pour chacun de 1/4, c'est-à-dire d'une 1/2 de cette moitié, soit de 1/2 de leur droit successif; et si, au contraire, ils concourent avec des frères et sœurs ou descendants d'eux, leur droit successif étant pour chacun de 1/4, la réserve de chacun sera aussi de 1/4, en vertu de l'art. 915 C. civ., c'est-à-dire égale à leur droit successif, en sorte que le défunt n'aura pu disposer de rien à leur préjudice, et comme le père, par exemple, n'a de réserve que dans sa ligne, et que les frères et sœurs ou descendants d'eux profitent par accroissement du manque de la mère, le père survivant n'a encore, dans ce cas, que le 1/4, à titre de droit successif, et ce 1/4 lui est aussi en entier réservé.

82. — La portion disponible des art. 913 et 915 C. civ.,

est la qualité disponible ordinaire qu'on peut donner à qui l'on veut ; mais il y a des personnes au profit desquelles la loi a établi des portions disponibles particulières, plus fortes ou plus faibles que celles des art. 913 et 915, et notamment l'époux ayant des enfants communs, peut donner à son conjoint 1/4 en propriété et 1/4 en usufruit, ou 1/2 en usufruit.

83. — Ainsi, l'époux qui aura des ascendants et pas de descendants légitimes, pourra donner à son conjoint, en propriété, tout ce qu'il pourrait donner à un étranger, et de plus l'usufruit de la réserve des ascendants (art. 1094 C. civ.).

84. — Ainsi, l'époux ayant un enfant de son conjoint, ne pourra donner à ce dernier que 1/4 en pleine propriété et 1/4 en usufruit, bien qu'il puisse donner à tout autre 1/2 en pleine propriété, c'est à dire davantage (art. 1094 C. civ.).

Ce résultat paraît être illogique, opposé au sens commun ; il paraît extraordinaire de permettre de donner à un étranger plus qu'à l'époux, mais c'est la loi ; car l'art. 1094 C. civ., ne distingue pas, et nous ne pouvons distinguer nous-même, nous bornant à désirer une nouvelle disposition légale plus équitable.

85. — Ainsi, l'époux ayant deux enfants, ne pourra donner à son épouse que les mêmes quotités, tandis qu'il peut donner à tout autre 1/3 en pleine propriété, c'est à dire, peut-être davantage (art. 1094 C. civ.).

86. — Ainsi, l'époux ayant trois enfants ou plus, pourra donner à son conjoint 1/4 en pleine propriété et 1/4 en usufruit, c'est à dire plus que ce que l'art. 913 lui permet de donner à tout autre (art. 1094 C. civ.).

87. — Ainsi, l'époux qui aura des enfants d'un précédent mariage, ne pourra donner à son nouveau conjoint qu'une part d'enfant légitime le moins prenant, sans que le don puisse s'exécuter pour plus de 1/4 des biens (art. 1098 C. civ.).

Si donc il n'y a qu'un enfant, le nouveau conjoint n'aura que 1/4, s'il y en a deux, il n'aura que 1/4, s'il y en a trois, il aura 1/4, comme chaque enfant, c'est à dire une part d'enfant ; s'il y en a quatre, il n'aura que 1/5, 1/6 s'il y en a cinq, 1/7 s'il y en a six, et ainsi de suite.

88. — De là on tire cette conséquence, que pour fixer le droit de ce conjoint de l'art. 1098 C. civ., lorsqu'il y a trois enfants ou plus, il faut l'ajouter aux enfants, le compter comme enfant, et lui assigner par là une part égale à celle de chaque enfant.

89. — En lisant l'art. 1098, on fait de suite une réflexion; on se dit : comment se fait-il que l'époux de l'art. 1098 ne puisse recevoir que 1/4 lorsqu'il n'y a qu'un ou deux enfants, alors qu'un étranger peut recevoir 1/2 ou 1/3, qu'il ne soit traité à l'égal d'un étrauger que lorsqu'il y a trois enfants, et qu'il lui devienne inférieur lorsqu'il y en a plus de trois? pourquoi l'époux est-il considéré comme enfant lorsqu'il y a trois enfants ou plus, et ne l'est-il pas lorsqu'il n'y en a qu'un ou deux?

La même réflexion naît aussi, mais d'une manière moins forte, de l'art. 1094, pourquoi en effet ne peut-il recevoir que 1/4 en propriété et 1/4 en usufruit, ou 1/2 en usufruit, lorsqu'il n'y a qu'un enfant, un étranger pouvant recevoir la 1/2?

Le législateur a ainsi décrété à cause de l'influence plus qu'ordinaire d'une épouse sur son conjoint. Il a pensé que les dons à l'étranger auraient lieu rarement, que ceux envers l'époux seraient communs et de tous les jours, et il a voulu pour ce motif les restreindre dans l'intérêt des enfants.

Quel est le sens de ces mots de l'art. 1098 : *une part d'enfant légitime le moins prenant?* Si aucun enfant n'est avantagé, il n'y a pas d'enfant légitime moins prenant, ils sont tous à égalité, et l'époux reçoit une part d'enfant, étant lui-même ajouté et compté comme tel.

Si un étranger a déjà reçu, par un acte irrévocable la portion disponible de l'art. 913, tous les enfants légitimes reçoivent leur réserve seulement, l'époux ne peut rien recevoir, et il n'y a pas non plus d'enfant moins prenant.

Si un enfant a reçu cette même portion disponible par un acte primant légalement le don fait à l'époux, il y a bien des enfants moins prenants et un plus prenant; mais l'époux n'aura rien, parce que le plus grand disponible sera donné à un autre, et l'art. 1098 dont les termes peu réfléchis paraissent s'appliquer à ce cas, n'aura pas la force de rien accorder à l'époux.

Donc les termes dont s'est servi l'art. 1098, sont impropres et sans effet dans tous les cas que nous venons d'exposer, et le législateur aurait pu mieux exprimer sa pensée; mais cependant ils peuvent avoir un sens dans l'hypothèse suivante.

Il y a dix enfants légitimes et une succession de 36,000 fr.; l'aîné, au lieu de recevoir le 1/4 disponible, soit 9,000 fr., n'a reçu que la 1/2 de 1/4, soit 4,500 fr. La succession légitime se réduit donc à 31,500 fr.; eh bien, l'époux ne pourra recevoir les 4,500 fr., solde de la portion disponible de l'art. 913; ajouté aux dix enfants, il procurera le nombre de onze enfants, il n'aura donc que le 1/11 de 31,500 fr., soit 2,863 fr. 63 cent. 7/11, au lieu de 4,500 fr.

Il ne faut donc pas trop s'attacher aux termes de l'art. 1098, il faut tenir pour premier principe que lorsqu'il y a trois enfants ou plus, l'époux peut avoir une part d'enfant dans la succession légitime, qui est la portion qui reste après déduction des dons antérieurs, et cela autant que ce don antérieur n'a pas absorbé la portion disponible ordinaire, et qu'il laisse sur elle quelque chose de libre qui égale ou dépasse ce qui peut être alloué à l'époux.

90. — L'art. 1098 n'exige pas pour son application, que tous les enfants soient d'un mariage antérieur et qu'il n'y en ait point de communs. D'autre part, la loi ne met aucune différence entre l'enfant du premier lit et celui du deuxième lit pour le partage de la succession de la personne qui est leur père ou leur mère à tous. En ligne collatérale il peut y avoir un double lien, il n'y en a et ne peut y en avoir qu'un en ligne directe; de là on doit foncièrement conclure que l'existence d'un seul enfant d'un mariage antérieur, suffit pour réduire l'époux aux quotités de l'art. 1098, que cette existence profite à tous les enfants communs, et que l'art. 1094 serait observé si cet enfant du mariage antérieur était prédécédé, et qu'il eût été donné au deuxième époux, par exemple, la plus grande quotité dont la loi permettrait la disposition au jour du décès.

91. — Si cet enfant unique du mariage antérieur était indigne ou renonçant, l'époux ne pourrait en bénéficier comme il le ferait du prédécés. Sinon, il dépendrait de cet enfant d'augmenter les droits de l'époux, de diminuer ceux des enfants communs, chose qu'il ne doit pas pouvoir faire; et cela nous amène à dire qu'il faut en tout cela considérer, non ceux qui succèdent réellement, mais ceux que la loi appelle. Un enfant d'un mariage antérieur est-il appelé à la succession? l'art. 1098 s'applique. Ne l'est-il pas? l'art. 1094 reçoit seul son application, et cela indépendamment de tout fait postérieur ou déclaration d'indignité.

92. — Il peut y avoir simultanément des dons ou legs des diverses quotités disponibles dont nous avons parlé.

Ainsi, la qualité disponible de l'art. 913, peut exister avec celle de la deuxième partie de l'art. 1094 ou celle de l'art. 1098; celle de l'art. 915, peut co-exister avec celle de la première partie de l'art. 1094; mais jamais celle de l'art. 915 ne peut se trouver avec celle de l'art. 1098, parce que le premier article suppose le défaut d'enfants, et que celle du deuxième article suppose l'existence d'enfants d'un mariage antérieur; jamais celles de l'art. 1094 ne pourra se trouver avec celles de l'art. 1098, parce qu'il y aurait deux époux à la fois, bigamie. Nous aurons cependant à examiner l'effet d'un deuxième mariage contracté de bonne foi durant le premier, et les conséquences des art. 201 et 202 C. civ.

93. — Dans tous les cas de l'existence de dons faits à un enfant ou à un étranger, et d'un don fait à l'époux, il faudra voir si le premier don prime le second, s'il est primé par lui, ou s'il est en concours avec lui. On fixera la plus forte quotité disponible, soit en pleine propriété seulement, comme dans le cas où l'époux est celui de l'art. 1098 C. civ., soit en propriété et en usufruit, comme dans le cas où l'époux est celui de l'art. 1094; si le don qui est le premier en rang absorbe la quotité disponible la plus forte, le don qui vient après lui sera annulé ou caduc, et s'il laisse quelque chose de libre sur la portion dont on peut disposer, ce qui suppose plus ample la portion

disponible relative au deuxième donataire, le restant de cette portion sera attribué à cet autre donataire.

94. — Au cas de concours, on fixera les deux dons tout comme si chacun d'eux devait s'exécuter pour la totalité, que l'autre n'eût pas été fait, et qu'il n'en existât qu'un seul (celui dont on s'occupe pour le moment), on déterminera la plus forte et la plus faible portion disponible, soit en nue propriété soit en usufruit ; on partagera par 1/2 entre les deux donataires la partie commune jusqu'à l'heberge, et l'excédant du plus grand disponible sur le plus petit restera en entier à celui des donataires à qui on pouvait donner davantage.

Pourquoi indiquons-nous ce mode de procéder, au cas de concours, comme seul juste et légal? parce que on ne peut être associé et en concours que pour la partie qui est en société et commune, que la portion n'est commune, comme on dit, que jusqu'à l'heberge, tout de même qu'au cas de mitoyenneté; parce que ce qui dépasse l'héberge est particulier à celui qui a la plus grande quotité disponible, et qu'agir autrement serait faire profiter celui qui a une capacité moindre de l'extension de la capacité de l'autre, en donnant au premier une augmentation de droit prise sur le droit du second.

Ainsi, supposons qu'il existe concurremment et au même rang, en l'état d'un seul enfant légitime, un don de 1/2 en pleine propriété fait à un étranger, et le don de 1/4 en pleine propriété et de 1/4 en usufruit fait à l'époux. Quant à l'usufruit qui, en donnant à la succession une valeur de 36,000 fr., est de 18,000 fr. pour le donataire étranger et de 18,000 fr. pour l'époux, c'est à dire, égal pour les deux avantages, ces 36,000 fr. d'usufruit réunion des deux dons, se réduiront à 18,000 fr., plus forte quotité disponible, et ces 18,000 fr. reviendront à égalité, c'est à dire pour 1/2 ou 9,000 fr. au donataire, et pour 1/2 ou 9,000 fr. à l'époux.

Mais quant à la nue-propriété où l'inégalité se révèle, on ne peut additionner ainsi les dons, les réduire à la plus forte quotité disponible qui est de 18,000 fr., et partager ces 18,000 fr. dans la proportion de ces dons.

Si on agissait ainsi on arriverait à donner 12,000 fr. au donataire et 6,000 fr. à l'époux.

Si au contraire, on partage à égalité la partie commune qui est de 9,000 fr., laissant au donataire étranger les 9,000 fr. qui, dans son don de 18,000 fr., excèdent les 9,000 fr. disponibles en faveur de l'époux, on donnera à l'époux 4,500 fr., 1/2 de 9,000 fr. formant le disponible commun, et au donataire étranger 13,500 fr., formés de 4,500 fr., autre 1/2 de ces 9,000 fr. et des 9,000 fr. particuliers à ce dernier.

Ainsi, la première manière de procéder, fait que l'époux reçoit 1,500 fr. de plus, et qu'il prend cette somme sur les 9,000 fr. particuliers au donataire, qu'il les prend sans aucune espèce de capacité particulière vis-à-vis de cette somme, et en profitant de la capacité de l'autre avantagé.

On se convaincra qu'il en est ainsi si l'on pense qu'au cas où il y a trois enfants légitimes, et où par conséquent le donataire n'a droit qu'à 9,000 fr. comme l'époux, ce dernier ne reçoit que la 1/2, ou 4,500 fr., en sorte qu'il est bien évident, qu'au cas général dont nous nous occupons, l'époux ne doit avoir que 4,500 fr., que lui donner davantage c'est le faire profiter de la capacité plus étendue de l'étranger, chose qui est repoussée par la logique et le bon sens.

Du reste, qu'on ne plaigne pas trop le sort de l'époux, le principe que nous venons de poser lui profitera dans la plupart des cas, quant à l'usufruit, qui peut s'étendre en sa faveur jusqu'à 1/2, et qui dépasse l'usufruit compris dans le disponible de l'art. 913, toutes les fois qu'il y a plus d'un enfant légitime.

Diverses autres questions importantes, naissent de la coexistence de plusieurs dons; certaines sont résolues en même temps que posées, d'autres, au contraire, sont fort contestées; nous n'irons pas ici faire de l'érudition, nous nous bornerons à consulter la nature des choses et à prouver notre opinion par la logique et le sens commun.

95. — Il est évident que si le défunt n'a disposé d'abord que d'une portion de ce que la loi lui permettait de donner, il a pu

disposer ensuite du restant de cette portion. Si donc, ayant un enfant, j'ai légué à un étranger 1/4 en pleine propriété, je pourrai donner à un autre étranger, un autre 1/4 en pleine propriété; si ayant deux enfants j'ai donné 1/4 en pleine propriété, je pourrai donner à un autre étranger la différence du 1/3 au 1/4. Si j'ai donné à l'un la nue-propriété ou l'usufruit de la portion disponible de l'art. 913, je pourrai donner à un autre, l'usufruit ou la nue-propriété de cette même portion.

Dans ces divers cas il ne s'agit que de l'existence d'une seule quotité disponible.

96. — S'il existe plusieurs dons de sommes, le premier en ordre qui absorbera le disponible, rendra les autres caducs. S'il n'en prend qu'une partie, il laissera quelque chose pour celui ou ceux qui viennent après lui. Si, au cas de concours, la portion disponible étant de 18,000 fr., il y a un premier don de 20,000 fr., un deuxième don de 10,000 fr., et un troisième don de 6,000 fr., on fera une masse de ces trois dons, ce qui fournira 36,000 fr.; on réduira ces 36,000 fr. à 18,000 fr. ou 1/2, on réduira proportionnellement, et de 1/2 chaque don, ce qui donnera au premier donataire 10,000 fr., au second 5,000 fr., et au troisième 3,000 fr. Par là on exécutera l'art. 926 C. civ., et on maintiendra entre les divers dons les proportions et différences qu'y a mises la volonté du donateur.

Ainsi, toutes les fois qu'il n'y aura qu'une seule portion disponible, et que les donataires seront en concours, on fera une masse des dons, on réduira cette masse à la quotité dont on a pu disposer, et on réduira proportionnellement chaque don, c'est là la règle. C'est l'induction nécessaire de l'art. 926 déjà cité. Cette manière de procéder est toute autre que celle que nous avons suivie dans le cas où le disponible de l'art. 913 existe concurremment avec le disponible de l'art. 1094, ce qui indique que cet art. 926 ne s'applique qu'entre donataires, vis-à-vis de chacun desquels il n'y a de possible qu'une seule portion disponible, et non au cas où il y en a deux différentes.

97. — Il est aussi évident que si ayant trois enfants, j'ai donné à un étranger ou à un enfant 1/4 en pleine propriété, ce

qui équivaut à 1/4 en nue-propriété et à 1/4 en usufruit, je puis encore donner à mon époux 1/4 en usufruit; il est constant que si j'ai donné 1/4 en pleine propriété à l'époux, je puis lui donner encore 1/4 en usufruit; mais il s'agit de savoir si, ayant déjà donné 1/4 en pleine propriété à l'époux, je puis donner 1/4 en usufruit à un autre, chose que nous examinerons tout à l'heure.

98. — Il est certain que si ayant trois enfants, j'ai donné à l'un d'eux ou à un étranger 1/4 en nue-propriété, je puis donner encore 1/2 en usufruit à l'époux; mais il faut savoir si, ayant donné 1/2 d'usufruit à l'époux, je puis donner 1/4 de nue-propriété soit à un autre, soit à l'époux lui-même qui est déjà donataire. Il faut aussi savoir si, n'ayant qu'un enfant, et ayant donné à un étranger 1/4 en nue-propriété et 1/2 en usufruit, je puis donner à l'époux un autre 1/4 de nue-propriété. Toutes ces questions ont leur importance, on doit les résoudre pour éclairer la pratique qu'elles gênent et embarrassent bien souvent; mais, qu'on le remarque, elles ne naissent pas au cas de concours dont nous nous sommes déjà occupé et que nous avons réglementé.

Sur ces trois questions, dont la deuxième se subdivise en deux, il y en a deux qui ont entr'elles une grande analogie, savoir : la première et la dernière. Commençons par la première.

99. — Nous demandons si une personne ayant trois enfants qui a disposé en faveur de son époux de 1/4 en pleine propriété, peut donner ensuite à un autre 1/4 en usufruit. Ce qui revient à cette question générale : celui qui a la disposition de deux portions disponibles inégales, qui a donné à celui qui pouvait recevoir le plus fort disponible, une portion de ce même disponible, portion égale au disponible à l'égard du deuxième donataire, peut-il donner à ce dernier l'excès du plus grand disponible sur le plus petit, en ne lui donnant pas plus parce qu'il peut recevoir d'après la loi ?

Certainement si le premier donataire était un enfant ou un étranger qui eût reçu le 1/4 en pleine propriété, il ne resterait rien pour un deuxième donataire; par conséquent, on serait amené à décider la négative de la question proposée à l'aide de cette considération, et par cet autre motif que le deuxième donataire, qui a une capacité restreinte, ne peut, pour recevoir quelque chose, profiter de l'extension de la capacité de l'époux, la capacité étant personnelle.

En doit-il être de même, lorsque c'est l'époux qui, pouvant recevoir 1/4 en propriété et 1/4 en usufruit, n'a reçu que le 1/4 en propriété? Les positions sont-elles les mêmes? La volonté du testateur ne les modifie-t-elle pas? Le défunt qui a un époux pouvait disposer en faveur de son époux de 1/4 en propriété et 1/4 en usufruit, ce qui revient à 1/4 en nue-propriété et à 1/2 en usufruit; cela est certain. On nous accordera, d'autre part, assez facilement qu'en donnant à cet époux seulement 1/4 en nue-propriété et 1/4 en usufruit, il aurait pu déclarer que ce 1/4 en usufruit sera imputé sur la deuxième partie de la 1/2 en usufruit de l'art. 1094, sur le 1/4 en usufruit personnel à l'époux, qui ne peut lui revenir qu'en vertu de sa capacité particulière, de manière à laisser libre et disponible en faveur de tout autre le 1/4 en usufruit correspondant, dans l'art. 913, au 1/4 en propriété de ce dernier article.

Dans la question dont il s'agit, telle que nous l'avons posée, le disposant n'a pas fait expressément cette imputation qui n'est pas en dehors de ses pouvoirs, à cause de l'étendue de son plan fort disponible; mais il s'agit de savoir s'il ne l'a pas faite virtuellement en disposant plus tard du 1/4 en usufruit en faveur d'un autre.

Celui qui a donné ne peut plus révoquer le don en tout ou partie, il ne peut plus le gêner en rien; mais, en dehors de ce cadre, il est entièrement libre.

D'autre part, les actes doivent s'interpréter dans un sens qui leur donne de l'exécution plutôt que dans celui qui la leur enlève, *potius ut valeant quam ut pereant*, et surtout en matière de dons, d'après l'art. 900 du Code civil, donc le vœu du législateur, est en faveur de la validité du don de 1/4 en usufruit fait à un autre.

S'il n'y a pas d'autres moyens pour faire valoir cette donation, que l'imputation dont il a été parlé, la question se réduit à savoir si cette imputation révoque en tout ou en partie, ou seulement gêne le don fait à l'époux. Au cas d'affirmative, on refusera tout droit au deuxième donataire ; et, au cas de négative, on le lui reconnaîtra.

L'époux a reçu 1/4 en nue-propriété et 1/4 en usufruit, l'imputation dont nous avons parlé lui laisse les mêmes qualités, elle ne lui enlève rien ; donc elle peut être faite sans inconvénient pour lui et doit être observée. Il serait inutile qu'on opposât qu'elle n'est pas expresse, elle est suffisamment faite par le deuxième don lui-même qui vient de la volonté expresse du donataire, volonté qui veut une imputation qui est son seul moyen d'exécution.

Cette imputation gêne-t-elle en rien l'époux, au lieu d'avoir en général 1/4 en pleine propriété, qui lui fait forcément prendre son 1/4 en usufruit sur les mêmes biens formant le 1/4 en propriété, il sera exposé à prendre 1/4 en nue-propriété sur certains biens et 1/4 d'usufruit sur d'autres. Sous ce rapport, elle le gêne et paraîtrait devoir être proscrite. Mais cette gêne n'est que théorique ; jamais elle ne tombera dans le domaine de la pratique, et si certaines parties voulaient la prétendre, la justice repousserait leur action sans motif et purement tracassière. L'intérêt des ayant-droit à une succession, et de chacun d'eux, est de confondre sur les mêmes biens la nue-propriété et l'usufruit, afin d'avoir plus de biens libres. Que leur fait à eux que les biens grevés du 1/4 en nue-propriété soient grevés aussi de 1/4 en usufruit de l'époux ou du 1/4 en usufruit du donataire. Si l'imputation expresse avait été faite, il faudrait toujours, sur le 1/4 des biens, dont la nue-propriété est réservée, supporter l'usufruit, soit de l'époux, soit de l'autre donataire ; par conséquent, dans le partage qui aura lieu, et où toutes les parties sont libres, on fera nécessairement cesser cette gêne, en donnant à l'époux son 1/4 en nue-propriété et son 1/4 en usufruit sur les mêmes biens ; donc la gêne n'est qu'idéale et en théorie, donc elle n'aura pas lieu réellement, et, par conséquent, on sera amené à reconnaître valide le don de 1/4 en usufruit fait à un autre qu'à l'époux.

En cet état, on peut comprendre le motif qui prive le donataire de tout droit, lorsque le 1/4 en pleine propriété a été donné à un étranger, et ne l'en prive pas lorsque cette quotité a été donnée à l'époux. Le motif est que, dans le premier cas, le donateur ne peut faire ni virtuellement, ni expressément cette imputation, et qu'il peut la faire dans le second.

Nous pensons donc que l'époux qui, ayant trois enfans, a donné à son conjoint 1/4 en pleine propriété, peut donner à un autre 1/4 en usufruit.

100. — Cette décision nous fait trancher de la même manière la troisième question.

Si n'ayant qu'un enfant, j'ai disposé en faveur d'un étranger de 1/4 en nue-propriété et de 1/2 en usufruit, chose qui m'est permise, puisque je pouvais donner 1/2 en pleine propriété, pourrais-je ensuite donner à mon épouse 1/4 en nue-propriété ?

Il est vrai que la quotité disponible que l'on pouvait distraire de la succession légitime en faveur de l'époux est absorbée ; mais il est certain aussi que le défunt qui pouvait disposer de 1/2 en nue propriété et de 1/2 en usufruit, pouvait, en ne disposant que de 1/4 en nue-propriété, imputer ce 1/4 sur la 2me 1/2 de la 1/2 de l'art. 913, de manière à laisser libre encore le 1/4 correspondant au 1/4 en nue-propriété de l'art. 1094 en faveur de l'époux. Il est aussi vrai, ainsi que nous l'avons démontré dans la question qui précède, que lorsqu'il a fait un deuxième don à l'époux, il a établi une imputation virtuelle qui ne révoque, ni en totalité, ni en partie, la première donation et qui ne la gène nullement. De là naît cette conséquence qu'il a pu donner encore 1/4 en nue-propriété à l'époux.

Nous savons que ces deux questions ont été jugées dans un sens opposé ; mais, que le lecteur le remarque, dans cette discussion, on a fait de grands et de longs raisonnements; on a cité des auteurs, des arrêts, mais on n'est pas entré dans le fond, dans la nature des choses ; on a discuté théoriquement sans penser à la pratique. Nous n'avons pas, nous, beaucoup argumenté, mais nous avons été droit au cœur de la question.

Celui qui voudra nous réfuter devra détruire la légalité de l'imputation, car là est toute la question.

101. — Venons à la deuxième question qui se partage en deux parties, et d'abord à la première de ces parties.

Celui qui, ayant trois enfans, a donné 1/2 en usufruit à son époux, peut-il donner 1/4 en nue-propriété à un autre? Le défunt ayant un époux pouvait faire deux sortes de dons : l'un en nue-propriété s'élevant à 1/4 pour l'époux comme pour le donataire ; l'autre en usufruit montant à 1/2 pour l'époux et à 1/4 pour l'autre avantagé. S'il n'a disposé que de 1/2 en usufruit en faveur de l'époux, il a conservé 1/4 disponible en nue-propriété ; cela est de toute évidence, car enfin il a conservé ce qu'il pouvait donner en nue-propriété, et il peut en disposer encore. Ceux qui ne partagent pas cette opinion arguent d'une assimilation entre l'usufruit et la nue-propriété, de ce que, d'après les lois fiscales, le premier vaut la moitié de la pleine propriété, d'où ils induisent que 1/2 en usufruit vaut 1/4 en pleine propriété. Mais tout cela est arbitraire, car un usufruit dépend de l'âge et de la santé de l'usufruitier, et ne peut tenir devant cette considération que le 1/4 en nue-propriété est disponible, le seul disponible en propriété qui n'a pas été donné, et qui, par suite, peut l'être encore.

102. — La deuxième partie de la troisième question consiste à savoir si l'époux, qui a donné à son conjoint 1/2 en usufruit, peut lui donner postérieurement 1/4 en nue-propriété.

Sans la particule *ou* et les termes mal digérés de l'art. 1094 n° 2°, l'affirmative ne serait pas douteuse. Puisque la plus grande quotité disponible en faveur de l'époux est de 1/4 en nue-propriété et de 1/2 en usufruit, et qu'il n'a été donné que la 1/2 en usufruit, il est évident qu'il reste encore libre, en faveur du conjoint, 1/4 en nue-propriété, le bon sens l'indique suffisamment ; mais la malencontreuse particule *ou* et ces termes seuls 1/2 *en usufruit*, y mettent un doute tel, qu'il se rencontre une véritable chicane de mots.

Pourquoi la loi a-t-elle permis à un époux de donner à son conjoint 1/2 en usufruit? C'est parce que durant le mariage, les deux époux avaient une jouissance collective et égale de 1/2 chacun et qu'on a voulu donner un moyen pour la continuer après la mort de l'un d'eux.

Pourquoi la loi a-t-elle autorisé l'époux à ajouter à cette 1/2 d'usufruit 1/4 en nue-propriété? C'est pour fournir un capital à l'époux survivant, pour lui permettre de faire, par là, face à des dépenses nécessitées par le grand âge ou des infirmités auxquels un simple usufruit ne pourrait satisfaire ; pour lui donner le moyen de maintenir la justice et l'accord dans la famille, lui conserver le respect de ses enfans, lui permettre de récompenser une bonne conduite, en punir une mauvaise, réparer en partie les infortunes qui auraient pu tomber sur quelqu'un de ses enfans ; ces motifs sont des vérités constantes ; on en trouvera la confirmation dans le remarquable rapport fait lors de l'arrêt de la Cour de cassation du 3 décembre 1844, *Journal du Palais*, t. 1, 1845, p. 207.

En cet état, peut-on venir prétendre, avec la moindre raison, que, parce que le conjoint survivant a déjà reçu 1/2 en usufruit, il ne peut recevoir ensuite 1/4 en nue-propriété? Comment, j'aurai, par un contrat de mariage, donné à mon conjoint 1/2 en usufruit pour continuer la jouissance par moitié, et après 30 ou 40 ans de mariage, après qu'il est devenu vieux et infirme ; après que, parmi les enfans, les uns annonceront la prospérité ou une bonne conduite, et que les autres se trouveront sur la route du mal ou du malheur, il ne me sera pas permis de pourvoir, par le don d'un capital, aux besoins de cette vieillesse et de ces infirmités, de parer aux craintes que me font concevoir mes enfans pour l'avenir ! Et cela me sera défendu, tandis que je pourrais, pour ces mêmes motifs, lui donner aussi un capital par mon contrat de mariage ! Non, cela n'est ni logique, ni raisonnable. C'est faire une grave injure au législateur que de penser qu'il a décrété une pareille absurdité. C'est nier ce principe de droit que, si je puis disposer de 100 fr., on ne peut m'empêcher de disposer de 20 fr., parce que j'ai déjà disposé de 80 ; tandis que c'est parce que je n'ai donné que 80 fr. que je puis encore donner 20 fr. Tous les argumens plus ou moins spécieux contre ce système sont de pures chicanes ou des sophismes ; le sens commun suffit pour les renverser. Concluons donc avec lui que l'époux qui a donné à son conjoint 1/2 en usufruit, peut encore lui donner 1/4 en nue-propriété.

103. — Si le disposant est un mineur de seize ans; qui n'ait pas disposé par un contrat de mariage régulier (ce qui l'assimilerait à un majeur), mais par un testament, ces dispositions seront réduites à une moitié, conformément à l'art. 904 C. civ.

104. — S'il y a des enfans naturels, il faudra distinguer aussi ceux qui ont été reconnus durant le mariage d'où sont issus des enfans, et ceux qui ont été reconnus, soit hors de tout mariage, soit durant des mariages qui n'auraient pas produit d'enfans; car, comme nous l'avons déjà dit, l'enfant naturel reconnu durant le mariage n'est privé de droit successif, et, par conséquent, du droit de réserve, que vis-à-vis de l'enfant de ce mariage et nullement à l'égard des enfans issus d'autres mariages et des autres enfans naturels comme lui ; il n'en est pas non plus privé à l'égard, soit des donataires ou légataires de l'art. 913 C. civ., soit l'époux de l'art. 1098, lorsqu'il n'a pas été reconnu durant le mariage qui a uni ce dernier au défunt, mais durant un mariage antérieur, ou qu'il n'existe pas d'enfant légitime de ce dernier mariage ; car l'époux de l'article 1094 2me partie, ayant une portion disponible fixe, abstraction faite du nombre des enfans légitimes (pourvu qu'il en existe un) et de l'existence et du nombre des enfans naturels, l'art. 337 ne lui donne rien, et la reconnaisssance du bâtard lui est indifférente, qu'elle soit faite avant le mariage ou pendant sa durée.

Mais l'art. 337 peut être utile et profiter, dans tous les cas, à l'époux de l'art. 1098, lorsque l'enfant naturel a été reconnu durant le dernier mariage et qu'il en est sorti des enfans légitimes ou un seul.

Ces art. 904 et 337 apportent aux répartitions des modifications importantes que nous signalerons par des tableaux faits comme les autres.

Après avoir posé les principes généraux et les causes de notre mode de procéder, nous avons à diviser la vaste matière que nous nous proposons d'exposer en détail.

105. — Nous la partagerons en 34 titres, dont plusieurs recevront des subdivisions.

TITRE 1er. — Fixation de la réserve et de la portion disponible, lorsqu'il n'y a que des enfans légitimes et un donataire enfant ou étranger de la portion disponible ordinaire.

TITRE 2. — Fixation de la réserve et de la portion disponible, lorsqu'il y a des enfans légitimes et naturels, et le don du disponible ordinaire à un enfant ou à un étranger.

TITRE 3. — Fixation de la réserve et de la quotité disponible, lorsqu'il n'existe que des enfans légitimes, et qu'il a été donné à l'époux 1/4 en propriété et 1/4 en usufruit.

TITRE 4. — Fixation de la réserve et de la portion disponible, lorsque n'y ayant que des enfans légitimes, il existe, outre le don du disponible ordinaire, le don à l'époux de 1/4 en propriété et de 1/4 en usufruit.

TITRE 5. — Fixation de la réserve et de la portion disponible, lorsqu'il existe des enfans légitimes et naturels, et qu'il a été donné à l'époux 1/4 en propriété et 1/4 en usufruit.

TITRE 6. — Fixation de la réserve et de la portion disponible lorsqu'il y a des enfans légitimes et naturels, que le don du disponible ordinaire a été fait à un enfant ou à un étranger, et que le don de 1/4 en propriété et de 1/4 en usufruit a été fait à l'époux.

TITRE 7.— Fixation de la réserve et de la portion disponible, lorsqu'il existe des enfans légitimes d'un premier mariage, et le don du plus grand disponible possible fait au conjoint de l'art. 1098 C. civ.

TITRE 8. — Fixation de la réserve et de la portion disponible, lorsqu'il existe des enfans légitimes d'un mariage antérieur, et le don du disponible ordinaire, fait à un enfant ou à un étranger, et le don de l'art. 1098 fait à un conjoint.

TITRE 9.— Fixation de la réserve et de la portion disponible, lorsqu'il existe des enfans légitimes et naturels, et le don de l'art. 1098 fait au conjoint.

TITRE 10. — Fixation de la réserve et de la portion disponible, lorsqu'il existe des enfans légitimes et naturels, le don de l'art. 1098 fait à l'époux, et le don de l'art. 913 fait à un autre.

TITRE 11. — Fixation de la réserve et de la portion disponible, lorsqu'il existe des enfans naturels, des ascendans, et qu'il a été donné à un étranger la plus grande quantité disponible.

TITRE 12. — Fixation de la réserve et de la portion disponible, lorsqu'il existe des enfans naturels, des ascendans, des frères et sœurs légitimes ou descendans d'eux, et que le don de la plus grande quotité disponible a été fait à un autre.

TITRE 13. — Fixation de la réserve et de la quotité disponible, lorsqu'il existe des enfans naturels, des frères et sœurs ou descendans d'eux, et qu'il a été donné à un autre la plus grande quotité disponible.

TITRE 14. — Fixation de la réserve et de la portion disponible, lorsqu'il existe des enfans naturels, des ascendans dans une ligne, de simples collatéraux dans l'autre, et que la plus grande quotité disponible a été donnée.

TITRE 15. — Fixation de la réserve et de la portion disponible, lorsqu'il existe des enfans naturels, de simples collatéraux, et que l'on a donné la plus grande quotité disponible.

TITRE 16. — Fixation de la réserve et de la quotité disponible, lorsqu'il existe des enfans naturels, et que la plus grande quotité disponible a été donnée à l'époux survivant.

TITRE 17. — Fixation de la réserve et de la portion disponible, lorsqu'il existe des enfans naturels, que la plus grande quotité disponible de l'art. 1094, 1re partie, a été donnée à l'époux, et que la plus grande quotité disponible de l'art. 913 a été donnée à un autre.

Titre 18. — Fixation de la réserve et de la portion disponible, lorsqu'il existe des enfans naturels, des ascendants, et que la plus grande quotité disponible de l'art. 1094 a été donnée au conjoint.

Titre 19. — Fixation de la réserve et de la portion disponible, lorsqu'il existe des enfans naturels, des ascendans, que la plus grande quotité disponible de l'art. 1094 a été donnée au conjoint et que la plus grande quotité disponible ordinaire a été donnée à un autre.

Titre 20. — Fixation de la réserve et de la portion disponible, lorsqu'il existe des enfans naturels, des ascendans, des frères et sœurs ou descendans d'eux, que la plus grande quotité disponible de l'art. 1094 a été donnée au conjoint, et que la plus grande quotité disponible ordinaire a été donnée à un autre.

Titre 21. — Fixation de la réserve et de la portion disponible, lorsqu'il existe des enfans naturels, des ascendans, de simples collatéraux, et que la plus grande quotité disponible de l'art. 1094 a été donnée au conjoint.

Titre 22. — Fixation de la réserve et de la portion disponible, lorsqu'en l'état de l'existence d'enfans naturels, d'ascendants, de simples collatéraux, et du don du plus grand disponible de l'art. 1094 fait à l'époux, il se trouve le don du plus grand disponible ordinaire fait à un autre.

Titre 23. — Fixation de la réserve et de la portion disponible, lorsqu'il existe des enfans naturels, des frères et sœurs ou descendans d'eux, et le don fait à l'époux du plus grand disponible de l'art. 1094.

Titre 24. — Fixation de la réserve et de la portion disponible, lorsqu'en l'état de l'existence d'enfans naturels, de frères et sœurs ou descendans d'eux, et du don fait à l'époux du plus grand disponible de l'art. 1094, il y a en outre un don fait à un autre du plus grand disponible ordinaire.

Titre 25. — Fixation de la réserve et de la portion disponible, lorsqu'il existe des enfans naturels, de simples collatéraux, et le don fait à l'époux du plus grand disponible de l'art. 1094.

Titre 26. — Fixation de la réserve et de la portion disponible, lorsqu'en l'état de l'existence d'enfans naturels, de simples collatéraux, du don fait à l'époux du disponible de l'art. 1094, il existe un don fait à un autre du plus grand disponible ordinaire.

Titre 27. — Fixation de la réserve et de la portion disponible, lorsqu'il n'existe que des enfans naturels, et qu'il a été donné à l'un d'eux ou à un autre la plus grande quotité disponible.

Titre 28. — Fixation de la réserve et de la portion disponible, lorsqu'il existe des ascendans, et un don fait au conjoint du disponible de l'art. 1094.

Titre 29. — Fixation de la réserve et de la portion disponible, lorsqu'en l'état de l'existence d'ascendans et d'un don fait à l'époux du disponible de l'art. 1094, il existe un don fait à un autre de la plus grande quotité disponible.

Titre 30. — Fixation de la réserve et de la portion disponible, lorsqu'il existe des ascendans, des frères et sœurs ou descendans d'eux, et un don fait à l'époux du disponible le plus fort de l'art. 1094.

Titre 31. — Fixation de la réserve et de la portion disponible, lorsqu'en l'état de l'existence d'ascendans, de frères et sœurs ou descendans d'eux, et du don de l'art. 1094 fait à l'époux, il existe un autre don du plus grand disponible fait à un autre.

Titre 32. — Fixation de la réserve et de la portion disponible, lorsqu'il existe des frères et sœurs seulement ou des collatéraux, avec un don de la plus grande quotité disponible fait à un époux ou à un autre.

Titre 33. — Fixation de la réserve et de la portion disponible, dans la succession de l'enfant naturel.

Titre 34. — Fixation du sens des art. 201 et 202 C. civ.

—

# TITRE PREMIER.

## *Fixation de la réserve et de la portion disponible lorsqu'il n'y a que des Enfans légitimes et un Donataire, Enfant ou Etranger, de la portion disponible ordinaire.*

---

### PRÉLIMINAIRES.

---

### Questions.

106. — L'enfant donataire en avancement d'hoirie qui renonce ne peut retenir sur le don que la portion disponible, et non cette portion et sa réserve.

107. — La réserve et la portion disponible sont calculés suivant le nombre des enfans acceptant, et non suivant celui des existans.

108. — Division du Titre Ier.

106. — L'article 913 fixe la réserve et la portion disponible, lorsqu'il n'y a que des enfans légitimes, tels que les détermine l'art. 914 C. civ., mais nous avons à donner la solution de deux questions préliminaires, qui contribuera beaucoup à éclairer notre matière.

La doctrine et la jurisprudence sont divisées sur chacune de ces questions. D'un côté, on soutient que l'enfant donataire en avancement d'hoirie qui renonce à la succession pour s'en tenir à son don, peut retenir. sur ce même don, la réserve et la portion disponible tout à la fois, et que la portion disponible et la réserve générale sont fixées par le nombre des enfans existans et non par celui des acceptans. De l'autre, on prétend le contraire, on ne permet à l'enfant donataire en avancement d'hoirie qui renonce de ne retenir que la portion disponible sur le don, tout le restant étant soumis au rapport, ou mieux, à restitution, et on veut que le nombre des enfans acceptans soit seul pris en considération pour fixer la réserve générale et la portion disponible.

Ces deux questions se lient à notre matière, surtout la seconde.

Le système du cumul, dans la première question, ne nous

paraît pas soutenable, bien qu'il ait été soutenu plus souvent que le système contraire; il viole l'histoire du droit, la loi et le sens commun. Il viole l'histoire du droit, en assimilant la réserve actuelle qui exige la qualité d'héritier acceptant, celle de successeur ou successible, pour parler comme l'art. 924 C. civ., avec l'ancienne légitime, qui n'était accordée qu'aux enfans renonçant à la succession, ou qui étaient exclus par l'institution d'un héritier, tandis que la réserve actuelle est, en cela, l'ancienne réserve coutumière accordée uniquement aux acceptans et jamais aux renonçans. En effet, si l'ancienne légitime était une créance payable en biens du défunt, et si la répudiation ou l'exclusion de la succession n'enlevait pas le droit de légitime et le conférait, au contraire, il est évident que le légitimaire exclus ou renonçant, pouvait cumuler sur le don et sa propre légitime, et toute la portion disponible, c'est-à-dire, tout ce qui n'était pas pris pour parfaire les autres légitimes; tandis que le réservataire coutumier qui renonçait à la succession et perdait par là tout droit à la réserve, puisqu'elle n'était accordée qu'à son acceptation, ne pouvait retenir que le quint disponible des propres comme un étranger.

Ce système viole la loi actuelle, qui n'accorde de réserve qu'à titre de succession légitime, et en prive l'héritier présomptif qui renonce. Il est évident que tout don fait à un étranger s'impute forcément sur la portion disponible, car on ne peut l'imputer sur autre chose. La renonciation d'un héritier présomptif rend ce dernier étranger à la succession, complètement étranger sous ce rapport; par conséquent, le don fait à cet étranger s'impute sur la portion disponible, et uniquement sur cette portion. Aussi l'art. 845 C. civ., en a fait une disposition expresse C'est violer cet article que d'accorder le cumul, c'est appliquer à l appelé renonçant et qui n'a pas été avantagé, ce que l'art. 924 C. civ. ne reconnaît qu'au successible acceptant et avantagé par préciput.

Ce système viole le sens commun, car il donne une réserve à celui qui déclare par sa renonciation n'en pas vouloir, et il aboutit, en définitive, à l'absurdité la plus frappante. En effet, voilà un enfant donataire en avancement d'hoirie : son père n'a pas voulu l'avantager, puisqu'il l'a soumis au rapport et ne lui a rien donné en capital par préciput; le don qu'il lui a fait ne consiste réellement qu'en une jouissance anticipée du bien donné, jouissance qui doit cesser au jour de l'ouverture de la succession. La loi donne d'autre part, à cet enfant, la faculté de se rendre étranger à la succession en renonçant, et de se dispenser par là du rapport jusqu'à concurrence de la portion disponible, le surplus retournant toujours dans la composition de la réserve qui forme l'hérédité légitime. Et l'on voudrait que cet enfant que son père n'a pas voulu avantager en sus de sa part, put se rendre donataire par préciput de la portion disponible en sus de sa réserve! Mais une pareille conséquence serait révoltante et presque de la niaiserie, car il faudrait arriver à dire que les donations et les testaments qui ont pour but d'avantager un enfant en sus de ses droits successifs, peuvent être faits par les enfants eux-mêmes, par les enfans tous seuls, car la renonciation qu'ils feraient serait réellement un don ou un legs préciputaire dont ils seraient les seuls auteurs, et qui n'aurait lieu qu'après le décès de celui qui seul pouvait donner ou léguer par préciput.

107.— Il n'est pas plus juste de prétendre que la réserve et la portion disponible doivent être calculées suivant le nombre des enfans existans, abstraction faite de la renonciation d'un ou de plusieurs, que de soutenir le cumul que nous venons de réfuter.

Quel est le sens de la prétention que nous combattons? les adversaires veulent-ils dire absolument que le nombre des enfans existans fixe la portion disponible? mais alors, s'ils renoncent tous, étant toujours néanmoins existans, la portion disponible est la même que dans le cas où ils accepteraient tous; et le solde, qui forme la réserve, obvient aux ascendans, qui obtiennent la réserve d'enfans légitimes, bien que l'art. 915 leur en accorde une bien moindre; il obvient, à titre de réserve, à des frères et sœurs ou descendans d'eux, ou à de simples collatéraux que la loi prive de tout droit réservé. Ainsi, le sens absolu du système des adversaires aboutit à une absurdité et à la violation de la loi, c'est à dire, à accorder aux ascendans une plus grande réserve que celle qu'ils ont le droit d'avoir, et de concéder aux collatéraux une réserve, tandis qu'ils sont incapables d'en avoir une à quelque titre que ce soit.

La plupart des adversaires ne poussent pas leur principe jusque dans ses dernières conséquences logiques, forcés qu'ils sont par l'évidence, de s'arrêter dans leur marche aventureuse; ils limitent leur système au cas où, de plusieurs enfans, il en reste au moins un qui accepte, tandis que les autres renoncent, et ils formulent leur opinion dans ces termes : la renonciation d'un ou plusieurs enfans accroît à celui ou à ceux qui acceptent, et jamais à la portion disponible qui est invariablement fixée par le seul nombre des existences.

Ce principe est vrai dans un cas, où celui des enfans qui existent étant au-dessus de trois, celui des acceptans est de trois ou au-dessus de trois. Dans cette hypothèse, la portion disponible étant fixée de manière à ne pas s'augmenter ou être diminuée par la disposition expresse de l'art. 913 C. civ., l'accroissement a nécessairement lieu au profit de la réserve générale et des enfans acceptans seulement. Mais ce principe nous paraît faux lorsque le nombre des enfans acceptans est au-dessous de trois, et nous disons que la portion disponible varie avec le nombre de ces enfans.

Le mot *laisse* de l'art. 913 C. civ., ne peut servir aux adversaires; il s'agit des enfans sous le rapport successoral, donc, les enfans *laissés*, dans le sens de cet article, sont les enfans successeurs, héritiers, les enfans qui acceptent; les renonçans étant des étrangers sous ce même rapport, et pouvant, en cette seule qualité d'étrangers, retenir sur le don non préciputaire qui leur a été fait, la portion disponible, comme nous l'avons dit sur la question précédente. Ce mot *laisse*, de l'art. 913, n'est pas plus utile que le même mot employé dans l'art. 915 C. civ. à propos des ascendans, car personne n'osera soutenir que les ascendans renonçans ont droit à une réserve, ou que leur réserve accroît aux ascendans acceptans de l'autre ligne, ou aux collatéraux à titre réservé, l'ascendant de chaque ligne ayant une réserve individuelle qui ne peut s'accroître par la dévolution qui ne peut augmenter que le droit successif, et les collatéraux étant incapables d'avoir une réserve.

Il est un principe certain, c'est que la succession générale en renferme autant de particulières qu'il existe de cohéritiers appelés, puisque ces diverses successions ne sont liées que *in re tantùm*, et que chaque cohéritier peut faire de la sienne ce qu'il veut, la céder, la donner, l'accepter ou la répudier, l'accepter purement et simplement ou sous bénéfice d'inventaire, sans que ce qu'il fait pour sa part ou succession personnelle, influe en rien sur les autres parts ou successions. D'autre part, il n'est pas légal d'établir une réserve générale vis-à-vis la quotité disponible, car cette dernière portion est une détraction sur le droit successif de l'héritier s'il est unique ; ou de chacun des cohéritiers. N'y a-t-il qu'un enfant? la portion disponible lui enlève la 1/2 de son droit; y en a-t-il deux? elle enlève à chacun le 1/3 de son droit ; y en a-t-il trois? elle enlève à chacun d'eux le 1/4 de ce même droit ; y en a-t-il un plus grand nombre ? elle enlève toujours 1/4 à chacun. C'est de ces diverses détractions que se compose la portion disponible totale ; mais comme ces mêmes détractions ne se font que sur les droits successifs des enfans qui sont saisis de plein droit, en vertu de la loi, il est évident qu'elles ne frappent que les enfans saisis, c'est à dire ceux qui acceptent ; car on ne peut rien distraire d'une portion ou succession qui n'existe pas, et en réalité, le renonçant n'a pas de part et n'est pas héritier saisi.

Mais allons encore mieux au fond des choses. Comment procède la succession ? Elle appelle trois héritiers, par exemple ; chacun de ces trois appelés est saisi du 1/3 de la succession, en vertu de la loi. L'un d'eux renonce ; par là, sa part ou succession particulière reste inacceptée et comme vacante. Cette part, en vertu du droit d'accroissement, qui est une espèce de succession légitime, est dévolue à ceux qui succèdent et acceptent ; elle leur est dévolue dans la même proportion que la succession générale, en sorte qu'on pourrait dire avec raison que jamais la part répudiée n'a appartenu au renonçant, qu'il n'y a jamais eu que deux enfans, sous le rapport successif; que ces deux enfans ont toute la succession; que leur nombre fait que le donataire peut enlever à chacun d'eux un 1/3 de la part, et former de ces 2/3 d'une moitié le 1/3 du total, la portion disponible générale composée de deux portions disponibles particulières, sans avoir aucun droit vis-à-vis de l'héritier renonçant qui est un étranger, et sans pouvoir être limitée par son existence matérielle extrà-successorale.

Nous nous bornons à indiquer et démontrer sommairement ces deux questions. Nos opinions sont longuement développées dans notre traité de la réserve et de la portion disponible.

108. — Cela posé, venons aux comptes, en supposant toujours une succession de la valeur de 36,000 fr.

Ce chapitre se divise en deux sections : dans la première, le disposant est supposé majeur, et dans la seconde, il est mineur de seize ans.

## CHAPITRE PREMIER.

*Le disposant est majeur.*

### Questions.

109. — Calcul de la réserve et de la portion disponible lorsqu'il y a 1, 2 ou 3 enfans.

110. — Calcul de ces deux quotités lorsqu'il y a plus de 3 enfans.

109. — S'il n'y a qu'un enfant légitime, la réserve est de 1/2 ou.............................. F. 18,000 00

et la portion disponible est de 1/2 ou....... 18,000 00

S'il y a deux enfans légitimes, la réserve de chacun d'eux est de 1/3 ou 12,000 fr.; la réunion de leurs deux réserves est de....... 24,000 00

et la portion disponible totale est de........ 12,000 00

S'il y a trois enfans légitimes, la réserve de chacun d'eux est de 1/4 ou 9,000 fr.; la réunion de ces trois réserves est de......... 27,000 00

et la portion disponible totale est de....... 9,000 00

Dans ces trois cas, la portion disponible est égale à une réserve particulière.

110. — Mais s'il y a plus de trois enfans, alors il se fait une réserve générale qui ne peut dépasser les 3/4 ou 27,000 fr., et la portion disponible générale ne diminue pas au-dessous de 1/4, tandis que les réserves particulières diminuent toutes par le nombre des enfans acceptans, et que le donataire distrait toujours sur chaque part cohéréditaire 1/4 de cette part, et forme la portion disponible de ces diverses détractions qui, réunies, égalent le 1/4 de la valeur héréditaire, car le 1/4 du total est nécessairement égal à la réunion des 1/4 des portions qui composent ce total.

## CHAPITRE III.

*Le disposant est mineur de seize ans.*

### Question.

111. — Calcul de la réserve et de la portion disponible.

111. — Comme le mineur de seize ans ne peut disposer que de la moitié de ce qu'il pourrait, s'il était majeur, sauf les dispositions par contrat de mariage, dont il est parlé en l'art. 1095 du C. civ., il est évident que :

| | |
|---|---|
| 1° S'il n'y a qu'un enfant, la portion disponible sera de 9,000 fr., 1/2 du disponible ordinaire...... | F. 9,000 00 |
| et que les 3/4 restant resteront à l'héritier à réserve, soit........................... | 27,000 00 |
| 2° Que s il y a deux enfans, la portion disponible sera de 6,000 fr., 1/2 du disponible ordinaire............................ | 6,000 00 |
| et que les 30,000 fr. restant reviendront aux deux enfans légitimes...................... | 30,000 00 |
| 3° Que s'il y a trois enfans, la portion disponible sera de 4,500 fr., 1/2 du disponible ordinaire.......................... | 4,500 00 |
| et que les 31,500 fr. restant reviendront aux trois enfans.......................... | 31,500 00 |

4° Et que s'il y a plus de trois enfans, dix, par exemple, la portion disponible sera toujours de.......................... 4,500 00
et la réserve générale de................ 31,500 00

## TITRE II.

*Fixation de la réserve et de la portion disponible, lorsqu'il y a des enfans légitimes et naturels et que le disponible ordinaire a été donné à un enfant ou à un étranger.*

—

### Question.

112. — Division du titre.

112. — Ce titre se divise en deux chapitres, suivant que l'article 337 trouve ou non son application.

## CHAPITRE PREMIER.

*L'article 337 ne trouve pas son application.*

—

### Questions.

113. — L'enfant naturel influe sur la portion disponible, à moins que le nombre des enfans légitimes ne la rende invariable.

114. — Fixation de la réserve et de la portion disponible lorsqu'il y a 1 enfant légitime et 1 enfant naturel.

115. — Fixation de la réserve et de la portion disponible lorsqu'il y a 1 enfant légitime et 2 enfans naturels ou plus.

116. — Fixation de la réserve et de la portion disponible lorsqu'il y a 2 enfans légitimes et 1 enfant naturel.

117. — Fixation de la réserve et de la portion disponible lorsqu'il y a 2 enfans légitimes et 2 enfans naturels ou plus.

118. — Fixation de la réserve et de la portion disponible lorsqu'il y a 3 enfans légitimes et 1 ou plusieurs enfans naturels.

**SECTION 1re.**

119. — Tableaux présentant les calculs, si le disposant est majeur.

**SECTION 2e.**

120. — Tableaux présentant les calculs, si le disposant est mineur de 16 ans.

113 — Puisque l'enfant naturel doit être supposé légitime et ajouté aux enfans qui ont cette qualité, que le 1/3 de ce qu'il aurait eu s'il eût été légitime, forme son droit successif, il est évident qu'il doit influer sur la force de la portion disponible pour 1/3 de l'influence qu'il aurait eue s'il eût été légitime.

Comment donc fixera-t-on cette question?

114. — S'il n'existe qu'un enfant légitime et un enfant naturel, nous remarquerons que, si le bâtard n'eût pas existé, la portion disponible aurait été de la moitié, soit. F. 18,000 00
que si le bâtard eût été légitime, cette portion n'aurait été que de.......................... 12,000 00
qu'un enfant légitime de plus diminue cette portion de.............................. 6,000 00
Or, ajoutons-nous, l'enfant naturel n'a que le 1/3 de la force réductive qu'il aurait eue s'il eût été légitime, donc il ne réduira cette portion que du 1/3 de ces 6,000 fr., soit de.... 2,000 00
et la portion disponible sera de............ 16,000 00

115. — S'il existe un seul enfant légitime et deux enfans naturels, par exemple, on remarquera que, sans l'existence de ces derniers, la portion disponible aurait été de 1/2 ou.................................. F. 18,000 00
que si les deux bâtards eussent été légitimes, la portion disponible n'aurait été que de. .... 9,000 00

Différence en diminution.............. 9,000 00

Or, les deux bâtards n'ont que le 1/3 de la force réductive de deux enfans légitimes, donc ils ne diminuent la quotité disponible que de 1/3 de cette différence, c'est-à-dire de....... 3,000 00
donc cette portion se trouve réduite de 18,000 francs à.............................. 15,000 00

116. — S'il existe deux enfans légitimes et un enfant naturel, on remarquera que, sans l'existence de l'enfant naturel, la

| | |
|---|---|
| portion disponible aurait été de 12,000 fr... | F. 12,000 00 |
| que si ce bâtard eût été légitime, la portion disponible aurait été réduite à........... | 9,000 00 |
| Différence en diminution.............. | 3,000 00 |

Or, le bâtard n'ayant que le 1/3 de la force réductive qu'il aurait eue s'il eût été légitime, ne peut réduire la portion disponible que du 1/3 de ces 3,000 fr., soit de 1,000 fr., donc la portion disponible, qui aurait été de 12,000 fr., descend à 11,000 fr.

117. — Lorsqu'il y a deux enfans légitimes et deux enfans naturels ou un plus grand nombre, la portion disponible ne descend pas au-dessus de 11,000 fr., car enfin s'il y a deux enfans naturels au lieu d'un seul, ces enfans ne sont vis-à-vis de la portion disponible, que le 1/3 de deux enfans légitimes, et comme deux enfans légitimes de plus, par exemple, ne réduiraient la portion disponible que de 3,000 fr. (de 12,000 fr. à 9,000 fr.) deux enfans naturels ne peuvent la réduire que du 1/3 de ces 3,000 fr., c'est-à-dire de 1,000 fr., ce qui la fait descendre à 11,000 fr.

118. — Lorsqu'il y a trois enfans légitimes ou plus, la portion disponible ne descend pas au-dessous de 9,000 fr., car si le nombre des enfans légitimes au-dessus de trois ne la réduit pas, à plus forte raison le nombre et l'existence des enfans naturels ne peut la réduire.

Ces principes étant posés, venons aux comptes.

Ils se partagent en deux sections. Dans la première le disposant est supposé majeur, et dans la seconde il est supposé être mineur de seize ans.

## Ire SECTION.

*Le disposant défunt est majeur.*

| | | | | |
|---|---|---|---|---|
| 119.— | 1 enfant légitime. | 16666 66 4/6 | 1 enfant légitime. | 15750 00 |
| | 1 enfant naturel.. | 3333 33 2/6 | 3 enfans naturels. | 5250 00 |
| | Portion disponible | 10000 00 | Portion disponible | 15000 00 |
| | 1 enfant légitime. | 16333 33 1/3 | 1 enfant légitime. | 15400 00 |
| | 2 enfans naturels. | 4666 66 2/3 | 4 enfans naturels. | 5600 00 |
| | Portion disponible | 15000 00 | Portion disponible | 15000 00 |

| | | | |
|---|---|---|---|
| 2 enfans légitim.. | 22222 22 2/9 | 3 enfans légitim.. | 22500 00 |
| 1 enfant naturel.. | 2777 77 7/9 | 3 enfans naturel.. | 4500 00 |
| Portion disponible | 11000 00 | Portion disponible | 9000 00 |
| 2 enfans légitim,. | 20833 33 1/3 | 3 enfans légitim.. | 21857 14 2/7 |
| 2 enfans naturels. | 4166 66 2/3 | 4 enfans naturels. | 5142 85 5/7 |
| Portion disponible | 11000 00 | Portion disponible | 9000 00 |
| 2 enfans légitim. | 20000 00 | 4 enfans légitim.. | 25200 00 |
| 3 enfans naturels. | 5000 00 | 1 enfant naturel.. | 1800 00 |
| Portion disponible | 11000 00 | Portion disponible | 9000 00 |
| 2 enfans légitim.. | 19444 44 4/9 | 4 enfans légitim.. | 24000 00 |
| 4 enfans naturels. | 5555 55 5/9 | 2 enfans naturels. | 3000 00 |
| Portion disponible | 11000 00 | Portion disponible | 9000 00 |
| 3 enfans légitim.. | 24850 00 | 4 enfans légitim.. | 23142 85 5/7 |
| 1 enfant naturels. | 2150 00 | 3 enfans naturels. | 3857 14 2/7 |
| Portion disponible | 9000 00 | Portion disponible | 9000 00 |
| 3 enfans légitim.. | 23400 00 | 4 enfans légitim. | 22500 00 |
| 2 enfans naturels. | 3600 00 | 4 enfans naturels. | 4500 00 |
| Portion disponible | 9000 00 | Portion disponible | 9000 00 |

## 2ᵉ SECTION.

*Le disposant défunt est mineur de 16 ans.*

| | | | | |
|---|---|---|---|---|
| 120.— | 1 enfant légitime. | 23333 33 2/6 | 2 enfans légitim.. | 23712 22 4/18 |
| | 1 enfant naturel.. | 4666 66 4/6 | 4 enfans naturels. | 6777 77 14/18 |
| | Portion disponible | 8000 00 | Portion disponible | 5500 00 |
| | 1 enfant légitime. | 22166 66 6/9 | 3 enfans légitim... | 28975 00 |
| | 2 enfans naturels. | 6333 33 5/9 | 1 enfant naturel.. | 2525 00 |
| | Portion disponible | 7500 00 | Portion disponible | 4500 00 |
| | 1 enfant légitime. | 21375 00 | 3 enfans légitim.. | 27300 00 |
| | 3 enfans naturels. | 7125 00 | 2 enfans naturels. | 4200 00 |
| | Portion disponible | 7500 00 | Portion disponible | 4500 00 |
| | 1 enfant légitime. | 20900 00 | 3 enfans légitim.. | 26250 00 |
| | 4 enfans naturels. | 7600 00 | 3 enfans naturels. | 5250 00 |
| | Portion disponible | 7500 00 | Portion disponible | 4500 00 |
| | 2 enfans légitim.. | 27111 11 1/9 | 3 enfans légitim.. | 25500 00 |
| | 1 enfant naturel.. | 3388 88 8/9 | 4 enfans naturels. | 6000 00 |
| | Portion disponible | 5500 00 | Portion disponible | 4500 00 |
| | 2 enfans légitim.. | 25416 66 8/12 | 4 enfans légitim.. | 29400 00 |
| | 2 enfans naturels. | 5083 33 4/12 | 1 enfant naturel.. | 2100 00 |
| | Portion disponible | 5500 00 | Portion disponible | 4500 00 |
| | 2 enfans légitim.. | 24500 00 | 4 enfans légitim.. | 28000 00 |
| | 3 enfans naturels. | 6000 00 | 2 enfans naturels. | 3500 00 |
| | Portion disponible | 5500 00 | Portion disponible | 4500 00 |

| | | | |
|---|---|---|---|
| 4 enfans légitim.. | 27000 00 | 4 enfans légitim.. | 26250 00 |
| 3 enfans naturels. | 4500 00 | 4 enfans naturels. | 5250 00 |
| Portion disponible | 4500 00 | Portion disponible | 4500 00 |

## CHAPITRE II.

*L'art. 337 s'applique.*

## Questions.

121 — L'art. 337 n'est fait que pour les successions légitimes, et ne profite ni aux légataires, ni aux donataires.

### SECTION 1re.

*Le disposant est majeur.*

122.— Division de la section.

123.— Art. 1er. Il existe des enfans légitimes issus d'un seul mariage, et des enfans naturels reconnus durant ce mariage. Calculs et tableaux.

124.— Art. 2. Calcul des droits de chacun lorsqu'il existe un enfant légitime du premier mariage, un enfant légitime du deuxième mariage, et un enfant naturel reconnu durant le premier mariage.

125.— Art. 3. Calcul des droits de chacun lorsqu'il existe un enfant légitime, un enfant naturel reconnu durant le mariage, et un enfant naturel reconnu hors mariage.

126.— Art. 4. Calcul des droits de chacun lorsqu'il existe un enfant du premier mariage, un enfant du deuxième mariage, un enfant naturel reconnu durant le premier mariage, et un autre reconnu hors mariage.

127.— Art. 5. Calculs des droits de chacun lorsqu'il existe un enfant du premier mariage, un enfant du second, un bâtard reconnu durant le premier, et un autre reconnu durant le second.

128.— Art. 6. Calcul des droits de chacun lorsque, outre les existences de l'art. 5, il y a un autre enfant naturel reconnu hors mariage.

### SECTION 2e.

*Le disposant est mineur de 16 ans.*

129.— Division de la section.

130.— Art. 1er. Calcul des droits de chacun lorsqu'il existe des enfans légitimes d'un seul mariage, et des enfans naturels reconnus durant ce mariage.

131.— Art. 2. Calcul des droits de chacun lorsqu'il existe des enfans de deux mariages, et un enfant naturel reconnu durant le premier.

132.— Art. 3. Calcul des droits de chacun lorsqu'il existe un enfant du mariage, un enfant naturel reconnu durant le mariage, et un autre reconnu hors mariage.

133.— Art. 4. Calcul des droits de chacun lorsque, dans le cas du n° 131, il existe en outre un autre enfant naturel reconnu hors mariage.

121. — Nous avons vu à la première partie, titre 2, chap. 1er, section 2me, que l'enfant naturel reconnu durant mariage, ne pouvant cohériter avec les enfans légitimes issus de ce mariage, héritait cependant à l'égard des enfans légitimes nés d'un autre mariage, et des autres enfans naturels. De là naît cette conséquence, qu'il existe sous le rapport héréditaire, vis-à-vis de la portion disponible, car celui à qui est donnée cette quotité, qu'il soit étranger ou enfant légitime, n'est jamais que légataire ou donataire vis-à-vis d'elle, n'est sous ce rapport qu'un étranger. Du reste, on peut, en lisant l'art. 337 C. civ., se convaincre que cet article ne dispose que pour la succession légitime, et non pour celle qui a sa source dans la volonté de l'homme.

On ne peut opposer que l'art. 337 C. civ. exclut aussi le bâtard reconnu durant mariage, lorsque la portion disponible est donnée à un enfant né de ce mariage, et se fonder sur ce que ce même article dispose que ce bâtard ne pourra nuire à l'époux, qui ne peut jamais venir par succession légitime, lorsqu'il y a des enfans légitimes acceptants. Ces mots de l'art. 337 C. civ., relatifs à l'époux, sont inutiles et sans portée aucune. L'enfant naturel eût-il été reconnu hors mariage, ne nuirait pas plus à l'époux légataire ou donataire, que l'existence d'un enfant légitime de plus, puisque l'art. 1094 C. civ., 2me partie, fixe ce qu'on peut lui donner, abstraction faite du nombre de tous enfans, soit légitimes soit naturels.

Passons aux comptes. Ils varient suivant que le disposant défunt est majeur ou mineur de seize ans. De là deux sections.

## SECTION PREMIÈRE.

### *Le disposant défunt est majeur.*

122. — Cette section se divise en six articles, suivant les positions diverses qui peuvent se rencontrer.

En effet, il peut se trouver 1° un, deux ou trois enfans légitimes nés du mariage contracté, et un enfant naturel reconnu durant ce mariage ; 2° un enfant légitime du premier mariage, un enfant légitime d'un autre mariage, et un enfant naturel reconnu durant le premier mariage ; 3° un enfant légitime, un enfant naturel reconnu hors mariage, et un enfant naturel reconnu durant le mariage ; 4° un enfant légitime du premier mariage, un enfant légitime d'un deuxième mariage, un enfant naturel reconnu hors mariage, et un enfant naturel reconnu durant le premier mariage; 5° un enfant légitime d'un premier mariage, un enfant légitime d'un second mariage, un enfant naturel reconnu durant le premier mariage, et un enfant naturel reconnu durant le second ; 6° et enfin un enfant légitime du premier mariage, un enfant légitime du deuxième mariage, un enfant naturel reconnu hors mariage, un autre reconnu durant le premier mariage, et enfin un autre reconnu durant le second.

### Article 1er.

123. — Il existe des enfans légitimes et un, deux ou trois enfans naturels reconnus durant le mariage.

Dans ce cas, l'enfant légitime unique voit ses droits fixés comme si l'enfant ou les enfans naturels n'existaient pas. Mais il n'en est pas de même de la portion disponible qui est influencée par l'existence et le nombre des enfans naturels. Aussi :

| | |
|---|---|
| L'enfant légitime aura pour réserve 1/2 ou Fr. | 18,000 00 |
| La portion disponible, s'il n'y a qu'un bâtard, sera de........................ | 16,000 00 |
| Et ce bâtard, s'il est seul, aura les 2,000 fr. de solde, c'est à dire ce dont il diminue par son existence la portion disponible............ | 2,000 00 |
| Deux enfans légitimes auront pour réserve. | 24,000 00 |
| La portion disponible, s'il n'y a qu'un bâtard, sera de ........................ | 11,000 00 |
| Et ce bâtard aura ce qu'il enlève à cette portion............................ | 1,000 00 |

| | |
|---|---|
| Trois enfans légitimes auront........... | 27,000 00 |
| La portion disponible sera de 9,000 fr., sans souffrir aucune réduction par l'existence naturelle. ............................ | 9,000 00 |
| Et l'enfant naturel n'aura rien, parce qu'il n'enlève rien à la quotité disponible.. ...... | rien. |

| | |
|---|---|
| Un enfant légitime.................... | 18,000 00 |
| Portion disponible. .................. | 15,000 00 |
| Deux enfans naturels.. ............... | 3,000 00 |

| | |
|---|---|
| Un enfant légitime. .................. | 18,000 00 |
| Portion disponible. ................... | 15,000 00 |
| Trois enfans naturels.. ............... | 3,000 00 |

### Article 2.

124. — Il existe un enfant légitime d'un premier mariage, un enfant légitime d'un deuxième mariage, et un enfant naturel reconnu durant le premier mariage.

Dans cette position, le droit du premier enfant légitime doit être calculé comme s'il n'existait pas d'enfant naturel, et le droit du deuxième enfant légitime doit être calculé en tenant compte de cette existence, en sorte que l'enfant naturel n'aura que ce dont il réduira ce second enfant légitime et la portion disponible.

| | |
|---|---|
| Un enfant légitime du premier mariage Fr. | 12,000 00 |
| Un enfant légitime du second mariage.. | 11,111 11 1/9 |
| Portion disponible. ............. | 11,000 00 |
| Un enfant naturel, 1,888 fr. 88 cent. 8/9, formés de 888 fr. 88 cent. 8/9 qu'il enlève au deuxième enfant légitime, et de 1,000 fr. qu'il réduit sus la portion disponible. ......................... | 1,888 88 8/9 |

### Article 3.

Il existe un enfant légitime, un enfant naturel reconnu hors mariage, et un enfant naturel reconnu durant le mariage.

125. — Dans ce cas, le droit de l'enfant légitime est fixé tout comme s'il n'existait que l'enfant naturel reconnu hors mariage ; la portion disponible est calculée en tenant compte de l'existence des deux enfans naturels. La part de l'enfant naturel reconnu hors mariage, se calcule en l'état de son concours avec un enfant légitime et un autre enfant naturel, et celle de l'enfant naturel reconnu durant le mariage est fixée par ce qui reste, c'est à dire, par ce que son existence enlève à la portion disponible et à l'autre bâtard. Aussi :

| | | | |
|---|---|---|---|
| Un enfant légitime............. | Fr. 16,666 | 66 | 12/18 |
| Portion disponible............. | 15,000 | 00 | |
| Un enfant naturel reconnu hors mariage......................... | 2,333 | 33 | 6/18 |
| Un enfant naturel reconnu durant le mariage, 2,000 fr., composés de 1,500 fr., 1/2 de 3,000 fr. enlevés à la portion disponible, et de 500 fr. enlevés à l'autre bâtard........................ | 2,000 | 00 | |

### Article 4.

Il existe un enfant légitime du premier mariage, un enfant légitime du deuxième mariage, un enfant naturel reconnu hors mariage, et un autre reconnu durant le premier mariage.

126. — Dans cette position, la réserve de l'enfant légitime du premier mariage, doit être fixée tout comme s'il n'existait que l'enfant légitime du deuxième mariage et l'enfant naturel reconnu hors mariage; celle de l'enfant légitime du deuxième mariage, doit être réglée en tenant compte et de l'enfant légitime du premier mariage et des deux enfans naturels. Celle de l'enfant naturel reconnu hors mariage, doit être calculée d'après son concours avec deux enfans légitimes et un enfant

naturel, et le solde formera la part réservée du bâtard reconnu durant le premier mariage. Ainsi :

| | | | |
|---|---|---|---|
| Un enfant légitime du premier mariage.......................... Fr. | 11,111 | 11 | 4/36 |
| Un enfant légitime du second mariage | 10,416 | 66 | 24/36 |
| Portion disponible.............. | 11,000 | 00 | |
| L'enfant naturel reconnu hors mariage.......................... | 2,083 | 33 | 12/36 |
| Et l'enfant naturel reconnu durant le premier mariage .................. | 1,388 | 88 | 32/36 |

### Article 5.

Il existe deux enfans légitimes de deux mariages, un de chacún d'eux, et deux enfans naturels reconnus, l'un durant le premier et l'autre durant le second.

127. — La réserve de chaque enfant légitime doit être réglée en ne tenant compte que d'un enfant légitime et d'un enfant naturel. Donc, les deux enfans légitimes ont des réserves égales, et il en est de même des deux enfans naturels. Ainsi :

| | | | |
|---|---|---|---|
| L'enfant légitime du premier mariage Fr. | 11,111 | 11 | 4/36 |
| L'enfant légitime du second mariage | 11,111 | 11 | 4/36 |
| La portion disponible........... | 11,000 | 00 | |
| L'enfant naturel reconnu durant le premier mariage................ | 1,388 | 88 | 32/36 |
| Et l'enfant naturel reconnu durant le deuxième mariage............. | 1,388 | 88 | 32/36 |

### Article 6.

128. — Il existe deux enfans légitimes de deux mariages, deux enfans naturels reconnus chacun durant un de ces mariages, et un enfant naturel reconnu hors mariage.

La réserve de chaque enfant légitime doit être calculée en ne tenant compte que de l'autre enfant légitime et de deux enfans naturels, au lieu de trois; celle de l'enfant naturel reconnu hors mariage doit être fixée par son concours avec deux enfans légitimes et avec deux autres enfans naturels, ce qui, lui compris, donne trois enfans naturels, et le solde revient aux deux enfans naturels reconnus durant les deux mariages, par 1/2 entr'eux. Par conséquent, il y a égalité de droits entre les deux enfans légitimes, et il en est de même entre les deux enfans naturels reconnus durant mariage. Ainsi :

| | |
|---|---|
| L'enfant légitime du premier mariage Fr. | 10,416 66 40/60 |
| L'enfant légitime du second mariage | 10,416 66 40/60 |
| La portion disponible........... | 11,000 00 |
| L'enfant naturel reconnu hors mariage.......................... | 1,666 66 40/60 |
| L'enfant naturel reconnu durant le premier mariage................. | 1,250 00 |
| Et l'enfant naturel reconnu durant le deuxième mariage................ | 1,250 00 |

## SECTION II.

*Le disposant défunt est mineur de seize ans.*

129. — Cette section se divise en six articles, correspondans à ceux qui composent la première section du présent chapitre trois.

### Article 1er.

130. — Il existe un ou plusieurs enfans légitimes et un, deux ou trois enfans naturels reconnus durant le mariage.

La portion disponible qui aurait été de 16,000 fr. lorsqu'il n'y a qu'un enfant naturel, ou de 15,000 fr. lorsqu'il y en a deux ou trois, est réduite à la 1/2, c'est à dire à 8,000 fr. dans le premier cas, et à 7,500 fr. dans le second, au lieu de 9,000 fr. qui l'auraient composée s'il n'existait pas d'enfant naturel. Par conséquent, la part de l'enfant ou des enfans, qui ne se formait que des réductions qu'elle opérait sur la portion disponible, diminuera de moitié. Si la portion disponible au lieu de s'élever à 9,000 fr. ne monte qu'à 8,000 fr., il n'y a que 1,000 fr. revenant à l'enfant naturel ; et si au lieu d'être de 9,000 fr. elle descend à 7,500 fr., à cause de l'existence de deux enfans naturels, il n'y a que 1,500 fr. pour les enfans naturels. Donc, plus la portion disponible diminue, plus diminue aussi le droit de l'enfant naturel ou des enfans naturels reconnus durant le mariage. Ainsi :

| | |
|---|---|
| Un enfant légitime.................. | Fr. 27,000 00 |
| Portion disponible.................. | 8,000 00 |
| L'enfant naturel reconnu durant le mariage | 1,000 00 |
| Deux enfans légitimes................ | 30,000 00 |
| Portion disponible (1/2 de 11,000 fr.)... | 5,500 00 |
| L'enfant naturel reconnu durant le mariage | 500 00 |
| Trois enfans légitimes................ | 31,500 00 |
| Portion disponible.................. | 4,500 00 |
| L'enfant naturel reconnu durant le mariage | rien. |
| Un enfant légitime.................. | 27,000 00 |
| Portion disponible.................. | 7,500 00 |
| Deux enfans naturels reconnus durant le mariage.......................... | 1,500 00 |
| Un enfant légitime.................. | 27,000 00 |
| Portion disponible.................. | 7,500 00 |
| Trois enfans naturels reconnus durant le mariage.......................... | 1,500 00 |

### Article 2.

131. — Il existe un enfant légitime de chacun des deux mariages et un enfant naturel reconnu durant le premier.

| | |
|---|---|
| L'enfant légitime du premier mariage | Fr. 15,000 00 |
| L'enfant légitime du deuxième mariage | 13,555 55 5/9 |
| Portion disponible............... | 5,500 00 |
| Un enfant naturel reconnu durant le premier mariage................. | 1,944 44 4/9 |

### Article 3.

132. — Il existe un enfant légitime, un enfant naturel reconnu hors mariage, et un enfant naturel reconnu durant le mariage.

| | | | |
|---|---|---|---|
| L'enfant légitime................ Fr. | 23,333 | 33 | 3/9 |
| La portion disponible............. | 7,500 | 00 | |
| L'enfant naturel reconnu hors mariage | 3,166 | 66 | 6/9 |
| L'enfant naturel reconnu durant le mariage........................ | 2,000 | 00 | |

### Article 4.

133. — Il existe un enfant légitime de chacun des deux mariages, un enfant naturel reconnu hors mariage, et un autre reconnu durant le premier mariage.

| | | | |
|---|---|---|---|
| L'enfant légitime du premier mariage Fr. | 13,555 | 55 | 20/36 |
| L'enfant légitime du second mariage | 12,708 | 33 | 12/36 |
| Portion disponible............. | 5,500 | 00 | |
| L'enfant naturel reconnu hors mariage........................ | 2,541 | 66 | 24/36 |
| L'enfant naturel reconnu durant le premier mariage................. | 1,694 | 44 | 34/36 |

### Article 5.

134. — Il existe deux enfans légitimes de deux mariages et un enfant naturel reconnu durant chaque mariage.

| | | | |
|---|---|---|---|
| L'enfant légitime du premier mariage.. F. | 13,555 | 55 | 20/36 |
| L'enfant légitime du deuxième mariage | 13,555 | 55 | 20/36 |
| Portion disponible................ | 5,500 | 00 | |
| L'enfant naturel recoonu durant le premier mariage.................. | 1,694 | 44 | 16/36 |
| L'enfant naturel reconnu durant le deuxième mariage............. | 1,694 | 44 | 16/36 |

### Article 6.

135. — Il existe deux enfans légitimes de deux mariages, un enfant naturel reconnu durant chaque mariage et un enfant naturel reconnu hors mariage.

| | |
|---|---|
| L'enfant légitime du premier mariage.... | F. 12,708 33 2/6 |
| L'enfant légitime du deuxième mariage.. | 12,708 33 2/6 |
| Portion disponible.................. | 5,500 00 |
| L'enfant naturel reconnu hors mariage... | 2,033 33 2/6 |
| L'enfant naturel reconnu durant le premier mariage.................... | 1,525 00 |
| L'enfant naturel reconnu durant le deuxième mariage................ | 1,525 00 |

## TITRE III.

*Fixation de la réserve et de la portion disponible, lorsqu'il n'existe que des enfans légitimes et qu'il a été donné à l'époux ce que l'article 1094 du Code civil permet de lui donner.*

---

### Question.

**136. — La portion disponible dans ce cas est indépendante du nombre des enfans.**

136. — Il n'en est pas de la portion disponible en faveur de l'époux, comme de celle de l'art. 913 C. civ. La seconde est basée sur le nombre des enfans ; à partir de trois et au-dessus seulement, elle reste invariable. Celle de l'époux, au contraire, ne varie jamais ; n'y eût il qu'un enfant, elle ne s'augmente pas; y en a-t-il deux ou trois, elle ne diminue pas.

Nous raisonnons ici en supposant que l'époux a reçu 1/4 en propriété et 1/4 en usufruit équivalent à 1/4 en nue-propriété et à 1/2 en usufruit ; s'il n'avait obtenu que 1/2 en usufruit, on suivrait les tableaux, dans la partie seulement qui règle l'usufruit.

Ce titre se partage en deux chapitres : ou le disposant est majeur ou il est mineur de seize à vingt-un ans.

## CHAPITRE PREMIER.

*Le disposant est majeur.*

### Question.

137. — Calcul des droits de chacun, lorsqu'il y a 1, 2, 3 et 4 enfants.

| | | | | |
|---|---|---|---|---|
| 137.—1 enfant légitime.. | Nue propriété. F. | 27000 00 | Usufruit. | 18000 00 |
| Epoux.......... | Id.......... | 9000 00 | Id. | 18000 00 |
| 2 enfans légitim.. | Id.......... | 27000 00 | Id. | 18000 00 |
| Epoux.......... | Id.......... | 9000 00 | Id. | 18000 00 |
| 3 enfans légitim.. | Id.......... | 27000 00 | Id. | 18000 00 |
| Epoux.......... | Id.......... | 9000 00 | Id. | 18000 00 |
| 4 enfans légitim.. | Id.......... | 27000 00 | Id. | 18000 00 |
| Epoux.......... | Id.......... | 9000 00 | Id. | 18000 00 |

## CHAPITRE II.

*Le disposant est mineur de 16 ans.*

### Question.

138. — Calcul des droits de chacun dans les cas du nº 137.

| | | | | |
|---|---|---|---|---|
| 138.—1 enfant légitime.. | Nue propriété. F. | 31500 00 | Usufruit. | 27000 00 |
| Epoux.......... | Id.......... | 4500 00 | Id. | 9000 00 |
| 2 enfans légitim.. | Id.......... | 31500 00 | Id. | 27000 00 |
| Epoux.......... | Id.......... | 4500 00 | Id. | 9000 00 |
| 3 enfans légitim.. | Id.......... | 31500 00 | Id. | 27000 00 |
| Epoux.......... | Id.......... | 4500 00 | Id. | 9000 00 |
| 4 enfans légitim.. | Id.......... | 31500 00 | Id. | 27000 00 |
| Epouxa.......... | Id.......... | 4500 00 | Id. | 9000 00 |

## TITRE IV.

*Fixation de la réserve et de la portion disponible, lorsque n'y ayant que des enfans légitimes, il existe, outre le don du disponible ordinaire, le don à l'époux du disponible de l'art. 1094 du Code civil.*

### Question.

139. — Division du titre.

139. — Ce titre se divise aussi en deux chapitres, suivant que le disposant défunt est majeur ou mineur de seize ans.

Chaque chapitre se divise en trois sections, suivant que l'époux prime le donataire, qu'il est primé par lui ou concourt avec lui.

## CHAPITRE PREMIER.

*Le disposant est majeur.*

---

### Questions.

SECTION 1re

140. — Calcul des droits de chacun lorsque l'époux prime le donataire.

SECTION 2e.

141. — Calcul des droits de chacun lorsque le donataire prime d'époux.

SECTION 3e.

142. — Calcul des droits de chacun lorsque l'époux et le donataire sont en concours.

## SECTION PREMIÈRE.

*L'époux prime le donataire.*

140. — Pour fixer les droits de chacun des avantagés, on prendra la plus grande quotité disponible possible, soit en nue-propriété, soit en usufruit, on donnera à celui des avantagés qui prime, la plus grande portion disponible qu'il est capable de recevoir, et le solde reviendra à l'autre en tant qu'il n'excèdera pas sa capacité.

| | | | | |
|---|---|---|---|---|
| 1 enfant........ | Nue propriété. F. | 18000 00 | Usufruit. | 18000 00 |
| Epoux........... | Id........... | 9000 00 | Id. | 18000 00 |
| Donataire........ | Id........... | 9000 00 | Id. | Rien. |
| 2 enfans légitim.. | Id........... | 24000 00 | Id. | 18000 00 |
| Epoux........... | Id........... | 9000 00 | Id. | 18000 00 |
| Donataire........ | Id........... | 3000 00 | Id. | Rien. |
| 3 enfans légitim.. | Id........... | 27000 00 | Id. | 18000 00 |
| Epoux........... | Id........... | 9000 00 | Id. | 18000 00 |
| Donataire........ | Id........... | Rien. | Id. | Rien |

Quelque soit le nombre des enfans au-dessus de trois, l'époux aura toujours ce que porte le troisième compte, et le donataire n'aura rien.

## SECTION II.

*Le donataire prime l'époux.*

| | | | | | |
|---|---|---|---|---|---|
| .41.—1 enfant........ | Nue propriété. F. | 18000 00 | Usufruit. | 18000 00 |
| Donataire....... | Id........... | 18000 00 | Id. | 18000 00 |
| Epoux.......... | Id.......... | Rien. | Id. | Rien. |
| 2 enfans......... | Id. ......... | 21000 00 | Id. | 18000 00 |
| Donataire........ | Id.... ...... | 12000 00 | Id. | 12000 00 |
| Epoux........... | Id. .......... | Rien. | Id. | 6000 00 |
| 3 enfans......... | Id.......... | 27000 00 | Id. | 18000 00 |
| Donataire........ | Id........... | 9000 00 | Id. | 9000 00 |
| Epoux.......... | Id. .......... | Rien. | Id. | 9000 00 |

L'époux n'aura rien en propriété et n'aura que 9,000 fr. en usufruit, quelque soit le nombre des enfans au-dessus de trois.

## SECTION III.

*Concours entre l'époux et le donataire.*

142. — On calcule les deux plus grandes quotités disponibles en nue-propriété et en usufruit ; on détermine la partie commune des deux quotités disponibles , on partage en 2 1/2 cette partie commune, on donne enfin à celui qui a le plus fort disponible l'excédant du plus grand sur le plus petit.

S'il n'y a qu'un enfant légitime, la plus grande quantité disponible est celle de l'art. 913 du C. civ., qui est de 1/2 en nue-propriété et de 1/2 en usufruit, tandis que celle de l'art. 1094 C. civ. est de 1/4 en nue-propriété et de 1/2 en usufruit. La partie commune est de 9,000 fr. en nue-propriété ; donc l'époux a 1/2 ou 4,500 fr. et le donataire a 1/2 ou 4,500 fr. ; ce dernier a, de plus, les 9,000 fr. qui dépassent la partie commune, en tout 13,500 fr.

Quant à l'usufruit, comme les deux dons sont égaux, que leur addition donne 36,000 fr. , et qu'ils doivent être réduits , tous deux réunis, à 18,000 fr. , le donataire aura 9,000 fr. et l'époux 9,000 fr.

S'il y a deux enfans, la plus grande quotité disponible en nue-propriété sera de 12,000 fr. , soit de 1/3 , quotité de l'article 913. Le don fait à l'étranger est de 1/3 ou 12,000 fr., celui fait à l'époux de 1 4 ou 9,000 fr. La partie commune est de 9,000 fr. en nue-propriété ; donc l'époux aura 1/2 ou 4,500 fr., le donataire aura l'autre 1/2 ou 4,500 fr. et les 3,000 fr. en dessus de la partie commune, en tout 7,500 fr.

Quant à l'usufruit, la plus grande quotité disponible est celle de l'art. 1094, c'est-à-dire de 1/2 ou 18,000 fr. Le don fait à l'étranger est de 12,000 fr., et celui fait à l'époux de 18,000 fr. La partie commune est de 12,000 fr. ; donc l'époux aura la 1/2 de cette partie ou 6,000 fr., plus les 6,000 fr. qui la dépassent, et le donataire aura l'autre 1/2 de cette partie commune.

| | | | | |
|---|---|---|---|---|
| 1 enfant......... | Nue propriété.F. | 18000 00 | Usufruit. | 18000 00 |
| Epoux........... | Id........... | 4500 00 | Id. | 9000 00 |
| Donataire........ | Id........... | 13500 00 | Id. | 9000 00 |
| 2 enfans......... | Id........... | 24000 00 | Id. | 18000 00 |
| Epoux........... | Id........... | 4500 00 | Id. | 12000 00 |
| Donataire........ | Id........... | 7500 00 | Id. | 6000 00 |
| 3 enfans......... | Id........... | 27000 00 | Id. | 18000 00 |
| Epoux........... | Id........... | 4500 00 | Id. | 13500 00 |
| Donataire........ | Id........... | 4500 00 | Id. | 4500 00 |

Dans le troisième compte, le donataire a 1/4 ou 9,000 fr., l'époux 1/4 ou 9,000 fr., total 18,000 fr. Ces 2/4 se réduisent à 1/4, il faut donc réduire à 1/2 ou 4,500 fr. le 1/4 ou les 9,000 fr. de chacun en nue-propriété. Quant à l'usufruit, l'époux a 18,000 fr., le donataire 9,000 fr. La partie commune est de 9,000 fr. ; donc le donataire aura la 1/2 de cette partie, l'époux aura l'autre 1/2 et les 9,000 fr. qui la dépassent.

Le troisième compte sera suivi pour la répartition de la quotité disponible, quelque soit le nombre des enfans au-dessus de trois.

## CHAPITRE II.

*Le disposant est mineur de 16 ans.*

---

## Questions.

### SECTION 1re.

143. — Calcul des droits de chacun lorsque l'époux prime le donataire.

## SECTION PREMIÈRE.

### *L'époux prime le donataire.*

| | | | | |
|---|---|---|---|---|
| 143.—1 enfant........ | Nue propriété. F. | 27000 00 | Usufruit. | 27000 00 |
| Epoux........... | Id........... | 4500 00 | Id. | 9000 00 |
| Donataire........ | Id........... | 4500 00 | Id. | Rien. |
| 2 enfans......... | Id........... | 30000 00 | Id. | 27000 00 |
| Epoux........... | Id........... | 4500 00 | Id. | 9000 00 |
| Donataire........ | Id........... | 1500 00 | Id. | Rien. |
| 3 enfans......... | Id........... | 31500 00 | Id. | 27000 00 |
| Epoux........... | Id........... | 4500 00 | Id. | 9000 00 |
| Donataire........ | Id........... | Rien. | Id. | Rien. |

## SECTION II.

### *Le donataire prime l'époux.*

| | | | | |
|---|---|---|---|---|
| 144.—1 enfant........ | Nue propriété. F. | 27000 00 | Usufruit. | 27000 00 |
| Donataire........ | Id........... | 9000 00 | Id. | 9000 00 |
| Epoux........... | Id........... | Rien. | Id. | Rien. |
| 2 enfans......... | Id........... | 30000 00 | Id. | 27000 00 |
| Donataire........ | Id........... | 6000 00 | Id. | 6000 00 |
| Epoux........... | Id........... | Rien. | Id. | 3000 00 |
| 3 enfans......... | Id........... | 31500 00 | Id. | 27000 00 |
| Donataire........ | Id........... | 4500 00 | Id. | 4500 00 |
| Epoux........... | Id........... | Rien. | Id. | 4500 00 |

## SECTION III.

### *L'époux et le donataire sont en concours.*

| | | | | |
|---|---|---|---|---|
| 145.—1 enfant......... | Nue propriété. F. | 27000 00 | Usufruit. | 27000 00 |
| Epoux........... | Id........... | 2250 00 | Id. | 4500 00 |
| Donataire........ | Id........... | 6750 00 | Id. | 4500 00 |
| 2 enfans......... | Id........... | 30000 00 | Id. | 27000 00 |
| Epoux........... | Id........... | 2250 00 | Id. | 6000 00 |
| Donataire........ | Id........... | 3750 00 | Id. | 3000 00 |
| 3 enfans......... | Id........... | 31500 00 | Id. | 27000 00 |
| Epoux........... | Id........... | 2250 00 | Id. | 6750 00 |
| Donataire........ | Id........... | 2250 00 | Id. | 2250 00 |

# TITRE V.

*Fixation de la réserve et de la portion disponible lorsqu'il existe des Enfans légitimes et naturels, et qu'il a été donné à l'époux le disponible de l'art. 1094 du C. civ.*

---

## Question.

146. — Division de la matière.

146. — Ce titre se divise en deux chapitres, suivant que l'art. 337 ne trouve pas ou trouve son application.

## CHAPITRE PREMIER.

*L'art. 337 ne s'applique pas.*

---

## Question.

147. — Indication des droits de chacun.

147. — Ce chapitre ne présente aucune difficulté; les enfans naturels ne peuvent, pas plus que les enfans légitimes, influer sur les droits de l'époux. La portion disponible en faveur de l'époux sera toujours la même, c'est-à-dire de 1/4 en nue-propriété et de 1/2 en usufruit.

Si donc on veut savoir la part en nue-propriété et en usufruit réservée aux enfans légitimes et celle réservée aux enfans naturels, il faudra calculer en entier, comme nous l'avons fait au titre 2 de la 1re partie, chapitre 1, section 1re, en prenant pour succession entièrement légitime en nue-propriété 3/4 ou 27,000 fr., et en usufruit 1/2 ou 18,000 fr., c'est-à-dire, ce qui reste pour les réservataires lorsqu'on a retranché le don en nue-propriété et en usufruit fait à l'époux. Les fractions que nous avons posées fourniront, par leur application, tous les calculs d'une manière prompte et facile, sans que nous ayons à nous répéter ici.

Si le disposant défunt est mineur de seize ans, le don fait à l'époux sera réduit d'une 1/2 soit en propriété, soit en usufruit; le chiffre de la réserve générale en nue-propriété et en usufruit, s'augmentera d'autant, et on fera la répartition de cette double réserve entre les enfans légitimes et naturels, d'après les mêmes fractions et dans les mêmes proportions.

## CHAPITRE II.

## *L'Article 337 du Code civil s'applique.*

---

### Question.

148. — Indication des droits de chacun.

148. — Ce chapitre ne présente non plus aucune difficulté, si les enfans naturels, pas plus que les légitimes, ne peuvent influer sur les quotités en nue-propriété et en usufruit du don de l'art. 1094 C. civ., qui a été fait à l'époux, il en est à plus forte raison ainsi des enfans naturels reconnus durant le mariage.

Pour donc savoir quels sont les enfans naturels qui ont droit à une réserve ou quelles en sont les quotités, il faut déduire du total de la succession le 1/4 en nue-propriété et la 1/2 en usufruit donnés à l'époux, et répartir le restant entre les enfans légitimes (lors bien entendu qu'il y aura lieu à répartition, car il y a des cas où l'on n'a pas à en faire), dans les proportions indiquées par les calculs que l'on trouve à la section 2, chapitre 1er, titre 2, première partie, en séparant bien entendu la nue-propriété de l'usufruit, et opérant sur chacun d'eux séparément, puisqu'ils sont inégaux.

Si le disposant défunt est un mineur de seize ans, le prélèvement en faveur de l'époux ne sera, soit en nue-propriété, soit en usufruit, que de la 1/2 de ce qu'il aurait été, et le restant sera attribué ou réparti d'après les mêmes bases.

# TITRE VI.

*Fixation de la réserve et de la portion disponible lorsqu'il y a des Enfans légitimes et naturels, que le don du disponible de l'art. 913 a été fait à un Enfant ou à un étranger, et que le disponible de l'art. 1094 a été fait à l'époux.*

## Questions.

149. — Division du titre.

149. — Deux chapitres composent ce titre. Dans le premier, l'art. 337 C. civ. ne s'applique pas ; c'est le contraire dans le second.

Chaque chapitre se partage en deux sections, suivant que le disposant est majeur ou mineur de 16 ans.

Chaque section se divise en articles, et les articles en paragraphes.

## CHAPITRE PREMIER.

*L'article 337 ne s'applique pas.*

**SECTION 1re.**

*Le disposant est majeur.*

150. — Art. 1er. L'époux prime le donataire.
151. — Art. 3. Le donataire prime l'époux.
152. — Démonstration des calculs.
153. — Art. 3. L'époux et le donataire sont en concours.

**SECTION 2e.**

*Le disposant est mineur de 16 ans.*

154. — Art. 1er. L'époux prime le donataire.
155. — Art. 2. Le donataire prime l'époux.
196. — Art. 3. L'époux et le donataire sont en concours.

### SECTION PREMIÈRE.

*Le disposant défunt est majeur.*

ARTICLE 1er.

150. — L'époux prime le donataire.

| | | | | |
|---|---|---|---|---|
| 1 enfant légitime. | Nue propriété. | 16666 66 4/6 | | Usufruit. 15000 00 |
| 1 enfant naturel. | Id........ | 3333 33 2/6 | | Id... 3000 00 |
| Epoux.......... | Id....... | 9000 00 | 16000 | Id... 18000 00 |
| Donataire........ | Id........ | 7000 00 | | Id... Rien. |
| 1 enfant légitime. | Id........ | 16333 33 1/3 | | Id... 14000 00 |
| 2 enfans naturels. | Id........ | 4666 66 2/3 | | Id... 4000 00 |
| Epoux........... | Id........ | 9000 00 | 15000 | Id... 18000 00 |
| Donataire........ | Id....... | 6000 00 | | Id... Rien. |
| 1 enfant légitime. | Id........ | 15750 00 | | Id... 13500 00 |
| 3 enfans naturels. | Id....... | 5250 00 | | Id... 4500 00 |
| Epoux.......... | Id........ | 9000 00 | 15000 | Id... 18000 00 |
| Donataire........ | Id........ | 6000 00 | | Id... Rien. |

Dans le premier compte, l'existence d'un enfant naturel réduit à 16,000 fr. la plus grande portion disponible en nue-propriété, ainsi que nous l'avons prouvé au titre 2, chap. 1er, de la présente partie; l'époux primant le donataire en prend 9,000 fr. pour lui, il ne reste donc que 7,000 fr. pour le donataire.

C'est aussi parce que l'existence de deux enfans naturels réduit la plus grande portion disponible de l'art. 913 de 18,000 fr. à 15,000 fr., que, dans les deuxième et troisième comptes, le donataire de ce dernier article n'a que 6,000 fr. 9,000 fr. ayant déjà été pris par l'époux qui le prime.

Quant à l'usufruit, la plus grande portion disponible étant celle de l'époux qui a 1/2 ou 18,000 fr., et l'époux la prenant en entier, il ne reste rien pour le donataire de l'art. 913, qui n'aurait que 16,000 fr. ou 15,000 après l'époux.

| | | | | |
|---|---|---|---|---|
| 2 enfans légitim.. | Nue propriété. | 22222 22 2/9 | | Usufruit. 16000 00 |
| 1 enfant naturel. | Id........ | 2777 77 7/9 | | Id... 2000 00 |
| Epoux........... | Id........ | 9000 00 | 11000 | Id... 18000 00 |
| Donataire ....... | Id........ | 2000 00 | | Id... Rien. |
| 2 enfans légitim.. | Id........ | 20833 33 1/3 | | Id... 15000 00 |
| 2 enfans naturels. | Id....... | 4166 66 2/3 | | Id... 3000 00 |
| Epoux.......... | Id....... | 9000 00 | 11000 | Id... 18000 00 |
| Donataire........ | Id........ | 2000 00 | | Id... Rien. |
| 2 enfans légitim.. | Id........ | 20000 00 | | Id... 14400 00 |
| 3 enfans naturels. | Id........ | 5000 00 | | Id... 3600 00 |
| Epoux........... | Id....... | 9000 00 | 11000 | Id... 18000 00 |
| Donataire........ | Id........ | 2000 00 | | Id... Rien. |

| | | | | |
|---|---|---|---|---|
| 3 enfans légitim.. | Nue propriété. | 24750 00 | Usufruit | 16500 00 |
| 1 enfant naturel.. | Id........ | 2250 00 | Id... | 1500 00 |
| Epoux........... | Id........ | 9000 00 | Id... | 18000 00 |
| Donataire........ | Id........ | Rien. | Id... | Rien. |
| 3 enfans légitim.. | Id........ | 23400 00 | Id... | 15600 00 |
| 2 enfans naturels. | Id........ | 3600 00 | Id... | 2400 00 |
| Epoux........... | Id........ | 9000 00 | Id... | 18000 00 |
| Donataire........ | Id........ | Rien. | Id... | Rien. |
| 3 enfans légitim.. | Id........ | 22500 00 | Id... | 15000 00 |
| 3 enfans naturels. | Id........ | 4500 00 | Id... | 3000 00 |
| Epoux........... | Id........ | 9000 00 | Id... | 18000 00 |
| Donataire........ | Id........ | Rien. | Id... | Rien. |

Dans les trois premiers comptes, la portion disponible à l'égard du donataire étant de 11,000 fr., il lui en reste 2,000 fr. en nue-propriété, puisque l'époux, qui le prime, prélève 9,000 fr.

Dans les trois derniers, la portion disponible étant de 9,000 fr. pour ce donataire, ce dernier n'a rien, parce que l'époux qui le prime prend ces 9,000 fr. en leur entier.

Quant à l'usufruit, l'époux a la quotité la plus forte, il prime le donataire, il ne reste donc rien pour ce dernier.

### ARTICLE 2.

151. — Le donataire prime l'époux.

| | | | | |
|---|---|---|---|---|
| 1 enfant légitime. | Nue propriété. | 16666 66 4/6 | Usufruit. | 15000 00 |
| 1 enfant naturel.. | Id........ | 3333 33 2/6 | Id... | 3000 00 |
| Donataire........ | Id........ | 16000 00 | Id... | 16000 00 |
| Epoux........... | Id........ | Rien. | Id... | 2000 00 |
| 1 enfant légitime. | Id........ | 16333 33 1/3 | Id... | 14000 00 |
| 2 enfans naturels. | Id........ | 4666 66 2/3 | Id... | 4000 00 |
| Donataire........ | Id........ | 15000 00 | Id... | 15000 00 |
| Epoux........... | Id........ | Rien. | Id... | 3000 00 |
| 1 enfant légitime. | Id........ | 15750 00 | Id... | 13500 00 |
| 3 enfans naturels. | Id........ | 5250 00 | Id... | 4500 00 |
| Donataire........ | Id........ | 15000 00 | Id... | 15000 00 |
| Epoux........... | Id........ | Rien. | Id... | 3000 00 |
| 2 enfans légitim.. | Id........ | 22222 22 2/9 | Id... | 16000 00 |
| 1 enfant naturel. | Id........ | 2777 77 7/9 | Id... | 2000 00 |
| Donataire........ | Id........ | 11000 00 | Id... | 11000 00 |
| Epoux........... | Id........ | Rien. | Id... | 7000 00 |

| | | | | |
|---|---|---|---|---|
| 2 enfans légitim.. | Nue propriété. | 20833 33 1/3 | Usufruit. | 13000 00 |
| 2 enfans naturels. | Id ....... | 4166 66 2/3 | Id... | 3000 00 |
| Donataire ....... | Id........ | 11000 00 | Id... | 11000 00 |
| Epoux.......... | Id........ | Rien. | Id... | 7000 00 |
| 2 enfans légitim.. | Id........ | 20000 00 | Id... | 14400 00 |
| 3 enfans naturels. | Id........ | 5000 00 | Id... | 3600 00 |
| Donataire........ | Id........ | 11000 00 | Id... | 11000 00 |
| Epoux........... | Id........ | Rien. | Id... | 7000 00 |
| 3 enfans légitim.. | Id........ | 24750 00 | Id... | 16500 00 |
| 1 enfant naturel.. | Id........ | 2250 00 | Id... | 1500 00 |
| Donataire........ | Id........ | 9000 00 | Id... | 9000 00 |
| Epoux. ......... | Id........ | Rien. | Id... | 9000 00 |
| 3 enfans légitim.. | Id........ | 23400 00 | Id... | 15600 00 |
| 2 enfans naturels. | Id........ | 3600 00 | Id... | 2400 00 |
| Donataire........ | Id........ | 9000 00 | Id... | 9000 00 |
| Epoux........... | Id........ | Rien. | Id... | 9000 00 |
| 3 enfans légitim.. | Id........ | 22500 00 | Id... | 15000 00 |
| 3 enfans naturels. | Id........ | 4500 00 | Id... | 3000 00 |
| Donataire........ | Id........ | 9000 00 | Id... | 9000 00 |
| Epoux .......... | Id........ | Rien. | Id... | 9000 00 |

152. — Nous avons fait deux séries de comptes, l'une pour la nue-propriété, l'autre pour l'usufruit.

Dans la première série, celle de la nue-propriété, il ne se présente pas de difficulté ; le donataire prime l'époux ; d'autre part, son droit est égal ou supérieur, et jamais inférieur au droit de nue-propriété de l'époux, par conséquent, il ne reste jamais rien pour l'époux, et on ne peut pas même poser la question de savoir s'il pourra ou devra lui rester quelque chose.

Mais il n'en est pas de même pour l'usufruit où le donataire, à cause de l'existence d'enfans naturels, à 16,000 fr., même 15,000 fr., au lieu de 18,000 fr,, et 11,000 fr., au lieu de 12.000 fr. et au moins 9,000 fr., tandis que l'époux a 1/2 ou 18,000 fr.; on peut se demander si la plus grande portion disponible en usufruit étant de 18,000 fr., le donataire prélèvera le montant de son don, c'est-à-dire 16,000 fr., 15,000 fr., 11,000 fr. ou 9,000 fr., et si le solde (et il y en a un, à moins que la portion disponible de l'art. 913 soit de 9,000 fr.), c'est-à-dire la différence entre ces 16,000 fr. et 18,000 fr., entre

11,000 fr. et 12,000 fr., revienne à l'époux, ou bien si on fera profiter les enfans naturels seuls de la réduction qu'ils produisent par leur existence.

Si l'on suivait l'opinion opposée à notre manière de procéder, l'époux, primé par le donataire, n'aurait rien dans les trois premiers comptes; il aurait 6,000 fr., au lieu de 7,000 fr., dans les trois qui suivent ces trois premiers, car la difficulté disparaît dans les 7e, 8e et 9e comptes. La question a donc de l'importance.

Quels sont les motifs du système que nous combattons, après l'avoir adopté, car il nous avait tout d'abord séduit? Les voici :

Le droit disponible de l'époux est fixé indépendamment des existences légitimes, et, par conséquent, des existences naturelles, donc tous les enfans naturels sont, quant à lui, comme n'existant pas. S'il ne peut rien en souffrir, l'équité exige qu'il ne puisse pas en profiter, et il en profiterait certainement, si cette existence réduisant le disponible de l'art. 913 (c'est-à-dire le donataire autre que l'époux seulement en faveur de la famille naturelle), à 16.000 fr., 15,000 fr. ou 14,000 fr., au lieu de 18,000 fr. et de 12.000 francs; les 2,000 fr., 3,000 fr. ou 4,000 fr. de différence revenaient à l'époux.

Nous ne pouvons pas néanmoins admettre ces principes. En effet, l'époux avantagé suivant la deuxième partie de l'art. 1094 C. civ. est, vis-à-vis des enfans naturels, dans la même position que vis-à-vis des enfans légitimes. Ses droits ne diminuent ni n'augmentent par le plus ou moins grand nombre de ces derniers. Avec un enfant légitime et un donataire de l'art. 913 qui le prime, sans enfant naturel, il n'a rien en nue-propriété et en usufruit. S'il y a un enfant légitime de plus et un donataire passant avant l'époux, les deux enfans légitimes ont 2/3 ou 24,000 fr. en nue-propriété, 1/2 ou 18,000 fr. en usufruit, le donataire primant l'époux reçoit 12,000 fr. en nue-propriété et 12,000 fr. en usufruit; il ne reste pour l'époux rien en nue propriété et il lui reste en usufruit 6,000 fr. qui, joints aux 12,000 fr. du donataire, font les 18,000 fr. ou 1/2, c'est-à-dire, la plus grande qnantité disponible en usufruit, Ce résultat est certain, personne ne le contestera et ne pourra soutenir que les 6,000 fr. de solde en usufruit, au lieu de revenir à l'époux, doivent accroître aux enfans légitimes ; il est donc certain que, bien que le droit de l'époux soit indépendant du nombre des enfans légitimes, lorsque cet époux est primé par le donataire, il profite néanmoins de l'existence d'un second enfant légitime en obtenant 6,000 fr. en usufruit, tandis qu'il n'aurait rien s'il n'y avait qu'un enfant.

Si cette deuxième existence légitime profite à l'époux, qui osera soutenir que l'existence naturelle ne lui profitera pas ? Est-ce que le droit de l'enfant naturel n'a pas pour base la supposition de sa légitimité, son addition aux enfans légitimes, en prenant le 1/3 de ce qu'il aurait eu s'il eût joui de cette qualité ? Et dès-lors, ne doit-on pas faire profiter l'époux de l'existence naturelle, procédant, dans des limites plus restreintes, comme la légitime, et de la réduction qu'elle opère.

Pour ces motifs, nous maintenons nos comptes et le principe qui en forme la base.

### Article 3.

L'époux et le donataire sont en concours.

153. — Dans les deux articles qui précèdent, dans la présente première section, nous avons procédé en établissant la plus grande quotité disponible possible, soit en propriété, soit en usufruit, et nous l'avons attribuée en entier aux deux avantagés, suivant leur rang et leurs droits, sans rien attribuer aux enfans légitimes et naturels.

Cette plus grande quotité disponible sera toujours attribuée aux deux avantagés, en cas de concours ; par conséquent, les droits des enfans légitimes et naturels seront toujours les mêmes que dans les deux premiers articles, et il n'y aura de différence que dans la répartition de cette plus grande quotité disponible entre l'époux et le donataire.

Au titre 4e, chapitre 1er, section 3, nous avons dit comment on procédait au cas de concours, lorsqu'il n'y avait que des enfans légitimes ; l'existence d'enfans naturels ne peut influer en rien sur une chose qui leur est étrangère, on suivra donc ici le même mode.

En conséquence, on fixera d'abord la plus grande quotité disponible en nue-propriété et en usufruit.

On fixera la quotité disponible de l'art. 1094 en faveur de l'époux, comme s'il n'existait pas d'autre disposition, on fixera celle de l'art. 913 C. civ. comme s'il n'avait été rien donné à l'époux. On déterminera la partie commune que l'on partagera par 1/2, et on donnera, en outre, le restant à celui dont le disponible est le plus fort.

Par là on obtiendra les comptes ci-après :

| | | | | | | |
|---|---|---|---|---|---|---|
| 1 enfant légitime. | Nue propriété. | 16666 66 1/6 | | Usufruit. | | 15000 00 |
| 1 enfant naturel.. | Id. | 3333 33 2/6 | | Id. | | 3000 00 |
| Epoux.......... | Id. | 4500 | 16000 | Id. | 18000 | 10000 00 |
| Donataire........ | Id. | 11500 | | Id. | | 8000 00 |
| 1 enfant lég'time. | Id. | 16333 33 1/3 | | Id. | | 14000 00 |
| 2 enfans naturels. | Id. | 4666 66 2/3 | | Id. | | 4000 00 |
| Epoux.......... | Id. | 4500 | 15000 | Id. | 18000 | 10500 00 |
| Donataire........ | Id. | 10500 | | Id. | | 7500 00 |
| 1 enfant légitime. | Id. | 15750 | | Id. | | 13500 00 |
| 3 enfans naturels. | Id. | 5250 00 | | Id. | | 4500 00 |
| Epoux.......... | Id. | 4500 | 15000 | Id. | 18000 | 10500 00 |
| Donataire........ | Id. | 10500 | | Id. | | 7500 00 |
| 2 enfans légitim.. | Id. | 22222 22 2/9 | | Id. | | 16000 00 |
| 1 enfant naturel.. | Id. | 2777 77 7/9 | | Id. | | 2000 00 |
| Epoux.......... | Id. | 4500 | 11000 | Id. | 18000 | 12500 00 |
| Donataire........ | Id. | 6500 | | Id. | | 5500 00 |
| 2 enfans légitim . | Id. | 20833 33 1/3 | | Id. | | 15000 00 |
| 2 enfans naturels. | Id. | 4166 66 2/3 | | Id. | | 3000 00 |
| Epoux.......... | Id. | 4500 | 11000 | Id. | 18000 | 12500 00 |
| Donataire........ | Id. | 6500 | | Id. | | 5500 00 |
| 2 enfans légitim.. | Id. | 20000 00 | | Id. | | 14400 00 |
| 3 enfans naturels. | Id. | 5000 00 | | Id. | | 3600 00 |
| Epoux.......... | Id. | 4500 | 11000 | Id. | 18000 | 12500 00 |
| Donataire........ | Id. | 6500 | | Id. | | 5500 00 |
| 3 enfans légitim.. | Id. | 24750 00 | | Id. | | 16500 00 |
| 1 enfant naturel.. | Id. | 2250 00 | | Id. | | 1500 00 |
| Epoux.......... | Id. | 4500 00 | | Id. | 18000 | 13500 00 |
| Donataire........ | Id. | 4500 00 | | Id. | | 4500 00 |
| 3 enfans légitim.. | Id. | 23400 00 | | Id. | | 15600 00 |
| 2 enfans naturels. | Id. | 3600 00 | | Id. | | 2400 00 |
| Epoux.......... | Id. | 4500 00 | | Id. | 18000 | 13500 00 |
| Donataire........ | Id. | 4500 00 | | Id. | | 4500 00 |
| 3 enfans légitim.. | Id. | 22500 | | Id. | | 15000 00 |
| 3 enfans naturels. | Id. | 4500 | | Id. | | 3000 00 |
| Epoux.......... | Id. | 4500 00 | | Id. | 18000 | 13500 00 |
| Donataire........ | Id. | 4500 00 | | Id. | | 4500 00 |

## SECTION DEUXIÈME.

*Le disposant défunt est mineur de seize ans.*

Cette section se divise, comme la première, en trois articles, suivant que l'époux prime le donataire, est primé par lui ou en concours avec lui.

### ARTICLE Ier.

154. — L'époux prime le donataire.

| | | | | | |
|---|---|---|---|---|---|
| 1 enfant légitime. | Nue propriété. | 23333 33 2/3 | | Usufruit. | 22500 00 |
| 1 enfant naturel.. | Id. | 4656 66 4/6 | | Id. | 4500 00 |
| Epoux.......... | Id. | 4500 | 7500 | Id. | 9000 00 |
| Donataire........ | Id. | 3000 | | Id. | Rien. |
| 1 enfant légitime. | Id. | 22166 66 6/9 | | Id. | 21000 00 |
| 2 enfans naturels. | Id. | 6333 33 3/9 | | Id. | 6000 00 |
| Epoux........... | Id. | 4500 | 7500 | Id. | 9000 00 |
| Donataire........ | Id. | 3000 | | Id. | Rien. |
| 1 enfant légitime. | Id. | 21375 00 | | Id. | 20250 00 |
| 3 enfans naturels. | Id | 7125 00 | | Id. | 6750 00 |
| Epoux........... | Id. | 4500 | 7500 | Id. | 9000 00 |
| Donataire........ | Id. | 3000 | | Id. | Rien. |
| 2 enfans légitim.. | Id. | 27111 11 1/9 | | Id. | 24000 00 |
| 1 enfant naturel.. | Id. | 3388 88 8/9 | | Id. | 3000 00 |
| Epoux........... | Id. | 4500 | 5500 | Id. | 9000 00 |
| Donataire ....... | Id. | 1000 | | Id. | Rien. |
| 2 enfans légitim.. | Id. | 25416 66 8/12 | | Id. | 22500 00 |
| 2 enfans naturels. | Id. | 5083 33 4/12 | | Id | 4500 00 |
| Epoux........... | Id. | 4500 | 5500 | Id. | 9000 00 |
| Donataire........ | Id. | 1000 | | Id. | Rien. |
| 2 enfans légitim.. | Id. | 24400 00 | | Id. | 21600 00 |
| 3 enfans naturels. | Id. | 6100 00 | | Id. | 5400 00 |
| Epoux........... | Id. | 4500 | 5500 | Id. | 9000 00 |
| Donataire........ | Id. | 1000 | | Id. | Rien. |
| 3 enfans légitim.. | Id. | 28875 00 | | Id. | 24750 00 |
| 1 enfant naturel.. | Id. | 2625 00 | | Id. | 2250 00 |
| Epoux........... | Id. | 4500 00 | | Id. | 9000 00 |
| Donataire........ | Id. | Rien. | | Id. | Rien. |
| 3 enfans légitim.. | Id. | 27300 00 | | Id. | 23400 00 |
| 2 enfans naturels. | Id. | 4200 00 | | Id. | 3600 00 |
| Epoux........... | Id. | 4500 00 | | Id. | 9000 00 |
| Donataire........ | Id. | Rien. | | Id. | Rien. |
| 3 enfans légitim.. | Id. | 26250 00 | | Id. | 22500 00 |
| 3 enfans naturels. | Id. | 5250 00 | | Id. | 4500 00 |
| Epoux........... | Id. | 4500 00 | | Id. | 9000 00 |
| Donataire........ | Id. | Rien. | | Id. | Rien. |

### ARTICLE 2.

155. — Le donataire prime l'époux.

Les comptes ci-dessus restent les mêmes pour les enfans légitimes et naturels, la répartition de la portion disponible est seule différente.

Ainsi, dans le premier compte où la portion disponible est de 8,000 fr., le donataire la prend en entier en nue-propriété, il ne reste rien pour l'époux ; mais en usufruit le donataire ne prenant que 8,000 fr., et la quotité disponible étant de 9,000 fr., il reste 1,000 fr. pour l'époux.

Dans les deuxième et troisième comptes, où la portion disponible la plus forte en nue-propriété est de 7,500 fr., le donataire prend tout, et il ne reste rien pour l'époux; mais en usufruit, la plus forte portion disponible étant de 9,000 fr., et le donataire ne prenant que 7,500 fr., il reste à l'époux 1,500 fr.

Dans les quatrième, cinquième et sixième comptes, la plus grande quotité disponible étant de 5,500 fr., et le donataire les prenant en entier en nue-propriété, il ne reste rien à l'époux; mais en usufruit la plus grande quotité disponible etant de 9,000 fr., et le donataire ne prenant que 5,500 fr., il reste 3,500 fr. à l'époux.

Dans les septième, huitième et neuvième comptes, la plus grande quotité disponible en nue-propriété étant de 4,500 fr., et le donataire la prenant en entier, il ne reste rien pour l'époux; mais en usufruit la plus grande quotité disponible étant de 9,000 fr., et le donataire ne prenant que 4.500 fr., il reste 4,500 fr. pour l'époux.

### Article 3.

156. — L'époux et le donataire sont en concours.

Il en est de cet article comme de celui qui précède : les parts des enfans légitimes et naturels restent les mêmes, la répartition de la portion disponible entre l'époux et le donataire est seule différente.

Si la portion disponible est de 8.000 fr. en nue-propriété, celle en usufruit étant de 9,000 fr.,

| | | | | |
|---|---|---|---|---|
| L'époux aura...... | Nue propriété. | 2250 00 | Usufruit. | 5000 00 |
| Le donataire aura. | Id. | 5750 00 | Id. | 4000 00 |

Si la portion disponible est de 7,500 fr. en nue-propriété, celle en usufruit étant de 9,000 fr.,

| | | | | |
|---|---|---|---|---|
| L'époux aura ..... | Nue propriété. | 2250 00 | Usufruit. | 5250 00 |
| Le donataire aura. | Id. | 5250 00 | Id. | 3750 00 |

Si la portion disponible en nue-propriété est de 5,500 fr., celle en usufruit restant la même,

| | | | | |
|---|---|---|---|---|
| L'époux aura...... | Nue propriété. | 2250 00 | Usufruit. | 6250 00 |
| Le donataire aura | Id. | 3250 00 | Id. | 2750 00 |

Si la portion disponible en nue-propriété est de 4,500 fr., celle en usufruit restant la même,

| | | | | |
|---|---|---|---|---|
| L'époux aura...... | Nue propriété. | 2250 00 | Usufruit | 6750 00 |
| Le donataire aura. | Id. | 2250 00 | Id. | 2250 00 |

## CHAPITRE II.

*L'art. 337 Code civil s'applique.*

---

### Questions.

SECTION 1re. — *Le disposant est majeur.*

157. — Division de la section.

ART. 1er.

158. — Calcul des droits de chacun lorsqu'il y a des enfans légitimes d'un mariage et des enfans naturels reconnus durant ce mariage.
159. — § 1er. L'époux prime le donataire.
160. — Raison de ces calculs.
161. — § 2. Le donataire prime l'époux.
162. — Raison des calculs.
163. — § 3. L'époux et le donataire sont en concours.
164. — Raison des calculs.

ART. 2. — *Dans le cas de l'art. 1er, il y a en outre un enfant naturel reconnu hors mariage.*

165. — § 1er. L'époux prime le donataire.
166. — Raison des calculs.
167. — § 2. Le donataire prime l'époux.
168. — § 3. L'époux et le donataire sont en concours.

SECTION 2e. — *Le disposant est mineur de 16 ans.*

169. — Division de la section.

ART. 1er. — *Il existe des enfans d'un mariage et des enfans naturels reconnus durant ce mariage.*

170. — § 1er. L'époux prime le donataire.
171. — § 2. Le donataire prime l'époux.
172. — § 3. Ils sont en concours.

**Art. 2. — *Dans le cas de l'art. 1er. il y a en outre un bâtard reconnu hors mariage.***



Dans la position fournie par le présent chapitre, il faut encore distinguer deux cas : celui où le disposant est majeur et celui où il est mineur de seize ans. De là deux sections.

## SECTION PREMIÈRE.

### *Le disposant défunt est majeur.*

157. — L'existence d'enfans naturels reconnus durant le mariage donne lieu à diverses positions. De là deux articles qui se divisent chacun en trois paragraphes, suivant que l'époux prime le donataire, est primé par lui ou en concours avec lui.

Nous ne pouvons nous occuper ici des cas où il y a des enfans légitimes de plusieurs mariages, parce qu'alors l'époux serait, non pas celui de l'art. 1094 C. civ., dont il s'agit dans le titre actuel, mais celui de l'art. 1098 du même Code dont il s'agit dans la suite.

### Article 1er.

Il existe un seul enfant naturel reconnu durant le seul mariage qui ait eu lieu.

158. — Dans cette position l'enfant naturel n'a aucun droit vis-à-vis des enfans légitimes, aucun vis-à-vis de l'époux ; il n'en a donc que vis-à-vis de la portion disponible de l'art. 913 C. civ.

159. — § 1er. — *L'epoux prime le donataire.*

| | | | | | |
|---|---|---|---|---|---|
| 1 enfant légitime... | Nue propriété. | 18000 00 | | Usufruit. | 18000 00 |
| Epoux............ | Id. | 9000 00 | 16000 | Id. | 18000 00 |
| Donataire.......... | Id. | 7000 00 | | Id. | Rien. |
| 1 enfant naturel.... | Id. | 2000 00 | | Id. | Rien. |
| 2 enfants légitimes. | Id. | 24000 00 | | Id. | 18000 00 |
| Epoux............ | Id. | 9000 00 | 11000 | Id. | 18000 00 |
| Donataire.. ....... | Id. | 2000 00 | | Id. | Rien. |
| 1 enfant naturel... | Id. | 1000 00 | | Id. | Rien |

| | | | | |
|---|---|---|---|---|
| 3 enfants légitimes. | Nue propriété. | 27000 00 | Usufruit. | 18000 00 |
| Epoux............ | Id. | 9000 00 | Id. | 18000 00 |
| Donataire......... | Id. | Rien. | Id. | Rien. |
| 1 enfant naturel... | Id. | Rien. | Id. | Rien. |

160. — Donnons la raison de ces trois comptes.

Dans le premier, le droit de l'enfant légitime est calculé comme si l'enfant naturel n'existait pas ; aussi ce droit est-il de 18,000 fr. L'époux reçoit les 9,000 fr. de son quart en nue-propriété, et les 18,000 fr. de sa moitié en usufruit. Il ne reste rien en usufruit pour le donataire, puisque nous raisonnons sur une succession de la valeur de 36,000 fr.; mais il reste à ce donataire 7,000 fr. en nue-propriété, complément des 16,000 fr. montant de la plus grande quotité disponible de l'art. 913. C. civ. lorsqu'il y a un enfant légitime et un enfant naturel. Les 2,000 fr. de différence entre ces 16,000 fr. et les 18,000 fr. qui seraient disponibles sans l'existence bâtarde forment la part de l'enfant naturel. L'enfant légitime ne peut rien prendre sur ces 2,000 fr., puisque son droit est calculé comme si le bâtard n'existait pas, et qu'il n'est pas possible que, considérant cette existence comme nulle, quant à lui, et bénéficiant par là une première fois, il bénéficie une deuxième fois en venant partager la somme réduite qui revient à l'enfant naturel et que ce dernier n'enlève qu'à la portion disponible de l'art. 913 C. civ.

L'usufruit de la 1/2 ou de 18,000 fr. revient en entier à l'époux dans les second et troisième comptes.

Quant à la nue-propriété, le second compte donne aux deux enfans légitimes 24,000 fr., réserve qu'ils ont s'il n'y a pas d'enfant naturel. L'époux prend 9,000 fr., sur une portion disponible de 11,000 fr.; le donataire prend les 2,000 fr., complément de cette portion, et les 1,000 fr. réduits sur les 12,000 fr. portion disponible à l'égard du donataire, par l'existence du bâtard sont la propriété de ce dernier.

Toujours quand à la nue-propriété, le troisième compte donne aux trois enfans légitimes 27,000 fr., comme si l'enfant naturel n'existait pas. L'époux prend son 1/4 ou 9,000 fr., qui ne dépend ni du nombre des enfans légitimes, ni de l'existence et du nombre des enfans naturels.

La portion disponible la plus forte en faveur du donataire est épuisée, et par conséquent il ne reste rien pour lui, ni pour l'enfant naturel, puisque ce bâtard n'aurait eu que ce qu'il aurait retranché sur le donataire.

§ 2. — *Le donataire prime l'epoux.*

| | | | | | |
|---|---|---|---|---|---|
| 161 — 1 enfant légitime. | Nue propriété. | 18000 00 | Usufruit. | 18000 00 |
| Donataire........ | Id. | 16000 00 | Id. | 16000 00 |
| Epoux........... | Id. | Rien. | Id. | 2000 00 |
| 1 enfant naturel.. | Id. | 2000 00 | Id. | Rien. |
| 2 enfans légitim.. | Id. | 24000 00 | Id. | 18000 00 |
| Donataire........ | Id. | 11000 00 | Id. | 11000 00 |
| Epoux........... | Id. | Rien. | Id. | 7000 00 |
| 1 enfant naturel.. | Id. | 1000 00 | Id. | Rien. |
| 3 enfans légitim.. | Id. | 27000 00 | Id. | 18000 00 |
| Donataire........ | Id. | 9000 00 | Id. | 9000 00 |
| Epoux........... | Id. | Rien. | Id. | 9000 00 |
| 1 enfant naturel.. | Id. | Rien. | Id. | Rien. |

162. — Pourquoi, dans le troisième compte, l'époux n'a-t-il rien en nue-propriété et a-t-il 9,000 fr. en usufruit? et pourquoi l'enfant naturel n'a-t-il rien, soit en nue-propriété, soit en usufruit? L'époux n'a rien en nue-propriété parce que la plus grande quotité disponible de l'art. 913, égale à celle de l'art. 1094, est de 9,000 fr., et qu'elle est prise en entier pai le donataire. Il a 9,000 fr. en usufruit, parce que la quotité disponible de l'art. 913 n'étant, pour le donataire, que de 9,000 fr., et laissant autres 9,000 fr. pour atteindre celle en usufruit de l'art. 1094, ces derniers 9,000 fr. reviennent à l'époux en vertu de ce dernier article.

L'enfant naturel n'a rien parce qu'il n'aurait pu avoir quelque chose qu'en réduisant la portion disponible de l'art. 913 (puisqu'il ne peut réduire l'époux), et qu'il ne le peut étant naturel; car si un enfant légitime de plus n'a pas cette puissance, à plus forte raison un bâtard ne l'a pas.

Cela dit du troisième compte, passons aux deux autres, et d'abord au premier.

La réserve de l'enfant légitime unique est calculée comme si l'enfant naturel n'existait pas ; donc, cet enfant a 18,000 fr. en nue-propriété et 18,000 fr. en usufruit.

Le donataire de l'art. 913 n'est pas dans cette position, l'existence de l'enfant naturel est légale, quant à lui ; donc, il doit obtenir tout le disponible que permet le concours successoral d'un enfant légitime et d'un enfant naturel, c'est-à-dire, 16,000 fr. en nue-propriété et 16,000 fr. en usufruit.

Ces 16,000 fr. étant déduits, il restera encore 2,000 fr. en nue-propriété et 2,000 fr. en usufruit. A qui reviendront-ils? sera-ce à l'époux? sera-ce à l'enfant naturel? ou bien les 2,000 fr. de nue-propriété seront-ils dévolus au bâtard et les 2,000 fr. d'usufruit au conjoint? voilà ce qu'il faut savoir.

Quant aux 2,000 fr. de nue-propriété, remarquons qu'en l'état de l'existence d'un enfant légitime et d'un enfant naturel, la quotité disponible est de 16,000 fr., prise en entier, dans notre cas, par le donataire ; que celle de l'époux s'élevant à 9,000 fr., est inférieure, et ne peut s'exercer, primée, absorbée et dépassée qu'elle est par celle du donataire; donc, l'époux est dans la position où il serait si on ne lui avait rien donné en nue-propriété, et les 2,000 fr. que l'existence de l'enfant naturel enlève au donataire reviennent exclusivement et en entier à ce bâtard.

Il n'en est pas de même des 2,000 fr. en usufruit. La plus grande quotité disponible en usufruit, est celle de l'époux qui est de 1/2 ou 18,000 fr., elle est indépendante du nombre des enfants légitimes, et indépendante par conséquent de l'existence et du nombre des enfans naturels. Elle dépasse presque toujours celle du donataire, car elle ne lui est égale que dans un cas, celui où il n'y a qu'un enfant légitime et point d'enfant naturel. Si l'existence d'un bâtard réduit de 2,000 fr. (de 18,000 fr. à 16,000 fr.) la portion disponible de l'art. 913 elle ne réduit pas celle de l'art. 1094, qui reste à 18,000 fr. Donc, l'époux trouvant encore 2,000 fr. libres sur son disponible à lui, doit les prendre et se les appliquer.

On objectera que l'époux profitera par là de l'existence de

l'enfant naturel, car, à son défaut, il n'aurait rien eu, le donataire prenant les 18,000 fr. en leur entier. Mais on répondra avec raison que, si l'enfant naturel eût été légitime, la portion disponible aurait été de 12,000 fr. au lieu de 18,000 fr., qu'il serait resté 6,000 fr. à l'époux au lieu de 2,000 fr., c'est-à-dire que l'époux aurait, avec droit et en vertu de la loi, profité de l'existence d'un second enfant légitime ; et que, par conséquent, il doit profiter ici avec raison et aussi avec droit de l'existence de l'enfant naturel.

Ce que nous avons dit sur les autres comptes, justifie le deuxième. La plus grande portion disponible en nue-propriété est celle du donataire ; elle dépasse, même en état de réduction, celle de l'époux. Donc, ce dernier n'a rien. Cette portion disponible aurait été de 12,000 fr. (ou soit 1/3), l'existence du bâtard lui enlève 1,000 fr. qui reviennent à ce dernier.

En usufruit, la plus grande quotité disponible est celle de l'époux, 18,000 fr.; le donataire n'en prenant que 11,000 fr., il reste 7,000 fr. pour l'époux et rien pour l'enfant naturel.

§ 3. — *L'époux et le donataire sont en concours.*

| | | | | | |
|---|---|---|---|---|---|
| 163. — | 1 enfant légitime. | Nue propriété. | 18000 00 | Usufruit. | 18000 00 |
| | Epoux........... | Id. | 4500 00 | Id. | 10000 00 |
| | Donataire........ | Id. | 11500 00 | Id. | 8000 00 |
| | 1 enfant naturel., | Id. | 2000 00 | Id. | Rien. |
| | 2 enfans légitim.. | Id. | 24000 00 | Id. | 18000 00 |
| | Epoux........... | Id. | 4500 00 | Id. | 12500 00 |
| | Donataire........ | Id. | 6500 00 | Id. | 5500 00 |
| | 1 enfant naturel.. | Id. | 1000 00 | Id. | Rien. |
| | 3 enfans légitim.. | Id. | 27000 00 | Id. | 18000 00 |
| | Epoux........... | Id. | 4500 00 | Id. | 13500 00 |
| | Donataire........ | Id. | 4500 00 | Id. | 4500 00 |
| | 1 enfant naturel.. | Id. | Rien. | Id. | Rien. |

164. — Nous avons vu dans le § 2, comment se répartissait la portion disponible lorsque le donataire primait l'époux. Nous avons établi, en principe, que les deux dons devaient s'exécuter en nue-propriété jusqu'à concurrence de la plus

grande portion disponible qui est de 16,000 fr. dans le premier compte, de 11,000 fr. dans le second, et laisse forcément 2,000 fr. ou 1,000 fr. à l'enfant naturel.

Nous avons dit qu'en usufruit il en était de même, avec cette différence que la plus grande portion disponible étant de 18,000 fr. et non de 16,000 fr. ou de 11,000 fr., le donataire en prenant 16,000 fr. ou 11,000 fr., il en restait 2,000 fr. et 1,000 fr. pour l'époux et non pour l'enfant naturel. Les mêmes principes nous conduiront-ils au cas de concours dont nous nous occupons? Oui, certainement, sauf les différences naissant du concours lui-même.

Ainsi, dans le premier compte, l'enfant légitime unique a une réserve de 1/2 ou 18,000 fr. en nue-propriété, et de 1/2 ou 18,000 fr. en usufruit, tout comme s'il n'existait pas d'enfant naturel. La plus grande portion disponible en nue propriété étant de 16,000 fr., d'après les art. 757 et 913 C. civ. combinés, l'époux et le donataire auront à se partager cette somme. La partie commune étant de 9,000 fr., l'époux en aura la 1/2 ou 4,500 fr.; tout le surplus, montant à 11,500 fr., reviendra au donataire, et il restera 2,000 fr. à l'enfant naturel.

En usufruit, la plus grande quotité disponible étant de 18,000 fr., celle de l'époux, les deux dons, seront répartis en partageant par moitié la partie commune, qui est de 16,000 fr., et en attribuant à l'époux tout l'excédant.

Dans le seond compte, les deux enfants légitimes ont une réserve des 2/3 ou 24,000 fr. en nue-propriété, et de 1/2 ou 18,000 en usufruit. La plus forte portion disponible est de 11,000 en nue-propriété. Le don fait à l'époux est de 9,000 fr., celui fait à l'étranger est de 11,000 fr. La répartition légale donne à l'époux 4,500 fr., 1/2 des 9,000 fr. formant la partie commune, et 6,500 fr. au donataire, et il reste 1,000 fr. pour l'enfant naturel, le tout en nue-propriété.

En usufruit, la plus grande portion disponible est de 18,000 fr., le don fait à l'époux est de 18,000 fr., celui fait à l'étranger est de 11,000 fr., le donataire a 5,500 fr., 1/2 des

11,000 fr. formant la partie commune, et les 12,500 fr. de solde reviennent à l'époux, sans que l'enfant naturel ait rien.

Dans le troisième compte, la quotité disponible, soit en nue-propriété, soit en usufruit, n'est diminuée en rien et pour personne, par l'existence de l'enfant naturel. Les trois enfans légitimes ont 27,000 fr. en nue-propriété et 18,000 fr. en usufruit. L'époux et le donataire, ayant chacun 1/4 en nue-propriété, étant égaux en droit, se partagent par moitié la portion disponible qui est de 9,000 fr. Quant à l'usufruit, l'époux a 18,000 fr. le donataire 9,000 fr. Le donataire obtiendra donc 4,500 fr., ou 1/2 des 9,000 fr. qui forment la partie commune, et l'époux aura 13,500 fr.

### Article 2.

Il existe des enfans légitimes d'un seul mariage, un enfant naturel reconnu durant ce mariage et un enfant naturel reconnu hors mariage.

165.— § 1er. — *L'époux prime le donataire.*

| | | | | |
|---|---|---|---|---|
| 1 enfant légitime.... | Nue propriété. | 16666 66 12/18 | Usufruit. | 15000 00 |
| 1 enfant naturel reconnu hors mariag. | Id. | 2333 33 5/18 | Id. | 2000 00 |
| Epoux............... | Id. | 9000 00 | Id. | 18000 00 |
| Donataire........... | Id. | 6000 00 | Id. | Rien. |
| 1 enf. naturel reconnu durant le 1er mariag. | Id. | 2000 00 | Id. | 1000 00 |
| 2 enfans légitimes... | Id. | 22222 22 2/9 | Id. | 16000 00 |
| 1 enfant naturel reconnu hors mariag. | Id | 2083 33 3/9 | Id. | 1500 00 |
| Epoux............... | Id. | 9000 00 | Id. | 18000 00 |
| Donataire........... | Id. | 2000 00 | Id. | Rien. |
| 1 enf. naturel reconnu durant le mariage.. | Id. | 694 44 4/9 | Id. | 500 00 |
| 3 enfans légitimes... | Id. | 24750 00 | Id. | 16500 00 |
| 1 enfant naturel reconnu hors mariag. | Id. | 1800 00 | Id. | 1200 00 |
| Epoux............... | Id. | 9000 00 | Id. | 18000 00 |
| Donataire ......... | Id. | Rien. | Id. | Rien. |
| 1 enf. naturel reconnu durant le mariage.. | Id. | 450 00 | Id. | 300 00 |

166. — Dans les deux premiers comptes, nous avons fixé les droits des enfans légitimes tout comme s'il n'existait qu'un seul enfant naturel, celui qui a été reconnu hors mariage, Nous avons fixé les droits de ce bâtard, en l'état de son concours avec un ou deux enfans légitimes et un autre enfant naturel. Nous avons reconnu à l'époux tous les droits que lui donne l'art. 1094 C. civ. Nous avons constaté qu'il ne restait rien en usufruit au donataire, parce que le disponible de l'époux, pris en entier par ce dernier, dépassait le sien propre.

Quant à la nue-propriété, il reste au donataire, dans le premier compte, 6,000 fr., parce que la quotité disponible est pour lui de 15,000 fr., à cause de l'existence de deux enfans naturels, ce qui laisse 2,000 fr. au bâtard reconnu durant le mariage. Dans le second compte, il ne reste au donataire que 2,000 fr., parce que la quotité disponible, à son égard, est de 11,000 fr., dont l'époux a pris 9,000 fr., et il reste au bâtard reconnu durant le mariage 694 fr. 44 4/9.

Ce dernier bâtard n'obtient par là, en usufruit, que 1,000 fr. dans le premier compte et 500 fr. dans le second.

Quant au troisième compte, s'il n'eût existé qu'un enfant naturel, il aurait eu 2,250 fr. en nue-propriété et 1,500 fr. en usufruit. L'existence d'un autre enfant lui enlève et attribue à ce dernier 450 fr. en nue-propriété et 300 fr. en usufruit.

On s'étonnera peut-être de la grande différence qui existe entre les droits de l'enfant naturel reconnu durant le mariage, dans le premier compte, et ses droits dans le deuxième. En voici les motifs :

Le premier est qu'il existe deux enfans légitimes, dans le deuxième compte, et un seul dans le premier.

Le deuxième est que, dans le premier compte, deux enfans naturels diminuent la quotité disponible de l'art. 913 de 3,000 fr., la réduisant à 15,000 fr., ce qui tourne au profit des bâtards. Dans le deuxième compte, la portion disponible, qui serait de 12,000 fr., n'est réduite, par deux enfans naturels comme par un seul, que de 1,000 fr. (nous parlons en nue-propriété), ce qui revient moins au profit des deux bâtards.

167.— § 2.— *Le donataire prime l'époux.*

| | | | | | |
|---|---|---|---|---|---|
| 1 enfant légitime.... | Nue propriété. | 16666 66 12/18 | Usufruit. | 15000 00 |
| 1 enf. naturel reconnu hors mariage...... | Id. | 2333 33 6/18 | Id. | 2000 00 |
| Donataire........... | Id. | 15000 00 | Id. | 15000 00 |
| Epoux............... | Id. | Rien. | Id. | 3000 00 |
| 1 enf. naturel reconnu durant le mariage.. | Id. | 2000 00 | Id. | 1000 00 |
| 2 enfans légitimes... | Id. | 22222 22 2/9 | Id. | 16000 00 |
| 1 enf. naturel reconnu hors mariage...... | Id. | 2083 33 3/9 | Id. | 1500 00 |
| Donataire........... | Id. | 11000 00 | Id. | 11000 00 |
| Epoux.............. | Id. | Rien. | Id. | 7000 00 |
| 1 enf. naturel reconnu durant le mariage.. | Id. | 694 44 4/9 | Id. | 500 00 |
| 3 enfans légitimes... | Id. | 24750 00 | Id. | 16500 00 |
| 1 enf naturel reconnu hors mariage...... | Id. | 1800 00 | Id. | 1200 00 |
| Donataire........... | Id. | 9000 00 | Id. | 9000 00 |
| Epoux........... ... | Id. | Rien. | Id. | 9000 00 |
| 1 enf. naturel reconnu durant le mariage.. | Id. | 450 | Id. | 300 00 |

Ce § n'a pas besoin d'explications ; il est le même que le § premier, sauf la différence de répartition entre le donataire et l'époux, différence dont nous avons donné déjà les motifs.

168.— § 3.— *L'époux et le donataire sont en concours.*

| | | | | |
|---|---|---|---|---|
| 1 enfant légitime...... | Nue propriété. | 16666 66 12/18 | Usufruit. | 15000 00 |
| 1 enfant naturel reconnu hors mariage.... | Id. | 2333 33 6/18 | Id. | 2000 00 |
| Epoux................ | Id. | 4500 00 | Id. | 10500 00 |
| Donataire............ | Id. | 10500 00 | Id. | 7500 00 |
| 1 enfant naturel reconnu durant le mariag. | Id. | 2000 00 | Id. | 1000 00 |
| 2 enfans légitimes..... | Id. | 22222 22 2/9 | Id. | 16000 00 |
| 1 enfant naturel reconnu hors mariage.... | Id. | 2083 33 3/9 | Id. | 1500 00 |
| Epoux................ | Id. | 4500 00 | Id. | 12500 00 |
| Donataire............. | Id. | 6500 00 | Id. | 5500 00 |
| 1 enfant naturel reconnu durant le mariag. | Id. | 694 44 4/9 | Id. | 500 00 |

| | | | | |
|---|---|---|---|---|
| 3 enfans légitimes..... | Id. | 24750 00 | Id. | 16500 00 |
| 1 enfant naturel reconnu hors mariage.... | Id. | 1800 00 | Id. | 1200 00 |
| Epoux............... | Id. | 4500 00 | Id. | 13500 00 |
| Donataire........... | Id. | 4500 00 | Id. | 4500 00 |
| 1 enfant naturel reconnu durant le mariag. | Id. | 450 00 | Id. | 300 00 |

## SECTION II.

*Le disposant est mineur de seize ans.*

169. — Cette section, modelée sur la première du présent chapitre, se divise comme elle en deux articles, et chaque article comprend trois paragraphes.

### Article 1er.

Il existe un seul enfant naturel reconnu durant le mariage,

§ 1er. — *L'époux prime le donataire.*

| | | | | | |
|---|---|---|---|---|---|
| 170 — | 1 enfant légitime. | Nue propriété. | 27000 00 | Usufruit. | 27000 00 |
| | Epoux.......... | Id. | 4500 00 | Id. | 9000 00 |
| | Donataire....... | Id. | 3500 00 | Id. | Rien. |
| | 1 enfant naturel.. | Id. | 1000 00 | Id. | Rien. |
| | 2 enfans légitim.. | Id. | 30000 00 | Id. | 27000 00 |
| | Epoux........... | Id. | 4500 00 | Id. | 9000 00 |
| | Donataire....... | Id. | 1000 00 | Id. | Rien. |
| | 1 enfant naturel. | Id. | 500 00 | Id. | Rien. |
| | 3 enfans légitim . | Id. | 31500 00 | Id. | 27000 00 |
| | Epoux........... | Id. | 4500 00 | Id. | 9000 00 |
| | Donataire........ | Id. | Rien. | Id. | Rien |
| | 1 enfant naturel.. | Id. | Rien. | Id. | Rien. |

La raison de ces comptes est dans l'art. 1er, 1re section du présent chapitre combiné avec l'art. 904 C. civ. Il en est de même des deux comptes suivants.

§ 2. — *Le donataire prime l'epoux.*

| | | | | | |
|---|---|---|---|---|---|
| 171. — | 1 enfant légitime. | Nue propriété. | 27000 00 | Usufruit. | 27000 00 |
| | Donataire........ | Id. | 8000 00 | Id. | 8000 00 |
| | Epoux........... | Id. | Rien. | Id. | 1000 00 |
| | 1 enfant naturel.. | Id. | 1000 00 | Id. | Rien. |

| | | | | | |
|---|---|---|---|---|---|
| | 2 enfans légitim.. | Id. | 30000 00 | Id. | 27000 00 |
| | Donataire........ | Id. | 5500 00 | Id. | 5500 00 |
| | Epoux......... . | Id. | Rien. | Id. | 3500 00 |
| | 1 enfant naturel.. | Id. | 500 00 | Id. | Rien. |
| | 3 enfans légitim.. | Id. | 31500 00 | Id. | 27000 00 |
| | Donataire........ | Id. | 4500 00 | Id. | 4500 00 |
| | Epoux........... | Id. | Rien. | Id. | 4500 00 |
| | 1 enfant naturel.. | Id. | Rien. | Id. | Rien. |

§ 3. — *L'époux et le donataire sont en concours.*

| | | | | | |
|---|---|---|---|---|---|
| 172. — | 1 enfant légitime. | Nue propriété. | 27000 00 | Usufruit. | 27000 00 |
| | Epoux........... | Id. | 2250 00 | Id. | 5000 00 |
| | Donataire........ | Id. | 5750 00 | Id. | 4000 00 |
| | 1 enfant naturel.. | Id. | 1000 00 | Id. | Rien. |
| | 2 enfans légitim.. | Id. | 30000 00 | Id. | 27000 00 |
| | Epoux........... | Id. | 2250 00 | Id. | 6250 00 |
| | Donataire........ | Id. | 5250 00 | Id. | 2750 00 |
| | 1 enfant naturel.. | Id. | 500 00 | Id. | Rien. |
| | 3 enfans légitim.. | Id. | 31500 00 | Id. | 27000 00 |
| | Epoux........... | Id. | 2250 00 | Id. | 6750 00 |
| | Donataire........ | Id. | 2250 00 | Id. | 2250 00 |
| | 1 enfant naturel.. | Id. | Rien. | Id. | Rien. |

## ARTICLE 2.

Il y a des enfans légitimes d'un seul mariage, un enfant naturel reconnu durant ce mariage et un autre enfant naturel reconnu hors mariage.

173. — § 1er. — *L'epoux prime le donataire.*

| | | | | |
|---|---|---|---|---|
| 1 enfant légitime........ | Nue propriété. | 23333 33 2/6 | Usufruit. | 22500 00 |
| 1 enfant naturel reconnu hors mariage......... | Id. | 3166 66 4/6 | Id. | 3000 00 |
| Epoux................. | Id. | 4500 00 | Id. | 9000 00 |
| Donataire.............. | Id. | 3000 00 | Id. | Rien. |
| 1 enfant naturel reconnu durant mariage....... | Id. | 2000 00 | Id. | 1500 00 |
| 2 enfans légitimes....... | Nue propriété. | 27111 11 4/36 | Id. | 24000 00 |
| 1 enfant naturel reconnu hors mariage......... | Id. | 2541 66 24/36 | Id. | 2250 00 |
| Epoux................. | Id. | 4500 00 | Id. | 9000 00 |
| Donataire.............. | Id. | 1000 00 | Id. | Rien |
| 1 enfant naturel reconnu durant mariage........ | Id. | 847 22 8/36 | Id. | 750 00 |

| | | | | |
|---|---|---|---|---|
| 3 enfans légitimes....... | Nue propriété. | 28875 00 | Id. | 24750 00 |
| 1 enfant naturel reconnu hors mariage......... | Id. | 2100 00 | Id. | 1800 00 |
| Epoux................. | Id. | 4500 00 | Id. | 9000 00 |
| Donataire.............. | Id. | Rien. | Id. | Rien, |
| 1 enfant naturel reconnu durant mariage....... | Id. | 525 00 | Id. | 450 00 |

174. — Ces trois comptes ont besoin d'être expliqués, nous allons donc dire comment nous les avons obtenus. Commençons par le premier compte.

Il nous a fallu d'abord fixer les droits de l'enfant légitime à l'égard duquel l'enfant naturel reconnu durant mariage est censé ne pas exister. Ce défaut d'existence légale, et le concours héréditaire de cet enfant légitime avec un seul enfant naturel, celui qui a été reconnu hors mariage, porte la plus grande quotité disponible à 16,000 fr., et dans notre cas, à 1/2 ou 8,000 fr,, à cause de l'art. 904 C. civ.

Ces 8,000 fr., déduits de 36,000 fr., il reste 28,000 fr., sur lesquels l'enfant légitime a 5/6 ou 23,333 fr. 33 2/6.

Cette réduction de 8,000 fr. disponibles était juste et légale à l'égard de l'enfant légitime, parce que l'enfant naturel reconnu durant le mariage est censé ne pas exister à son égard. Mais le donataire, qui ne profite pas de l'art. 337 C. civ. et qui a devant lui un enfant légitime et deux enfans naturels, ne peut avoir que 15,000 fr., et dans notre cas, que 7,500 fr., à cause de l'art. 904; ainsi l'époux qui le prime prendra (sur ces 7,500 fr.) 4,500 fr., et il restera 3,000 fr. pour le donataire, au lieu de 3,500 fr.

L'enfant naturel reconnu hors mariage, s'il n'eût concouru qu'avec un enfant légitime, aurait eu 1/6 de 28,000 fr., soit 4,666 fr. 66 4/6; mais il concourt, en outre, avec l'enfant naturel reconnu durant mariage, il n'a donc que 1/9 au lieu de 1/6, et il prend ce 1/9 sur 28,500 fr. qui restent de la succession, après déduction faite de 7,500 fr., plus grand disponible réel, lorsque le disposant étant mineur de seize ans, il y a un enfant légitime et deux enfans naturels. Il n'obtient donc que 3,166 fr. 66 4/6, c'est-à-dire 1,500 fr. de moins.

L'enfant naturel reconnu durant mariage a 2,000 fr., composés des 500 fr. qu'il enlève à la portion disponible et au donataire et de 1,500 fr. qu'il enlève à l'enfant naturel reconnu hors mariage.

Tout ce qui précède concerne la nue-propriété; venons à l'usufruit.

Là, la plus grande portion disponible est celle de l'époux; elle est invariable et est de 9,000 fr., il reste donc 27,000 fr. L'enfant légitime a 5/6 de ces 27,000 fr., soit 22,500 fr.; l'époux absorbe les 9,000 fr. disponibles. L'enfant naturel reconnu hors mariage, qui, sans l'autre enfant naturel, aurait eu 1/6 de 27,000 fr., soit 4,500 fr., n'a plus que 1/9 de ces 27,000 fr., n'a plus que 3,000 fr., parce qu'il concourt avec cet enfant naturel, en sorte qu'il perd 1,500 fr. qui forment seuls les droits en usufruit du bâtard reconnu durant mariage.

Passons maintenant au second compte qui se compose de la partie en nue-propriété et de la partie en usufruit.

Partie en nue-propriété.

La plus grande quotité disponible, lorsqu'il n'y a qu'un enfant naturel et deux enfans légitimes, est de 11,000 fr., et dans notre hypothèse, de 5,500 fr., à cause de l'art. 904; déduisant ces 5,500 fr. de 36,000 fr., il reste 30,500 fr., sur lesquels les deux enfans légitimes, en concours avec l'enfant naturel reconnu hors mariage, ont 8/9 ou soit 27,111 fr. 11 4/36.

Sur les 5,500 fr. disponibles, l'époux qui prime le donataire prend tout son disponible à lui qui est de 4,500 fr., il reste 1,000 fr. pour le donataire, cette portion disponible de 5,500 fr. ne diminuant pas, pour ce dernier, lorsqu'il y a deux enfans naturels au lieu d'un seul.

Si l'enfant naturel reconnu hors mariage n'eût pas concouru avec l'autre bâtard, il aurait eu 1/9 de 30,500 fr., soit 3,388 fr. 88 32/36, à cause du concours, quant à lui, de ce dernier, il n'a que 1/12 de 30,500 fr., soit 2,541 fr. 66 24/36, et perd, par là, 847 fr. 22 8/36 qui forment la part de l'enfant naturel reconnu durant le mariage.

En usufruit.

On déduit sur 36,000 fr. les 9,000 fr. formant la plus grande portion disponible, celle de l'époux qui est invariable, ne dépend ni des enfans légitimes, ni des enfans naturels, et qui dépasse le disponible du donataire, et il reste 27,000 fr.

Sur ces 27,000 fr., les deux enfans légitimes ont 8/9, c'est-à-dire 24,000 fr., l'époux prend les 9,000 fr., il ne reste rien pour le donataire.

L'enfant naturel reconnu hors mariage aurait eu 1/9 ou 3,000 fr.,, s'il n'eut concouru qu'avec les deux enfans légitimes; le concours d'un second bâtard le réduit à 1/12 de 27,000 fr., soit à 2,250 fr., lui fait perdre 750 fr., et ces 750 fr. forment la part de l'enfant naturel reconnu durant le mariage.

Passons au troisième compte.

Nue-propriété.

La plus grande portion disponible est de 4,500 fr. pris en en entier par l'époux, en sorte qu'il ne reste rien au donataire.

Ces 4,500 fr. étant déduits de 36,000 fr., il reste 31,500 fr. sur lesquels les deux enfans légitimes ne concourant qu'avec un enfant naturel, ont 11/12, soit 28,875 fr.

Si l'enfant naturel reconnu hors mariage n'eût concouru qu'avec les trois enfans légitimes, il aurait eu 1/12 de 31,500 fr., soit 2,625 fr., le concours d'un nouveau bâtard le réduit à 1/15 de 31,500 fr., soit à 2,160 fr.; il perd par là 525 fr. qui forment la part de l'enfant naturel reconnu durant mariage.

Usufruit.

L'époux, qui prime le donataire et a la plus grande quotité disponible qui est de 9,000 fr., les prend seul; il reste 27,000 fr., sur lesquels les trois enfans légitimes ont 11/12 ou soit 24,700 fr. L'enfant naturel reconnu hors mariage, qui, sans l'autre bâtard, aurait eu 1/12 de 27,000 fr., soit de 2,250 fr., n'a, à cause de ce bâtard, que 1/15 de 27,000 fr., soit 1,800 fr.; il perd 450 fr., et ces 450 forment la part de l'enfant naturel reconnu durant mariage.

### § 2. — *Le donataire prime l'époux.*

175. — Si le donataire prime l'époux, les trois comptes du § 1er restent les mêmes pour les enfans légitimes et naturels ; il n'y aura de modifié que la répartition de la portion disponible.

PREMIER COMPTE.

| | | | | |
|---|---|---|---|---|
| Donataire........ | Nue propriété. | 7500 00 | Usufruit | 7500 00 |
| Epoux........... | Id. | Rien. | Id. | 1500 00 |

DEUXIÈME COMPTE.

| | | | | |
|---|---|---|---|---|
| Donataire........ | Nue propriété. | 5500 00 | Usufruit. | 5500 00 |
| Epoux........... | Id. | Rien, | Id. | 3500 00 |

TROISIÈME COMPTE.

| | | | | |
|---|---|---|---|---|
| Donataire........ | Nue propriété. | 4500 00 | Usufruit. | 4500 00 |
| Epoux.......... | Id. | Rien. | Id. | 4500 00 |

### § 3. — *L'époux et le donataire sont en concours.*

176. — Dans ce cas, les trois comptes restent les mêmes pour les enfans légitimes et naturels ; il n'y a de modifié que la répartition de la portion disponible.

PREMIER COMPTE

| | | | | |
|---|---|---|---|---|
| Epoux.......... | Nue propriété. | 2250 00 | Usufruit. | 5250 00 |
| Donataire.... ... | Id. | 5250 00 | Id. | 3750 00 |

DEUXIÈME COMPTE.

| | | | | |
|---|---|---|---|---|
| Epoux........... | Nue propriété. | 2250 00 | Usufruit. | 6250 00 |
| Donataire........ | Id. | 5250 00 | Id. | 2750 00 |

TROISIÈME COMPTE.

| | | | | |
|---|---|---|---|---|
| Epoux.......... | Nue propriété. | 2250 00 | Usufruit. | 6750 00 |
| Donataire........ | Id. | 2250 00 | Id. | 2250 00 |

## TITRE VII.

### *Fixation de la réserve et de la portion disponible, lorsqu'il existe des enfans légitimes d'un mariage antérieur, et que le second époux a reçu tout le disponible de l'art. 1098 Code civil.*

—

## Questions.

177. — Division du titre.

177. — Ce titre se divise en deux chapitres, suivant que le disposant est majeur ou mineur de seize ans.

## CHAPITRE PREMIER.

### *Le disposant est majeur.*

---

### Questions.

178. — Sens de l'art. 1098 C. civ.

179. — Tableau des droits de chacun.

178. — D'après l'art. 1198 C. civ., l'époux ne peut recevoir qu'une part d'enfant légitime le moins prenant, lorsqu'il existe des enfans légitimes d'un mariage antérieur, sans que, dans aucun cas, il puisse avoir plus du 1/4 de la succession.

Il importe peu que tous les enfans ne soient pas de ce mariage antérieur et qu'il y en ait qui soient issus de l'époux avantagé, il suffit qu'il y ait un seul enfant né d'un précédent mariage pour qu'on doive appliquer l'art. 1198 qui ne distingue pas ; mais si tous les enfans étaient du second mariage, ce serait l'article 1094 C. civ. qui devrait recevoir son application.

Puisque l'avantage fait au conjoint de l'art. 1098 ne peut jamais dépasser le 1/4, il suit qu'il n'a droit qu'à ce 1/4 lorsqu'il existe un ou deux enfans, et alors la part de chaque enfant est supérieure à celle de l'époux ; que lorsqu'il y a trois enfans, le droit du conjoint est égal à celui de chaque enfant, et qu'il en est ainsi quelque soit le nombre des enfans au-dessus de trois, car il n'y a pas, dans ce cas, d'enfant moins prenant, aucun d'eux n'étant avantagé.

Comment doit-on faire pour donner a l'époux une part d'enfant ? Le bon sens le dit, il faut l'ajouter aux enfans, le compter comme enfant et partager la succession à égalité entre les ayant droit.

Voici le tableau des droits des enfans et de l'époux dont il s'agit :

| | | | |
|---|---|---|---|
| 179. — 1 enfant légitime.. | 27000 00 | | |
| Epoux........... | 9000 00 | | |
| 2 enfans légitimes. | 27000 00 | Part de chacun | 13500 00 |
| Epoux.......... | 9000 00 | | |

| | | | |
|---|---|---|---|
| 3 enfans légitimes. | 27000 00 | Part de chacun | 9000 00 |
| Epoux............ | 9000 00 | | |
| 4 enfans légitimes. | 28800 00 | Id. | 7200 00 |
| Epoux............ | 7200 00 | | |
| 5 enfans légitimes. | 30000 00 | Id. | 6000 00 |
| Epoux............ | 6000 00 | | |
| 6 enfans légitimes. | 30857 14 2/7 | Id. | 5142 85 5/7 |
| Epoux............ | 5142 85 5/7 | | |
| 7 enfans légitimes. | 31500 00 | Id. | 4500 00 |
| Epoux............ | 4500 00 | | |
| 8 enfans légitimes. | 32000 00 | Id. | 4000 00 |
| Epoux............ | 4000 00 | | |
| 9 enfans légitimes. | 32400 00 | Id. | 3600 00 |
| Epoux............ | 3600 00 | | |
| 10 enfans légitimes | 32727 27 3/11 | Id. | 3272 72 8/11 |
| Epoux............ | 3272 72 8/11 | | |

## CHAPITRE II.

*Le disposant est mineur de 16 ans.*

---

## Question.

209. — Tableau des droits de chacun.

| | | | | |
|---|---|---|---|---|
| 180.— | 1 enfant légitime.. | 31500 00 | 6 enfans légitimes. | 33428 57 1/7 |
| | Epoux............ | 4500 00 | Epoux............ | 2571 42 6/7 |
| | 2 enfans légitimes. | 31500 00 | 7 enfans légitime.. | 33750 00 |
| | Epoux............ | 4500 00 | Epoux............ | 2250 00 |
| | 3 enfans légitimes. | 31500 00 | 8 enfans légitimes. | 34000 00 |
| | Epoux............ | 4500 00 | Epoux............ | 2000 00 |
| | 4 enfans légitimes. | 32400 00 | 9 enfans légitimes. | 34200 00 |
| | Epoux............ | 3600 00 | Epoux............ | 1800 00 |
| | 5 enfans légitimes. | 33000 00 | 10 enfans légitimes | 34363 63 7/11 |
| | Epoux............ | 3000 00 | Epoux............ | 1636 36 4/11 |

Ainsi, lorsqu'il y a trois enfans ou plus, il faut toujours ajouter l'époux aux enfans, fixer la part qu'il aurait eue si le disposant eût été majeur, prendre la moitié de cette part, parce qu'il a été mineur, déduire cette 1/2 de la succession totale, et le restant appartient aux enfants.

# TITRE VIII.

*Fixation de la réserve et de la portion disponible, lorsqu'il y a des enfans d'un mariage antérieur, que le don de l'art. 1098 Code civil a été fait au conjoint, et que le don de l'art. 913 a été fait à un autre.*

—

## Question.

181. — Rappel des principes généraux.

181. — Dans le cas dont s'occupe ce chapitre, on appliquera encore ce principe fondamental, savoir : qu'on fixera la plus grande quotité disponible, qu'on donnera, dans ce cadre, effet aux deux dons, à condition toutefois que chaque avantagé ne pourra jamais recevoir plus que ce que la loi permet de lui donner, et que, si le premier donataire épuise la quotité disponible relative au second, il n'y aura rien pour ce dernier.

Ainsi, lorsque l'époux prime le donataire, comme la portion disponible est moindre à son égard qu'à l'égard du dernier (sauf le cas d'égalité qui se réalise lorsqu'il y a trois enfans), il restera quelque chose pour ce donataire.

Lorsque le donataire prime l'époux, il ne restera rien pour ce conjoint.

Lorsqu'ils seront en concours ils recevront tous deux ; la partie commune entre les deux portions disponibles se partagera par moitié et l'excédant restera à celui qui a la plus forte quotité disponible.

Ce titre fournit deux chapitres.

## CHAPITRE PREMIER.

*Le disposant est majeur.*

—

## Questions.

182.— L'époux prime le donataire.
183.— Raison de ces calculs.
184.— Le donataire prime l'époux.
185.— L'époux et le donataire sont en concours.

## SECTION I^re.

### 182. — *L'époux prime le donataire.*

| | | | |
|---|---|---|---|
| 1 enfant légitime.. | 18000 00 | 4 enfans légitimes. | 27000 00 |
| Epoux........... | 9000 00 | Epoux........... | 7200 00 |
| Donataire........ | 9000 00 | Donataire......... | 1800 00 |
| 2 enfans légitimes. | 24000 00 | 5 enfans légitimes. | 27000 00 |
| Epoux........... | 9000 00 | Epoux............ | 6000 00 |
| Donataire......... | 3000 00 | Donataire......... | 3000 00 |
| 3 enfans légitimes. | 27000 00 | 6 enfans légitimes. | 27000 00 |
| Epoux........... | 9000 00 | Epoux........... | 5142 85 15/21 |
| Donataire......... | Rien. | Donataire......... | 3857 14 6/21 |

183. — Les trois premiers comptes n'offrent pas de difficultés, car la part de l'époux est inférieure, et au plus égale (dans le troisième compte) à une part d'enfant.

Il n'en est pas ainsi des trois derniers. Dans le quatrième, les quatre enfans ont à se partager 27,000 fr., et n'obtiennent chacun que 6,750 fr., somme inférieure aux 7,200 fr. donnés à l'époux. Ce résultat, qui donne à l'époux plus qu'à un enfant paraît opposé à l'art. 1098 C. civ., qui ne permet à l'époux de recevoir qu'une valeur égale à celle de l'enfant le moins prenant, et nécessite une explication.

Sans le don fait postérieurement à l'étranger, qui enlève aux enfans légitimes 1,800 fr., c'est-à-dire 450 fr. à chacun d'eux, chaque enfant aurait 7,200 fr. comme l'époux. Ce n'est donc pas l'époux qui réduit les enfans, mais le don postérieur fait par le père à un autre. Il s'agit donc de savoir d'abord si le père a pu faire ce don postérieur, puis si ce don postérieur a pu réagir et réduire le don antérieur fait à l'époux.

Le père a pu faire ce don postérieur ; en effet, il pouvait disposer de 1/4 ou 9,000 fr., il a disposé d'une part d'enfant, de 7,200 fr. dans notre cas ; donc, il a pu donner à un étranger les 1,800 fr. de complément. L'art. 913 lui donne ce droit et l'art. 1098 ne le lui enlève pas.

Lorsque le père a donné à son conjoint une part d'enfant, il a eu le droit de le faire ; comme on ne peut donner en tout ou en partie ce qu'on a déjà donné, *parce que donner et retenir ne vaut*, ce premier don est demeuré ferme et n'a pu être diminué par un don postérieur fait à un autre. Donc, l'époux doit conserver sa part d'enfant entière comme s'il n'y avait pas de don postérieur.

Du reste, lorsque l'art. 1098 parle de la part d'enfant il s'occupe de celle qui lui revient par son adjonction aux enfans légitimes, et l'assimilation du partage qui a lieu alors à celui d'une succession déférée par la loi seule.

Donc, il peut très-bien se faire qu'en respectant la loi, l'époux de l'art 1098 obtienne plus qu'une part d'enfant le moins prenant, malgré les termes de l'art. 1098 C. civ.

## SECTION II.

### 184. — *Le donataire prime l'époux.*

| | |
|---|---|
| 1 enfant légitime.. | 18000 00 |
| Donataire......... | 18000 00 |
| Epoux............ | Rien. |

| | |
|---|---|
| 2 enfans légitimes | 24000 00 |
| Donataire......... | 12000 00 |
| Epoux............ | Rien. |

| | |
|---|---|
| 3 enfans légitimes. | 27000 00 |
| Donataire........ | 9000 00 |
| Epoux........... | Rien. |

| | |
|---|---|
| 4 enfans légitimes. | 27000 00 |
| Donataire......... | 9000 00 |
| Epoux............ | Rien. |

| | |
|---|---|
| 5 enfans légitimes. | 27000 00 |
| Donataire......... | 9000 00 |
| Epoux........... | Rien. |

| | |
|---|---|
| 6 enfans légitimes. | 27000 00 |
| Donataire......... | 9000 00 |
| Epoux............ | Rien. |

## SECTION III.

### 185. — *L'époux et le donataire sont en concours.*

| | | |
|---|---|---|
| 1 enfant légitime.. | | 18000 00 |
| Epoux...... | 9000 | 4500 00 |
| Donataire... | 18000 | 13500 00 |

| | | |
|---|---|---|
| 2 enfans légitimes.. | | 24000 00 |
| Epoux...... | 9000 | 4500 00 |
| Donataire... | 12000 | 7500 00 |

| | | |
|---|---|---|
| 3 enfans légitimes. | | 27000 00 |
| Epoux...... | 9000 | 4500 00 |
| Donataire... | 9000 | 4500 00 |

| | | |
|---|---|---|
| 4 enfans légitimes. | | 27000 00 |
| Epoux...... | 7200 | 3600 00 |
| Donataire... | 9000 | 5400 00 |

| | | |
|---|---|---|
| 5 enfans légitimes. | | 27000 00 |
| Epoux...... | 6000 | 3000 00 |
| Donataire... | 9000 | 6000 00 |

| | | |
|---|---|---|
| 6 enfans légitimes. | | 27000 00 |
| Epoux.. | 5142 85 15/21 | 2571 42 18/21 |
| Donat.. | 9000 00 | 6428 57 3/21 |

## CHAPITRE II.

*Le disposant est mineur de 16 ans.*

---

# Questions.

186. — L'époux prime le donataire.
187. — Le donataire prime l'époux.
188. — Ils sont en concours.

### 186. — *L'époux prime le donataire.*

| | | | | | |
|---|---|---|---|---|---|
| 1 enfant légitime.. | 27000 00 | | 4 enfans légitimes. | 31500 00 | |
| Epoux............ | 4500 00 | | Epoux............ | 3600 00 | |
| Donataire......... | 4500 00 | | Donataire......... | 900 00 | |
| 2 enfans légitimes. | 30000 00 | | 5 enfans légitimes. | 31500 00 | |
| Epoux............ | 4500 00 | | Epoux ........... | 3000 00 | |
| Donataire......... | 1500 00 | | Donataire ........ | 1500 00 | |
| 3 enfans légitimes. | 31500 00 | | 6 enfans légitimes. | 31500 00 | |
| Epoux............ | 4500 00 | | Epoux............ | 2571 42 | 18/21 |
| Donataire......... | Rien. | | Donataire......... | 1928 57 | 3/21 |

### 187. — *Le donataire prime l'époux.*

| | | | |
|---|---|---|---|
| 1 enfant légitime.. | 27000 00 | 4 enfans légitimes. | 31500 00 |
| Donataire......... | 9000 00 | Donataire......... | 4500 00 |
| Epoux............ | Rien. | Epoux............ | Rien. |
| 2 enfans légitimes. | 30000 00 | 5 enfans légitimes. | 31500 00 |
| Donataire......... | 6000 00 | Donataire......... | 4500 00 |
| Epoux........ ... | Rien. | Epoux..........., | Rien. |
| 3 enfans légitimes. | 31500 00 | 6 enfans légitimes. | 31500 00 |
| Donataire.... .... | 4500 00 | Donataire......... | 4500 00 |
| Epoux............ | Rien. | Epoux............ | Rien. |

### 188. — *L'époux et le donataire sont en concours.*

| | | | | | |
|---|---|---|---|---|---|
| 1 enfant légitime.. | 27000 00 | | 4 enfans légitimes. | 31500 00 | |
| Epoux............ | 2250 00 | | Epoux............ | 1800 00 | |
| Donataire......... | 6750 00 | | Donataire......... | 2700 00 | |
| 2 enfans légitimes. | 30000 00 | | 5 enfans légitimes. | 31500 00 | |
| Epoux............ | 2250 00 | | Epoux. .......... | 1500 00 | |
| Donataire......... | 3750 00 | | Donataire......... | 3000 00 | |
| 3 enfans légitimes. | 31500 00 | | 6 enfans légitimes. | 31500 00 | |
| Epoux............ | 2250 00 | | Epoux............ | 1285 71 | 9/21 |
| Donataire......... | 2250 00 | | Donataire......... | 3214 28 | 12/21 |

# TITRE IX.

*Fixation de la réserve et de la portion disponible, lorsqu'il existe des enfans légitimes et naturels, et le don de l'art. 1098 du Code civil fait à l'époux.*

---

## Question.

189. — Division du titre.

189. — Ce titre comprend deux chapitres, suivant que l'art. 337 C. civ. s'applique ou non.

## CHAPITRE PREMIER.

*L'article 337 Code civil ne s'applique pas.*

---

## Questions.

190.— Rappel des principes généraux.
191. — Indication des procédés.

**SECTION 1re.**

*Le disposant est majeur.*

192. — Calcul des droits de chacun.

**SECTION 2e.**

*Le disposant est mineur de 16 ans.*

193. — Calcul des droits de chacun.

190. — Nous avons vu que l'époux de l'art. 1098 C. civ. a un quart lorsqu'il existe un, deux ou trois enfans légitimes, que, s'il y en a trois, sa part est égale à une part d'enfant, et que cet état se continuait quel que fut le nombre des enfans au-dessus de trois.

Nous avons dit de plus que l'on fixait la part d'enfant de l'époux en le réputant enfant légitime, en l'ajoutant aux enfans de cette qualité, tout comme on fait pour l'enfant naturel, avec cette seule différence que l'époux a la part entière d'un enfant légitime, et non le 1/3 de cette part comme l'enfant naturel.

Cela posé, tout comme l'enfant naturel est supposé légitime lorsqu'il n'y a que des enfans légitimes et nuit à ces derniers par son concours, de même cet enfant doit nuire, par ce concours, à l'époux supposé enfant légitime, et réciproquement l'époux réputé enfant doit nuire aussi à l'enfant naturel puisqu'il nuit aux enfans légitimes.

191. — Ainsi donc il faudra, pour les calculs du présent chapitre, ajouter tous ensemble les enfans légitimes, l'époux et l'enfant naturel réputé légitime ; fixer la part de ce dernier au 1/3 de ce qu'il aurait s'il était légitime ; prélever ce tiers sur la succession, et partager le restant à égalité entre l'époux et les enfans légitimes, sans plus tenir aucun compte de l'enfant naturel.

Ce procédé ne s'applique toutefois qu'au cas où il y a trois enfans légitimes ou plus, et où l'époux a une part d'enfant variable, et nullement à celui où le don fait à l'époux n'est et ne peut être que de 1/4, et lorsqu'il n'y a qu'un ou deux enfans légitimes ; car dans ce cas on prélève le 1/4 de l'époux, et le reste se partage entre les enfans légitimes et naturels, d'après la combinaison des articles 745 et 757 du Code civil.

La répartition de la succession est différente suivant que le disposant est majeur ou mineur de seize ans.

## SECTION Ire.

### *Le disposant est majeur.*

192. — Si le disposant est majeur, les droits de chacun sont fixés comme il suit :

| | | | | | |
|---|---|---|---|---|---|
| 1 enfant légitime.. | 22500 00 | | 6 enfans légitimes. | 29571 42 | 6/7 |
| 1 enfant naturel... | 4500 00 | | 1 enfant naturel... | 1500 00 | |
| Epoux........... | 9000 00 | | Epoux........... | 4928 57 | 1/7 |
| 2 enfans légitimes. | 24000 00 | | 7 enfans légitimes. | 30333 33 | 1/3 |
| 1 enfant naturel... | 3000 00 | | 1 enfant naturel... | 1333 33 | 1/3 |
| Epoux........... | 9000 00 | | Epoux........... | 4333 33 | 1/3 |
| 3 enfans légitimes. | 25200 00 | | 8 enfans légitimes. | 30933 33 | 3/9 |
| 1 enfant naturel... | 2400 00 | | 1 enfant naturel... | 1200 00 | |
| Epoux........... | 8400 00 | | Epoux........... | 3866 66 | 6/9 |
| 4 enfans légitimes. | 27200 00 | | 9 enfans légitimes. | 31418 18 | 6/33 |
| 1 enfant naturel... | 2000 00 | | 1 enfant naturel... | 1090 90 | 30/33 |
| Epoux........... | 6800 00 | | Epoux........... | 3490 90 | 30/33 |
| 5 enfans légitimes. | 28571 42 | 18/21 | 10 enfans légitimes. | 31818 18 | 2/11 |
| 1 enfant naturel... | 1714 28 | 12/21 | 1 enfant naturel... | 1000 00 | |
| Epoux........... | 3714 28 | 12/21 | Epoux........... | 3181 81 | 9/11 |

| | | | | |
|---|---|---|---|---|
| 1 enfant légitime.. | 21000 00 | 3 enfans légitimes. | 24000 00 | |
| 2 enfans naturels.. | 6000 00 | 2 enfans naturels.. | 4000 00 | |
| Epoux............ | 9000 00 | Epoux............ | 8000 00 | |
| | | | | |
| 1 enfant légitime.. | 20250 00 | 3 enfans légitimes. | 23142 85 | 15/21 |
| 3 enfans naturels.. | 6750 00 | 3 enfans naturels.. | 5142 85 | 15/21 |
| Epoux............ | 9000 00 | Epoux............ | 7714 28 | 12/21 |
| | | | | |
| 1 enfant légitime.. | 19800 00 | 3 enfans légitimes. | 22500 00 | |
| 4 enfans naturels.. | 7200 00 | 4 enfans naturels.. | 6000 00 | |
| Epoux............ | 9000 00 | Epoux............ | 7500 00 | |
| | | | | |
| 2 enfans légitimes. | 22500 00 | 4 enfans légitimes. | 26057 14 | 6/21 |
| 2 enfans naturels.. | 4500 00 | 2 enfans naturels.. | 3428 57 | 3/21 |
| Epoux............ | 9000 00 | Epoux............ | 6514 28 | 12/21 |
| | | | | |
| 2 enfans légitimes. | 21600 00 | 4 enfans légitimes. | 25200 00 | |
| 3 enfans naturels.. | 5400 00 | 3 enfans naturels.. | 4500 00 | |
| Epoux............ | 9000 00 | Epoux............ | 6300 00 | |
| | | | | |
| 2 enfans légitimes. | 21000 00 | 4 enfans légitimes. | 24533 33 | 1/3 |
| 4 enfans naturels.. | 6000 00 | 4 enfans naturels.. | 5333 33 | 1/3 |
| Epoux............ | 9000 00 | Epoux............ | 6133 33 | 1/3 |

## SECTION II.

*Le disposant défunt est mineur de seize ans.*

193. — Nous ne répéterons pas ici tous les cas de la première section ; nous nous bornerons à dire que la part de l'époux sera toujours de la moitié de celle fixée par la section 1re; que l'autre moitié accroissant aux héritièrs appelés par la loi accroît et aux enfans légitimes et aux enfans naturels tout à la fois, parce que l'art. 904 C. civ. leur profite à tous.

La manière de procéder sera un peu différente. Sur la part de l'époux , telle qu'elle est fixée dans les divers cas par la section 1re, on prendra la 1/2 qui sera la part de l'époux dans dans la section 2e, on déduira cette part de la succession totale, et le restant se partagera entre les enfans légitimes et naturels, comme une succession légitime , d'après les art. 745 et 757 combinés.

## CHAPITRE II.

*L'article 337 s'applique.*

---

# Questions.

194. — Division du chapitre.

**SECTION 1re.**

*Le disposant est majeur.*

195. — Division de la section.
196. — Réflexions sur cette division.

ART. 1er. — *Il existe des enfans légitimes du premier mariage, un enfant naturel reconnu durant ce mariage, et le don de l'art.* 1098 *fait à l'époux.*

197. — Calcul des droits de chacun.
198. — Raison de ces calculs.

ART. 2. — *Il y a des enfans légitimes des deux mariages, le don de l'art.* 1098 *fait à l'epoux, et des enfans naturels reconnus durant l'un de ces mariages.*

199. — Division de l'article.

§ 1er. L'enfant naturel a été reconnu durant le premier mariage.

200. — Calcul des droits de chacun.
201. — Raison de ces calculs.

§ 2. L enfant naturel a été reconnu durant le deuxième mariage.

202. — Réflexions préliminaires.
203. — Calcul des droits de chacun.
204. — Raison de ces calculs.
205. — Réfutation d'une objection fondée sur l'art. 1098 Code civil.

ART. 3. — *Dans l'hypothèse de l'art.* 1er, *il y a en outre un enfant naturel reconnu hors mariage.*

206. — Calcul des droits de chacun.
207. — Raison de ces calculs.

ART. 4. — *Dans l'hypothèse de l'article* 2, *il y a en outre un enfant naturel reconnu hors mariage.*

208. — Division de l'article.

§ 1er. — L'enfant naturel reconnu durant mariage, l'a été durant le premier.

209. — Calcul des droits de chacun.
210. — Raison de ces comptes.

§ 2. — L'enfant naturel reconnu durant mariage, l'a été durant le second.

211. — Calcul des droits de chacun.
212. — Raison de ces calculs.

**Art. 5.** — *Il y a des enfans des deux mariages, des enfans naturels reconnus durant chaque mariage, et le don de l'article 1098 fait à l'époux.*

213.— Calcul des droits de chacun.
214.— Raison de ces calculs.

**Art. 6.** — *Outre les enfans legitimes des deux mariages, des enfans naturels reconnus durant chaque mariage, et le don fait à l'époux de l'art. 1098, il existe un enfant naturel reconnu hors mariage.*

215.— Calcul des droits de chacun.
216.— Raison de ces calculs.

### SECTION 2e.

*Le disposant est mineur de 16 ans.*

**Art. 1er.** — *Il existe des enfans légitimes du premier mariage, un enfant naturel reconnu durant ce mariage, et le don de l'art. 1098 fait à l'époux.*

217.— Calcul des droits de chacun.
218.— Raison de ces calculs.

**Art. 2.**— *Il y a des enfans légitimes des deux mariages, des enfans naturels reconnus durant le premier ou le second, et le don de l'art. 1098 fait à l'époux.*

219.— Division de l'article.

§ 1er.— L'enfant naturel a été reconnu durant le premier mariage.

220.— Calcul des droits de chacun
221.— Raison de ces calculs.

§ 2.— L'enfant naturel a été reconnu durant le premier mariage.

222.— Calcul des droits de chacun.
223.— Raison de ces calculs.

**Art. 3.** — *Dans l'hypothèse de l'article 1er, il y a un autre enfant naturel reconnu hors mariage.*

224.— Calcul des droits de chacun.
225.— Raison de ces calculs.

**Art. 4.**— *Dans l'hypothèse de l'art. 2, il y a un autre enfant naturel reconnu hors mariage.*

226.— Division de l'article.

§ 1er.— L'enfant naturel reconnu durant mariage, l'a été pendant le premier mariage.

227.— Calculs des droits de chacun.
228.— Raison de ces calculs.

§ 2.— L'enfant naturel reconnu durant mariage, l'a été pendant le deuxième mariage.

229.— Calcul des droits de chacun.
230.— Raison de ces calculs.

194. — Ce chapitre se divise en deux sections, suivant que le disposant est majeur ou mineur de seize ans.

## SECTION Ire.

### *Le disposant est majeur.*

195. — Cette première section se subdivise en six articles, à cause des diverses combinaisons qu'elle présente.

En effet, il peut exister des enfans légitimes d'un premier mariage, un enfant naturel reconnu durant ce mariage et le don de l'art. 1098 fait à l'époux; car s'il n'existe pas d'enfant du premier mariage, mais de celui contracté par le conjoint survivant, nous nous trouverons dans le cas de l'art. 1094 C. civ. Si l'enfant naturel, au lieu d'avoir été reconnu durant le premier mariage d'où sont issus des enfans, l'avait été durant le second qui n'a pas produit d'enfans, l'art. 337 ne s'appliquerait pas, même en faveur de l'époux, parce qu'il n'aurait pas d'enfans. Il peut y avoir des enfans légitimes du premier et d'un subséquent mariage et des enfans naturels reconnus durant le premier ou durant le second.

Il peut y avoir, dans les deux cas ci-dessus, un autre enfant naturel reconnu hors mariage.

Il peut y avoir des enfans légitimes de plusieurs mariages et des enfans naturels reconnus durant chacun d'eux, et de plus, un enfant naturel reconnu hors mariage.

196. — Notre intention étant d'indiquer les modes de procéder dans tous les cas sans les exposer tous en détail, nous ne

poserons pas les hypothèses où il y aurait eu plus de deux mariages ; nous raisonnerons et opérerons comme si l'époux avantagé était celui du deuxième mariage et non celui du troisième ou quatrième, chose qui serait cependant possible. Par conséquent, dans le cas où il y aurait, outre les enfans légitimes du premier mariage, des enfans légitimes du second ; nous regarderons l'époux comme profitant, à cause de ses enfans propres, de l'art. 337 C. civ., en faisant toutefois remarquer que, dans la supposition où cet époux serait le troisième époux, par exemple, et sans enfant, et où les enfans légitimes existant seraient des premier et second mariages, cet époux ne profiterait pas alors de l'art. 337. Cela dit, nous ne poserons que six articles.

### Article 1er.

197. — Il existe des enfans légitimes du premier mariage, un enfant naturel reconnu durant ce mariage et le don de l'article 1098 fait à l'époux,

| | |
|---|---|
| Un enfant légitime du premier mariage...... | F. 27,000 00 |
| Epoux.............................. | 9,000 00 |
| Un enfant naturel reconnu durant le premier mariage......................... | Rien. |
| Deux enfans légitimes du premier mariage.... | 27,000 00 |
| Epoux.............................. | 9,000 00 |
| Un enfant naturel reconnu durant le premier mariage......................... | Rien. |
| Trois enfans légitimes du premier mariage... | 27,000 00 |
| Epoux.............................. | 8,400 00 |
| Un enfant naturel reconnu durant le premier mariage......................... | 600 00 |
| Quatre enfans légitimes du premier mariage.. | 28,800 00 |
| Epoux.............................. | 6,800 00 |
| Un enfant naturel reconnu durant le premier mariage......................... | 400 00 |

198. — Dans les deux premiers comptes, l'enfant naturel n'a rien ; il a quelque chose dans les deux derniers, et dans le quatrième il a moins que dans le troisième ; pourquoi ces différences ?

Dans les premier et second comptes, l'enfant naturel est censé ne pas exister à l'égard de l'enfant ou des deux enfans légitimes et ne leur enlève rien ; ce même enfant n'enlève non plus rien à l'époux, dont la quotité disponible est d'un quart et non une part d'enfant ; c'est pour cela qu'il n'a rien.

Dans le troisième compte, on a toujours calculé la part des trois enfans légitimes comme si l'enfant naturel n'existait pas ; donc ce dernier n'enlève rien aux enfans légitimes, mais il enlève 600 fr. à l'époux, et ce sont ces 600 fr. qui forment sa part.

Pourquoi enlève-t-il ces 600 fr. à l'époux ? Parce que la part de ce dernier est non de 1/4, mais une part d'enfant qui dépend du nombre des enfans légitimes et de l'existence et du nombre des enfans naturels qui concourent avec lui, parce que étant époux du second mariage et non du premier, il ne profite pas de l'art. 337.

Nous avons donc calculé la part de l'époux en tenant compte des trois enfans légitimes et de l'enfant naturel ; nous avons reconnu qu'il ne lui arrivait par là que 8,400 fr., au lieu de 9,000 fr., ce qui a laissé 600 fr. au bâtard.

Nous avons procédé de la même manière dans le quatrième compte. Si le bâtard n'obtient que 400 fr. au lieu de 600 fr., c'est que le nombre des copartageans étant plus fort, il revient moins à l'époux et que l'enfant naturel prend sur lui une portion moindre.

### Article 2.

Il y a des enfans légitimes des deux mariages, le don de l'article 1098 fait à l'époux et des enfans naturels reconnus durant l'un de ces mariages.

199. — Cet article se divise en deux paragraphes, suivant que l'enfant naturel a été reconnu durant le premier ou le second mariage.

Nous ferons remarquer à ce sujet que si le bâtard a été reconnu durant le premier mariage, il est censé ne pas exister à l'égard seulement de l'enfant ou des enfans qui en sont issus et il concourt avec les enfans et l'époux du second mariage ; et que s'il a été reconnu durant le second, il concourt avec les enfans du premier mariage seulement et non avec les enfans et l'époux du second mariage qui sont protégés par l'art. 337.

200.— § 1er. *L'enfant naturel a été reconnu durant le premier mariage.*

| | |
|---|---|
| Un enfant légitime du premier mariage..... F. | 13,500 00 |
| Un enfant légitime du second mariage........ | 12,000 00 |
| Un enfant naturel reconnu durant le premier mariage.......................... | 1,500 00 |
| Epoux............................ | 9,000 00 |
| Un enfant légitime du premier mariage...... | 9,000 00 |
| Deux enfans légitimes du second mariage.... | 16,800 00 |
| Un enfant naturel reconnu durant le premier mariage.......................... | 1,800 00 |
| Epoux............................ | 8,400 00 |
| Deux enfans légitimes du premier mariage... | 18.000 00 |
| Un enfant légitime du second mariage...... | 8,400 00 |
| Un enfant naturel reconnu durant le premier mariage.......................... | 1,200 00 |
| Epoux............................ | 8,400 00 |

201. — Dans le premier compte, la part de l'époux est de 1/4 ou 9,000 fr., parce qu'il y a moins de trois enfans légitimes ; on la prélève sur la succession (36,000 fr.), et il reste 27,000 fr.; on en donne la 1/2 ou 13,500 fr. à l'enfant légitime du premier mariage qui ne concourt qu'avec l'autre enfant légitime.

Pour fixer la part de l'enfant légitime du second mariage, on considère qu'il concourt et avec l'autre enfant légitime et avec l'enfant naturel, qu'il n'a que les 4/9 de 27,000 fr., soit

12,000 fr., parce qu'à son égard, il faut tenir compte de l'enfant naturel, et les 1,500 fr. de solde reviennent à ce bâtard, qui les enlève à l'enfant du second mariage qui, sans cela, aurait 13,500 fr., comme l'enfant légitime du premier mariage.

Dans le second compte, la part de l'époux est une part d'enfant légitime, parce qu'il y a trois enfans de cette qualité, et de plus, l'art. 337 ne profite ni aux enfans, ni à l'époux du second mariage. On a donc calculé de la manière suivante :

On a fixé la part de l'enfant légitime du premier mariage qui profite de l'art. 337, comme s'il ne concourait qu'avec les deux enfans légitimes du second mariage et avec l'époux ; par là, on a trouvé qu'il avait 1/4 ou soit 9,000 fr.

On a fixé la part des deux enfans légitimes du second mariage et celle du second époux par leur concours avec l'enfant légitime du premier mariage et l'enfant naturel ; défalquant de la succession totale (36,000) et pour la nécessité de l'opération seulement 1/15 ou 2,400 fr. de l'enfant naturel, il est resté 33,600, dont les 2/3 pour les deux enfans légitimes du second mariage, ont été de 16,800 fr. et le 1/4 pour l'époux de 8,400 fr.

On a composé la part de l'enfant naturel des 1,200 fr. qu'il enlève aux enfans légitimes du second mariage qui, sans lui, auraient eu 18,000 fr., et des 600 fr. qu'il enlève à l'époux qui, sans lui, aurait eu 9,000 fr.

Dans le troisième compte, les deux enfans légitimes du premier mariage concourant avec l'enfant légitime du premier mariage et l'époux, et non avec le bâtard, ont 2/4 de la succession, soit 18,000 fr. L'enfant du deuxième mariage, qui concourt de plus avec le bâtard n'a, pour cette cause, que 8,400 fr. au lieu de 9,000 fr. ; il en est de même de l'époux ; et l'enfant naturel a 1,200 fr., composés des 600 fr. qu'il enlève à l'enfant légitime du deuxième mariage et des 600 fr. qu'il enlève à l'époux.

### § 2. — *L'enfant naturel a été reconnu durant le second mariage.*

202. — Les trois comptes du paragraphe premier seront-ils

suivis lorsque l'enfant naturel a été reconnu durant le deuxième mariage? certainement, ils devront changer.

Puisque l'enfant naturel a été reconnu durant le deuxième mariage, les enfans du premier ne seront pas protégés par l'art. 337, et les enfans du deuxième mariage le seront au contraire. L'époux, qui est aussi du deuxième mariage, sera-t-il aussi dans cette position favorable?

Lorsqu'il y a un ou deux enfans légitimes, la portion disponible en faveur de l'époux est fixée à 1/4; l'existence d'un ou plusieurs enfans naturels n'influe en rien sur elle; dans cette position la question proposée ne peut pas naître, et elle ne peut s'élever que lorsque le droit de l'époux est une part d'enfant légitime.

Dans ce dernier cas, les termes exprès de l'art. 337, forcent la raison à faire profiter l'époux du bénéfice de cet article, parce qu'il a des enfans; c'est même la seule hypothèse où ce même article puisse profiter à un époux, puisqu'il est indifférent, comme nous l'avons vu, à l'époux de l'art. 1094. De plus, le deuxième époux avantagé étant considéré comme enfant, ne peut être regardé que comme un enfant du second mariage, et en cette qualité, il profite de l'art. 337 comme les enfans de ce mariage.

203. — Voici les comptes :

| | |
|---|---|
| Un enfant légitime du premier mariage...... | F. 12,000 00 |
| Un enfant légitime du deuxième mariage.... | 13,500 00 |
| Un enfant naturel reconnu durant le deuxième mariage.......................... | 1,500 00 |
| Epoux............................ | 9,000 00 |

| | |
|---|---|
| Un enfant legitime du premier mariage...... | 8,400 00 |
| Deux enfans légitimes du deuxième mariage.. | 18,000 00 |
| Un enfant naturel reconnu durant le deuxième mariage.......................... | 600 00 |
| Epoux............................ | 9,000 00 |

| | |
|---|---|
| Deux enfans légitimes du premier mariage... | 16,800 00 |
| Un enfant légitime du deuxième mariage..... | 9,000 00 |
| Un enfant naturel reconnu durant le deuxième mariage..... ...................... | 1,200 00 |
| Epoux.......................... | 9,000 00 |

204. — Le pemier compte est semblable au premier du paragraphe 1er, avec cette seule différence que l'enfant légitime du premier mariage a 12,000 fr. au lieu de 13,500 fr., que l'enfant du deuxième mariage a 13,500 fr. au lieu de 12,000 fr.; en sorte qu'il n'y a que substitution du second au premier et du premier au second.

Le second compte diffère du deuxième compte du paragraphe 1er, en ce que 1° l'enfant légitime du premier mariage a 8,400 fr. au lieu de 9,000 fr., parce qu'il concourt avec le bâtard ; 2° que les deux enfans du deuxième mariage ont 18,000 fr. au lieu de 16,800 fr., parce qu'ils ne concourent pas avec ce bâtard; 3° que l'époux a 9,000 fr. au lieu de 8,400 fr., parce qu'il ne concourt pas avec ce même bâtard ; 4° et que par conséquent l'enfant naturel n'a que les 600 fr. qu'il réduit sur l'enfant légitime du premier mariage.

Le troisième compte diffère du troisième compte du paragraphe 1er. en ce que 1° les deux enfans légitimes du premier mariage ont 16,800 fr. au lieu de 18,000 fr., parce qu'ils concourent avec l'enfant naturel ; 2° que l'enfant légitime du deuxième mariage a 9,000 fr. au lieu de 8,400 fr., parce qu'il ne concourt pas avec ce bâtard; 3° et que l'époux a 9,000 fr. au lieu de 8,400 fr., parce qu'il est affranchi de ce concours.

Quant à l'enfant naturel, il a dans le troisième compte de chaque paragraphe 1,200 fr., parce qu'il réduit deux enfans légitimes de 600 fr. chacun, en tout 1,200 fr. En effet, dans le premier paragraphe il réduit un enfant légitime du deuxième mariage, et l'époux, aussi réputé enfant de ce mariage; et dans le paragraphe 2 il réduit les deux enfans légitimes du premier mariage.

205. — Dans les deux derniers comptes du présent para-

graphe, l'époux de l'art. 1098 obtient plus qu'un enfant légitime; on pourrait en induire que nous profitons de l'art. 337 pour violer l'art. 1098, et ces mots : *une part d'enfant légitime le moins prenant*, voici notre réponse :

Nous avons vu au titre 8, chapitre 1er, section 1re, nos 182 et 183, que la loi fournissait un cas où l'époux obtenait une somme supérieure à la portion réservée d'un enfant légitime. Il y a donc des cas où cette supériorité peut avoir lieu. Ils se présentent lorsque la loi les introduit elle-même par ses dispositions ou par la latitude qu'elle laisse au disposant. Dans l'exemple cité le disposant avait usé de la permission légale, on respecte ce qu'il a fait. Dans notre hypothèse il en est encore mieux. C'est la loi qui introduit la supériorité par l'art. 337 C. civ., article exceptionnel qui domine la situation et doit recevoir sa pleine exécution.

Du reste, il faut bien comprendre ces mots : *enfant légitime le moins prenant*. Ils ne signifient que ceci : si un des enfans reçoit un préciput par une disposition qui prime toutes les autres, l'époux donataire postérieur ne pourra calculer sa part d'enfant sur toute la succession, comme s'il n'y avait pas eu de don préciputairé, mais seulement sur le solde qui restera après déduction de ce préciput, en tant que ce préciput n'absorbera pas le disponible. Par là, l'époux n'aura qu'une part égale à celle des enfans les moins prenans, des enfans non avantagés; car si aucun d'eux n'est préciputaire, ils sont tous égaux, il n'y a pas d'enfant moins prenant.

Le sens de l'art. 1098 ne s'oppose donc pas au résultat que nous avons indiqué. Mais nous dirons de plus que l'enfant du premier mariage qui concourt avec l'enfant naturel ne peut se plaindre de l'époux, que ce dernier n'obtient d'avantage que parce qu'il l'enlève au bâtard reconnu durant le deuxième mariage, que vouloir, en cet état, réduire l'époux au niveau de l'enfant du premier mariage, serait lui enlever un droit que lui confère l'art. 337, en faire profiter l'enfant du premier mariage qui n'en a pas le droit, et prétendre une chose absurde, savoir : que l'enfant naturel reconnu durant un mariage ne pourrait concourir même avec les enfans légitimes nés d'un autre mariage, ce qui serait la méconnaissance complète de l'art. 337.

### Article 3.

206. — Dans l'hypothèse de l'article 1er il y a un autre enfant naturel reconnu hors mariage.

| | |
|---|---|
| Un enfant légitime du premier mariage. . F. | 22,500 00 |
| Epoux. . . . . . . . . . . . . . . . . . . . . . . . . . | 9,000 00 |
| Un enfant naturel reconnu hors mariage. | 3,000 00 |
| Un enfant naturel reconnu durant le premier mariage. . . . . . . . . . . . . . . . . . | 1,500 00 |

| | |
|---|---|
| Deux enfans légitimes du premier mariage | 24,000 00 |
| Epoux. . . . . . . . . . . . . . . . . . . . . . . . . . | 9,000 00 |
| Un enfant naturel reconnu hors mariage | 2,250 00 |
| Un enfant naturel reconnu durant le premier mariage. . . . . . . . . . . . . . . . . . | 750 00 |

| | |
|---|---|
| Trois enfans légitimes du premier mariage | 25,200 00 |
| Epoux. . . . . . . . . . . . . . . . . . . . . . . . . . | 8,000 00 |
| Un enfant naturel reconnu hors mariage | 2,000 00 |
| Un enfant naturel reconnu durant le premier mariage. . . . . . . . . . . . . . . . . . | 800 00 |

| | |
|---|---|
| Quatre enfans légitimes du premier mariage | 27,000 00 |
| Epoux. . . . . . . . . . . . . . . . . . . . . . . . . . | 6,514 28 12/21 |
| Un enfant naturel reconnu hors mariage | 1,714 28 12/21 |
| Un enfant naturel reconnu durant le premier mariage. . . . . . . . . . . . . . . . . . | 571 42 18/21 |

207. — Dans le premier compte comme la part de l'époux est de 1/4 (9,000 fr.) et non une part d'enfant, on la prélève sur la succession (36,000 fr.), et il reste 27,000 fr. pour les enfans légitimes et naturels

L'enfant légitime ne concourant qu'avec l'enfant naturel reconnu hors mariage a 5/6 de ces 27,000 fr., soit 22,500 fr.

L'enfant naturel reconnu hors mariage qui, sans l'autre bâtard aurait eu 1/6 de 27,000 fr., soit 4,500 fr. n'a, à cause du concours de cet autre bâtard que 1/9 de 27,000 fr., soit 3,000 fr.; il perd 1,500 fr. qui forment le solde de la succession et la part de l'enfant naturel reconnu durant le premier mariage.

Dans le deuxième compte, le droit de l'époux est aussi de 1/4 ou 9,000 fr.; on les prélève et il reste 27,000 fr. Les deux enfans légitimes ne concourant qu'avec l'enfant naturel reconnu hors mariage ont 8/9 de ces 27,000 fr., ou 24,000 fr. Le bâtard reconnu hors mariage, qui aurait eu 1/9 de 27,000 fr., ou 3,000 fr., n'a que 2,250 fr., ou 1/12 de ces 27,000 fr., parce qu'il concourt avec le bâtard reconnu durant le premier mariage; il perd par là 750 fr. qui forment la part de ce dernier.

Le mode de procéder des deux premiers comptes provient de ce que le droit de l'époux est de 1/4 et non une part d'enfant. Dans les troisième et quatrième comptes, ce droit est une part d'enfant, de là une autre manière de procéder.

Le troisième compte a été obtenu de la manière suivante :

Il y a trois enfans légitimes, un époux et un enfant naturel reconnu hors mariage, ce qui fait cinq enfans. Le bâtard a donc le 1/3 de 1/5 de 36,000 fr., soit 1/15 ou 2,400 fr.; ces 24,000 fr. étant déduits de 36,000 fr., il reste 33,600 fr., dont les 3/4 pour les trois enfans légitimes du premier mariage sont de 25,200 fr. Nous n'avons pas compté l'enfant naturel reconnu durant le premier mariage, parce qu'il s'agissait de fixer le droit des enfans légitimes de ce mariage qui ne concourent pas avec ce bâtard.

Pour calculer le droit de l'époux et de l'enfant naturel reconnu hors mariage (qui sans l'autre enfant auraient eu, le premier 8,400 fr. et le second 2,400 fr.), il faut tenir compte de ce deuxième enfant naturel ; nous avons donc six enfans, l'époux compris; l'enfant naturel reconnu hors mariage n'a que 1/4 d'un 1/6 ou 1/18, soit 2,000 fr.; il faut prélever sur la succession (36,000 fr.) tant ce 1/18 que le 1/18 qui serait revenu à l'autre bâtard sans l'article 337 qui ne concerne pas l'époux, en tout 4,000 fr.; il reste 32,000 fr. dont le 1/4 ou 8,000 fr. revient à l'époux.

Quant à l'enfant naturel reconnu hors mariage il a 800 fr. composés de 400 fr. qu'il enlève à l'époux et de 400 fr. qu'il enlève à l'enfant naturel reconnu hors mariage.

Le quatrième compte a été obtenu par le même procédé.

Pour calculer le droit des quatre enfans du premier mariage, on n'a pas tenu compte du deuxième bâtard. On a dit. le bâtard reconnu hors mariage a 1/3 de 1/6 ou 1/18, soit 2,000 fr., ces 2,000 fr. étant déduits sur 36,000 fr., il reste 34,000 fr.; les quatre enfans légitimes ont les 4/5 de ces 34,000 fr., soit 27,200 fr., ce qui donne à chacun d'eux 6,800 fr., et les donnerait à l'époux s'il profitait de l'article 337.

Pour calculer la part de l'époux et du premier bâtard on trouve que le nombre de sept enfans, l'époux compris, donne à chaque enfant naturel le 1/3 de 1/7 ou 1/21, soit 1,714 fr. 28 cent. 12/21.

Comme il y a deux enfans naturels on retranche deux fois cette dernière somme de 36,000. Sur le solde l'époux a 1/5, soit 6,514 fr. 28 cent. 12/21, et il reste pour l'enfant naturel reconnu durant le premier mariage 571 fr. 41 cent. 18/21, qui se composent 1° de 285 fr. 71 cent. 9/21 qu'il enlève à l'autre bâtard, qui sans lui aurait eu 2,000 fr.; 2° et de 285 fr. 71 cent. 9/21 qu'il enlève à l'époux, qui sans lui aurait eu 6,800 fr.

### ARTICLE 4.

Dans l'hypothèse de l'article 2 il y a un autre enfant naturel reconnu hors mariage.

208. — Cet article se divise en deux parties, suivant que l'enfant naturel reconnu durant mariage l'a été pendant le premier ou pendant le second. S'il l'a été pendant le premier, le second époux ne profite pas de l'art. 337, et il en profite si ce bâtard a été reconnu durant le deuxième mariage.

209. — § 1. *L'enfant naturel reconnu durant mariage a été reconnu durant le premier.*

| | |
|---|---|
| Un enfant légitime du premier mariage...... | F. 12,000 00 |
| Un enfant légitime du deuxième mariage..... | 11,250 00 |
| Epoux.............................. | 9,000 00 |
| Un enfant naturel reconnu hors mariage..... | 2,250 00 |
| Un enfant naturel reconnu durant le premier mariage.......................... | 1,500 00 |

| | |
|---|---|
| Un enfant légitime du premier mariage...... | 8,400 00 |
| Deux enfans légitimes du deuxième mariage.. | 16,000 00 |
| Epoux.............................. | 8,000 00 |
| Un enfant naturel reconnu hors mariage..... | 2,000 00 |
| Un enfant naturel reconnu durant le premier mariage.......................... | 1,600 00 |

| | |
|---|---|
| Deux enfans légitimes du premier mariage... | 16,800 00 |
| Un enfant légitime du deuxième mariage..... | 8,000 00 |
| Epoux.............................. | 8,000 00 |
| Un enfant naturel reconnu hors mariage..... | 2,000 00 |
| Un enfant naturel reconnu durant le premier mariage.......................... | 1,200 00 |

210. — Voici comment ces trois comptes ont été obtenus :

*Premier compte.* — L'époux a 1/4 ou 9,000 fr., parce qu'il n'y a que deux enfans légitimes ; on les prélève sur la succession (36,000 fr.), et il reste 27,000 fr.

Pour connaître le droit de l'enfant du premier mariage, on tient compte de son concours avec l'autre enfant légitime et le bâtard reconnu hors mariage ; ce dernier aurait, dans ce cas, 1/9 ou 3,000 fr. ; ces 3,000 fr. étant déduits de 27,000 fr., il reste 24,000 fr., dont la 1/2 ou 12,000 fr. forment la part de l'enfant légitime du premier mariage.

Pour connaître le droit de l'autre enfant légitime et de l'enfant naturel reconnu hors mariage, on tient compte du concours de l'enfant naturel reconnu durant le premier mariage.

Dans cette position, chaque enfant naturel aurait eu 1/12 de 27,000 fr. ou 2,250 fr.; déduisant deux fois cette somme de 2,250 fr. (parce qu'il y a deux enfans naturels) de 27,000 fr., il reste 22,500 fr., dont la 1/2 (11,250 fr.) revient à l'enfant légitime du second mariage qui, sans le second bâtard, aurait eu 12,000 fr.; l'enfant naturel reconnu hors mariage a donc 2,250 fr., au lieu de 3,000 fr.

Les 1,500 fr. restant libres forment la part de l'enfant naturel reconnu hors mariage. Ils sont formés de 750 fr. qu'il réduit sur l'enfant légitime du second mariage qui aurait eu 12,000 fr., et de 750 fr. qu'il enlève au premier bâtard qui aurait eu 3.000 fr.

*Deuxième compte.* — L'époux n'a pas 1/4, mais une part d'enfant.

Pour connaître les droits de l'enfant légitime du premier mariage qui ne concourt pas avec l'enfant naturel reconnu durant ce même mariage, on prélève sur la succession (36,000 f.) 1/15 ou 2,400 fr. qui reviendraient dans cette position au bâtard reconnu hors mariage, et le 1/4 des 33,600 fr. de solde forment la part de cet enfant légitime du premier mariage,

Pour déterminer le droit des enfans légitimes du second mariage, de l'époux et du bâtard reconnu hors mariage, on prélève sur la succession deux fois 1/18 ou soit 2,000 fr., en tout 4,000 fr. sur 36,000 fr. : il reste 32,000 fr., dont les 2/4 reviennent aux deux enfans légitimes du second mariage, et dont le 1/4 revient à l'époux.

Les 1,600 fr. de solde reviennent à l'enfant naturel reconnu durant le premier mariage : ils sont composés de 800 fr. qu'il enlève aux deux enfans légitimes du second mariage qui, sans lui, auraient eu 16,800 fr., de 400 fr. qu'il enlève à l'époux qui, sans lui, aurait eu 8,400 fr., et de 400 fr. qu'il enlève à l'autre bâtard qui, sans lui, aurait eu 2,400 fr.

*Troisième compte.* — Sur 36,000 fr., on retranche 1/15 ou 2,400 fr. de l'enfant naturel reconnu hors mariage, et il reste 33,600 fr. : les deux enfans du premier mariage ont les 2/4 de ces 33,600 fr. ou 16,800 fr.

Pour connaître les droits des autres, on prélève sur 36,000 fr. deux fois le 1/18 de 36,000 fr. ou 2,000 fr., en tout 4,000 fr.; il reste 32,000 fr., dont 1/4 ou 8,000 fr. revient à l'enfant légitime du second mariage, et 1/4 revient à l'époux; l'enfant naturel reconnu hors mariage a 1/18 ou 2,000 fr., les 1,200 de solde reviennent à l'enfant naturel reconnu durant le premier mariage, ils sont formés des 400 fr. qu'il enlève à l'enfant légitime du second mariage qui, sans lui, aurait eu 8,400 fr., de 400 fr qu'il enlève à l'époux qui, sans lui, aurait aussi eu 400 fr., et de 400 fr. qu'il enlève à l'autre bâtard qui, sans lui, aurait eu 2,400 fr.

211. — § 2. *L'enfant naturel reconnu durant mariage, l'a été pendant le second.*

| | |
|---|---|
| Un enfant légitime du premier mariage...... | F. 11,250 00 |
| Un enfant légitime du second mariage...... | 12,000 00 |
| Epoux.................................. | 9,000 00 |
| Un enfant naturel reconnu hors mariage..... | 2,250 00 |
| Un enfant naturel reconnu durant le second mariage......................... | 1,500 00 |
| Un enfant légitime du premier mariage...... | 8,000 00 |
| Deux enfans légitimes du second mariage.... | 16,800 00 |
| Epoux.................................. | 8,400 00 |
| Un enfant naturel reconnu hors mariage..... | 2,000 00 |
| Un enfant naturel reconnu durant le second mariage......................... | 800 00 |
| Deux enfans légitimes du premier mariage... | 16,000 00 |
| Un enfant légitime du second mariage...... | 8,400 00 |
| Epoux.................................. | 8,400 00 |
| Un enfant naturel reconnu hors mariage..... | 2,000 00 |
| Un enfant naturel reconnu durant le second mariage......................... | 1,200 00 |

212. — Le premier compte est semblable au premier compte du paragraphe 1er quant à l'époux et aux deux bâtards. Les

droits des enfans légitimes éprouvent seuls une interversion. Celui du premier mariage avait au paragraphe 1er 12,000 fr. parce qu'il ne concourait qu'avec un bâtard, il n'a, au paragraphe 2, que 11,250 fr., parce qu'il concourt avec deux bâtards, celui du second mariage a 12,000 fr.

Le second compte est différent du deuxième compte du paragraphe 1er. Les deux enfans légitimes du deuxième mariage ne concourant qu'avec un seul enfant naturel, ont leurs droits fixés en prélevant 1/15 de ce bâtard, ou 2,400 fr. sur 36,000 fr., et en prenant les 2/4 des 33,600 fr. restants, lesquels 2/4 s'élèvent à 16,800 fr. L'époux du deuxième mariage étant aussi un enfant de ce mariage, protégé par l'art 337, a aussi 1/4, soit 8,400 fr.

Pour calculer le droit de l'enfant légitime du premier mariage, on déduit sur 36,000 fr. deux fois 1/18 ou 2,000 fr. revenant à un enfant naturel, en tout 4,000 fr.; il reste 32,000 fr. dont le 1 4 pour l'enfant légitime du premier mariage est de 8,000 fr.

L'enfant naturel reconnu hors mariage a 1/18 ou 2,000 fr.

Le bâtard reconnu durant le premier mariage a 800 fr., composés des 400 fr. qu'il enlève à l'enfant du premier mariage, qui sans lui aurait eu 8,400 fr., et des 400 fr. qu'il enlève à l'autre bâtard qui sans lui aurait eu 2,400 fr.

Le troisième compte diffère du troisième compte du paragraphe 1er, en ce que les deux enfans légitimes du premier mariage n'ont que 16,000 fr. au lieu de 16,800 fr., parce qu'ils n'usent pas de l'article 337; l'enfant légitime du deuxième mariage a 8,400 fr. au lieu de 8,000 fr., parce qu'il use de cet article; l'époux a 8,400 fr. au lieu de 8,000 fr., parce qu'il est protégé par le même article; le bâtard reconnu hors mariage a 2,000 fr. dans les deux paragraphes, parce que dans les deux il ne profite pas de l'article 337, et le bâtard reconnu durant le deuxième mariage a, dans le deuxième paragraphe comme dans le premier, 1,200 fr. qui, dans notre espèce actuelle, se composent de 800 fr. qu'il enlève aux deux enfans légitimes du premier mariage, qui sans lui auraient 16,800 fr., et de 400 fr. qu'il enlève à l'autre bâtard, qui sans lui aurait 2,400 fr.

### Article 5.

213. — Il y a des enfans légitimes des deux mariage, des enfans naturels reconnus durant chaque mariage, et le don de l'art. 1098 fait à l'époux du deuxième mariage.

| | |
|---|---|
| Un enfant légitime du premier mariage..... | F. 12,000 00 |
| Un enfant légitime du deuxième mariage.... | 12,000 00 |
| Epoux.............................. | 9,000 00 |
| Un enfant naturel reconnu durant le premier mariage........................... | 1,500 00 |
| Un enfant naturel reconnu durant le deuxième mariage........................... | 1,500 00 |
| Un enfant légitime du premier mariage.... | 8,400 00 |
| Deux enfans légitimes du deuxième mariage.. | 16.800 00 |
| Epoux.............................. | 8,400 00 |
| Un enfant naturel reconnu durant le premier mariage........................... | 1,800 00 |
| Un enfant naturel reconnu durant le deuxième mariage........................... | 600 00 |
| Deux enfans légitimes du premier mariage... | 16,800 00 |
| Un enfant légitime du deuxième mariage.... | 8,400 00 |
| Epoux.............................. | 8,400 00 |
| Un enfant naturel reconnu durant le premier mariage........................... | 1,200 00 |
| Un enfant naturel reconnu durant le deuxième mariage........................... | 1,200 00 |

214. — Premier compte. — L'époux ayant 1/4 ou 9,000 fr., on les prélève sur 36,000 fr., et il reste 27,000 fr. Chaque enfant légitime ne concourant qu'avec l'autre enfant légitime et un seul bâtard, on prélève sur 27,000 fr. le 1/9 qui reviendrait à ce bâtard; il reste 24,000 fr. dont la 1/2 pour chaque enfant légitime est de 12,000 fr.

Quant au solde, qui est de 3,000 fr., il se partage par moitié entre les deux enfans naturels qui sont dans la même position, ce qui donne à chacun d'eux 1,500 fr. Remarquons que ces 1,500 fr. sont précisément ce qu'un des deux bâtards enlève à un des deux enfans légitimes, qui sans lui aurait 13,500 fr., 1/2 de 27,000 fr.

Deuxième compte. — Il y a trois enfans légitimes, un époux et un enfant naturel, car un des deux est écarté par l'art. 337 (pour la supputation du droit des enfans légitimes et de l'époux), il y a donc 5 enfans en tout. L'enfant naturel dont on doit tenir compte a le 1/3 de 1/5 ou 2,400 fr., prélevant ces 2,400 fr. sur 36,000 fr., il reste 33,600 fr. dont le 1/4 pour l'enfant légitime du premier mariage est de 8.400 fr., les 2/4 pour les deux enfans du deuxième mariage sont de 16,800 fr., le quart de l'époux, reputé enfant du deuxième mariage est de 8,400 fr.

Ces attributions étant faites il reste 2,400 fr. qui se partagent à raison de 1,800 fr. pour l'enfant naturel reconnu durant le premier mariage, et de 600 fr. pour celui qui a été reconnu durant le second.

Pour comprendre cette différence entre les deux bâtards, on remarquera que sans eux, chaque enfant légitime, comme l'époux, aurait eu le 1/4 de 36,000 fr. ou 9,000 fr., et qu'il a 600 fr. de moins soit 8,400 fr. Le bâtard reconnu durant le premier mariage réduit 1,200 sur les deux enfants du deuxième mariage et 600 fr. sur l'époux de ce mariage, voilà pourquoi il a 1,800 fr. Le bâtard reconnu durant le deuxième mariage ne réduit que le seul enfant légitime du premier mariage et le réduit de 600 fr. seulement, c'est le motif pour lequel il n'a que 600 fr.

Le troisième compte est semblable au deuxième sauf les interversions qui ont forcément lieu. L'époux reste dans la même position, les deux enfans légitimes du premier mariage ont pris la place des deux enfans du deuxième mariage, le bâtard reconnu durant le premier mariage réduit 600 fr. sur l'enfant du deuxième mariage et 600 fr. sur l'époux et a, pour cette cause, 1,200 fr., l'enfant naturel reconnu durant le deuxième mariage réduit 1,200 fr. sur les deux enfans du premier mariage et a, pour ce motif, 1,200 fr.

ARTICLE 6.

215. — Outre les deux enfans légitimes des deux mariages, des enfans naturels reconnus durant chaque mariage et le don fait à l'époux de l'art. 1098, il existe un enfant naturel reconnu hors mariage.

| | | |
|---|---|---|
| Un enfant légitime du premier mariage | F. 11,250 | 00 |
| Un enfant légitime du deuxième mariage | 11,250 | 00 |
| Epoux........................ | 9,000 | 00 |
| Un enfant naturel reconnu hors mariage | 1,800 | 00 |
| Un enfant naturel reconnu durant le premier mariage............... | 1,350 | 00 |
| Un enfant naturel reconnu durant le deuxième mariage.............. | 1,350 | 00 |

| | | | |
|---|---|---|---|
| Un enfant légitime du premier mariage | 8,000 | 00 | |
| Deux enfans légitimes du deuxième mariage...................... | 16,000 | 00 | |
| Epoux........................ | 8,000 | 00 | |
| Un enfant naturel reconnu hors mariage | 1,714 | 28 | 12/21 |
| Un enfant naturel reconnu durant le premier mariage.............. | 1,542 | 85 | 15/21 |
| Un enfant naturel reconnu durant le deuxième mariage.......... ... | 742 | 85 | 15/21 |

| | | | |
|---|---|---|---|
| Deux enfans légitimes du premier mariage...................... | 16,000 | 00 | |
| Un enfant légitime du deuxième mariage | 8,000 | 00 | |
| Epoux........................ | 8,000 | 00 | |
| Un enfant naturel reconnu hors mariage | 1,714 | 28 | 12/21 |
| Un enfant naturel reconnu durant le premier mariage.............. | 1,142 | 85 | 14/21 |
| Un enfant naturel reconnu durant le deuxième mariage.............. | 1,142 | 85 | 15/21 |

216.— *Premier compte.* —L'époux ayant 1/4 ou 9,000 fr., on prélève cette somme de 36,000 fr., et il reste 27,000 fr. Chaque enfant légitime concourant avec l'autre enfant légitime et deux enfans naturels a 5/12 de 27,000 fr. ou 11,250 fr., le 1/12 étant de 2,250 fr. pour chaque bâtard.

L'enfant naturel reconnu hors mariage n'a pas 1/12 de 27,000 fr. mais seulement 1/15 ou 1,800 fr., parce qu'il concourt en outre avec deux autres enfans naturels.

Quant aux 2,700 fr. de solde ils se partagent par 1/2 entre les deux enfans naturels reconnus durant mariage qui sont dans la même position, ce qui donne à chacun d'eux 1,350 fr.

Remarquons que sans l'existence de ces deux bâtards reconnus durant mariage, chaque enfant légitime aurait eu 12,000 fr. et le bâtard reconnu hors mariage 3,000 fr. Les 2,700 fr. revenant aux deux enfans naturels reconnus durant mariage se composent de 750 fr. que le bâtard reconnu durant le premier mariage enlève à l'enfant légitime du deuxième mariage, de 750 fr. que le bâtard reconnu durant le deuxième mariege enlève à l'enfant légitime du premier, et de 1,200 fr. que les deux bâtards enlèvent par 1/2 à l'autre bâtard qui a été reconnu hors mariage.

*Deuxième compte.*— Fixation des droits des enfans légitimes et de l'époux.

Il y a trois enfans légitimes, l'époux et deux enfans naturels qui concourent ensemble, en tout six enfans. Chaque bâtard a le 1/3 de 1/6 soit 1/18 ou 2,000 fr.; il y a deux bâtards ayant chacun, pour la supputation seulement, 2,000 fr., à eux deux 4,000 fr.; déduisant ces 4,000 fr. de 36,000 fr., il reste 32,000 fr., dont le 1/4 pour l'enfant légitime du premier mariage est de 8,000 fr., les 2/4 pour les deux enfans du deuxième mariage sont de 16,000 fr., et le 1/4 pour l'époux est de 8,000 fr.

L'enfant naturel reconnu hors mariage concourant avec les deux autres bâtards n'a que le 1/3 de 1/7 soit 1/21 de 36,000 fr., ou 1,714 fr. 28 cent. 12/21.

Il reste pour les deux enfans naturels reconnus durant mariage, un solde de 2,285 fr. 71 cent. 9/21 ; sans eux l'enfant naturel reconnu hors mariage aurait eu 1/15 ou 2,400 fr., ils lui enlèvent donc, à raison de 1/2 chacun, 685 fr. 71 cent. 9/21, dont la 1/2 est de 342 fr. 85 cent. 15/21. L'enfant naturel reconnu durant le premier mariage enlève de plus 800 fr. aux deux enfans légitimes du deuxième mariage, il enlève aussi 400 fr. à l'époux réputé enfant du deuxième mariage, il a donc 1,542 fr. 85 cent. 15/21. Le bâtard reconnu durant le deuxième mariage enlève de plus 400 fr. à l'enfant du premier mariage et a en tout 742 fr. 85 cent. 15/21.

*Troisième compte.* — Les droits sont fixés de la même manière par le même procédé, la différence n'existant entre enfans légitimes, que parce qu'il y a deux enfans du premier mariage et un seul du deuxième. L'enfant naturel reconnu hors mariage a les mêmes droits qu'au deuxième compte ; mais ceux des deux bâtards reconnus durant mariage changent; chacun d'eux a enlevé à l'enfant naturel reconnu hors mariage 342 fr. 85 cent. 15/21.

De plus, le bâtard reconnu durant le premier mariage enlève 400 fr. à l'enfant légitime du deuxième mariage et 400 fr. à l'époux, en sorte qu'il obtient en totalité 1,142 fr. 85 c. 15/21.

De plus le bâtard reconnu durant le deuxième mariage enlève 800 fr. aux deux enfans légitimes du premier mariage, et a en totalité même somme de 1,142 fr. 85 cent. 15/21.

## SECTION II.

### *Le disposant est mineur de seize ans.*

#### Article 1er.

217. — Il existe des enfans légitimes du premier mariage, un enfant naturel reconnu durant ce mariage et le don de l'art. 1098 fait à l'époux.

| | |
|---|---|
| Un enfant légitime du premier mariage..... | F. 31,500 00 |
| Epoux.................................. | 4,500 00 |
| Un enfant naturel reconnu durant le premier mariage........:................ | rien. |

| | |
|---|---|
| Deux enfans légitimes du premier mariage... | 31,500 00 |
| Epoux.............................. | 4,500 00 |
| Un enfant naturel reconnu durant le premier mariage.......................... | rien. |

| | |
|---|---|
| Trois enfans légitimes du premier mariage... | 31,500 00 |
| Epoux.............................. | 4,200 00 |
| Un enfant naturel reconnu durant le premier mariage.......................... | 300 00 |

| | |
|---|---|
| Quatre enfans légitimes du premier mariage.. | 32,400 00 |
| Epoux.............................. | 3,400 00 |
| Un enfant naturel reconnu durant le premier mariage.......................... | 200 00 |

218. — Les deux premiers comptes sont évidents. La portion disponible à l'égard de l'époux n'est que de 4,500 fr., 1/2 de 9,000 fr., montant du 1/4 et non une part d'enfant, on la prélève sur 36,000 fr., et il reste 31,500 fr. pour l'enfant ou les enfants légitimes protégés par l'art 337.

*Troisième compte.* — L'enfant naturel n'existe pas à l'égard des enfans légitimes, donc il faut raisonner, en ce qui les concerne en conséquence de cette non-existence légale; donc, la portion disponible à l'égard de l'époux est de la 1/2 d'une part d'enfant, c'est-à-dire de 4,500 fr., pour la supputation des droit des enfans légitimes, sans réduction aucune par suite de l'existence bâtarde. En déduisant ces 4,500 fr. de 36,000 fr., il reste 31,500 fr. pour les trois enfans légitimes.

Mais le bâtard concourt avec l'époux et le réduit forcément de quelque chose, c'est-à-dire de 600 fr., comme nous l'avons vu dans la section 1re lorsque le disposant est majeur, et par conséquent de 300 fr. lorsque le disposant est mineur; donc, l'époux n'a que 4,200 fr., et il reste 300 fr. pour l'enfant naturel reconnu durant le premier mariage.

*Quatrième compte.* — Les quatre enfans légitimes ne concourent pas avec le bâtard ; sans ce dernier, l'époux aurait eu

3,600 fr., 1/2 de 7,200 fr., montant du 1/5 de la succession. Déduisant ces 3,600 fr. des 36,000 fr., il reste 32,400 fr. pour les enfans légitimes.

Mais le bâtard concourt avec l'époux et le réduit forcément de quelque chose. Voici comment on connaît le chiffre de cette réduction qui fournit seule le droit de ce bâtard.

L'enfant naturel aurait le 1/3 de 1/6 ou 1/18, soit 2,000 fr.; prélevant ces 2,000 fr. sur 36,000, il reste 34,000 fr., dont le 1/5 pour l'époux serait de 6,400 fr. à cause de l'art. 904, l'époux n'a qu'une 1/2 ou 3,200 fr.; il est donc réduit de 200 fr. attribués à l'enfant naturel.

### Article 2.

Il y a des enfans légitimes des deux mariages, des enfans naturels reconnus durant le premier et le second mariage et le don de l'art. 1098 fait à l'époux.

219. — Cet article se divise en deux paragraphes, suivant que l'enfant a été reconnu durant le premier ou le second mariage.

| | |
|---|---|
| Un enfant légitime du premier mariage... | F. 15,750 00 |
| Un enfant légitime du second mariage.... | 14,000 00 |
| Epoux.......................... | 4,500 00 |
| Un enfant naturel reconnu durant le premier mariage.................. | 1,750 00 |
| Un enfant légitime du premier mariage. . | 10,500 00 |
| Deux enfans légitimes du second mariage. | 19,433 33 1/3 |
| Epoux.......................... | 4,200 00 |
| Un enfant naturel reconnu durant le premier mariage.................. | 1,866 66 2/3 |
| Deux enfans légitimes du premier mariage | 20,000 00 |
| Un enfant légitime du second mariage.... | 9,716 66 2/3 |
| Epoux.......................... | 4,200 00 |
| Un enfant naturel reconnu durant le premier mariage.................. | 1,083 33 1/3 |

221. — Dans le premier compte, la portion disponible pour le second époux n'est que de 4,500 fr., il reste donc 31,500 f., sur lesquels l'enfant du premier mariage qui ne concourt pas avec le bâtard, a la 1/2 ou 15,750 fr.

Pour connaître le droit de l'enfant du second mariage qui n'est pas protégé par l'art. 337, il faut considérer que, sur ces 31,500 fr., le bâtard a 1/9 (pour la supputation seulement), soit 3,500 fr. qu'il reste, 28,000 fr., dont la 1/2 pour l'enfant du second mariage est de 14,000 fr.

L'enfant naturel a 1,750 fr. qui sont ce qu'il enlève à l'enfant du second mariage qui, sans lui, aurait eu 15,750 fr., comme l'enfant du premier mariage.

*Deuxième compte.* — L'époux a une part d'enfant dont on prend la 1/2.

S'il n'y avait que trois enfans légitimes et l'époux, sans enfant naturel (chose qui existe légalement ici à cause de l'art. 337), l'époux ayant le 1/4 ou 9,000 fr. si le disposant est majeur, n'a que 4,500 fr. lorsque le disposant est mineur de seize ans ; déduisant ces 4,500 fr. de 36,000 fr., il reste 31,500 fr. dont le 1/3 revenant à l'enfant légitime du premier mariage est de 10,500 fr.

Pour calculer les droits des deux enfans légitimes du second mariage et de l'époux de ce mariage qui ne profitent pas de l'art. 337, on considère que l'enfant naturel aurait 1/15, soit 2,400 fr. qui, déduits de 36,000 fr., laissent 33,600 fr., que sur ces 33,600 fr., l'époux a 1/4 ou 8,400 fr. lorsque le disposant est majeur, la 1/2 de ce 1/4 ou 4,200 fr. lorsqu'il est mineur ; que déduisant ces 4,200 fr. de 36,000 fr., il reste 31,800 fr., que sur ces 31,800 fr. l'enfant naturel aurait, pour la supputation seulement, 1/12 ou 2,650 fr. ; que déduisant ces 2,650 fr. de 31,800 fr., il reste 29,150 fr. ; que, sur cette somme, les deux enfans légitimes du second mariage ont 2/3 ou 19,433 fr. 33 1/3.

Quant au bâtard, il obtient 1,866 fr. 66 2/3 qui sont composés 1° de 300 fr. qu'il enlève à l'époux, 2° et de 1,566 fr 66 2/3 qu'il enlève aux deux enfans du second mariage.

*Troisième compte.* — L'époux a une part d'enfant dont il prend la 1/2.

Par les motifs exprimés à l'explication du deuxième compte, la descendance du premier mariage comprenant deux enfans et non un seul a 21,000 fr., somme double de 10,500 fr., la descendance du second mariage, qui ne compte qu'un enfant et non deux, a la 1/2 de 19,433 fr. 33 1/3, soit 9,716 fr. 66 2/3, et l'époux n'a que 4,200 fr.

Le solde n'est que de 1,083 fr. 33 1/3, il revient au bâtard et se compose 1° de 300 fr. qu'il enlève à l'époux qui, sans lui, aurait eu 4,500 fr., 2° et de 783 fr. 33 1/3 qu'il enlève à l'enfant du second mariage qui, sans lui, aurait eu 10,500 fr.

222. — § 2. *L'enfant naturel a été reconnu durant le second mariage.*

| | |
|---|---|
| Un enfant légitime du premier mariage... | F. 14,000 00 |
| Un enfant légitime du second mariage... | 15,750 00 |
| Epoux.......................... | 4,500 00 |
| Un enfant naturel reconnu durant le second mariage.................. | 1,750 00 |
| Un enfant légitime du premier mariage. . | 9,716 66 2/3 |
| Deux enfans légitimes du second mariage. | 21,000 00 |
| Epoux.......................... | 4,500 00 |
| Un enfant naturel reconnu durant le second mariage .................. | 783 33 1/3 |
| Deux enfans légitimes du premier mariage | 19,433 33 1/3 |
| Un enfant légitime du second mariage... | 10,500 00 |
| Epoux.......................... | 4,500 00 |
| Un enfant naturel reconnu durant le second mariage.................. | 1,566 66 2/3 |

223. — Le premier compte est le même que celui du § 1er, avec cette seule différence que les deux enfans légitimes changent seuls entre eux de position et de droits

*Deuxième compte.* — L'époux a la 1/2 d'une part d'enfant. Voici comme il a été obtenu :

L'époux a 4,500 fr. : cette somme déduite de la succession (36,000 fr.), il reste 31,500 fr. les deux enfans légitimes du second mariage, protégés par l'art. 337, ont 2/3 ou soit 21,000 fr.; l'époux reste à 4,500 fr., parce qu'il est la 1/2 d'un enfant du second mariage et ne concourt pas avec le bâtard.

Puis, venant au droit de l'enfant du premier mariage qui cohérite avec l'enfant naturel ; on considère que l'enfant naturel a, pour la supputation, le 1/3 du 1/5, soit 1/15 ou 2,400 f.; que ces 2,400 fr., déduits de 36,000 fr., il reste 33,600 fr., que le 1/4 de l'époux sur cette somme serait de 8,400 fr., et, dans notre cas, de la 1/2 ou 4,200 fr. ; que déduisant ces 4,200 fr. de 36,000 fr., il reste 31,800 fr. ; que l'enfant naturel en ayant, pour la supputation, 1/12 ou 2,650 fr., il reste 29,150 fr., dont le 1/3 pour l'enfant du premier mariage est de 9,716 fr. 66 2/3.

Le solde est de 783 fr. 33 1/3 qui sont précisément ce que l'enfant naturel reconnu durant le second mariage enlève à l'enfant du premier mariage qui, sans lui, aurait eu 10,500 fr.

*Troisième compte.* — Les deux enfans légitimes du premier mariage, qui, sans le bâtard, auraient eu 21,000 fr., n'obtiennent que 19,433 fr. 33 1/3 ; l'enfant légitime du second mariage, protégé par l'art. 337, a 10,500 fr. ; l'époux, protégé par l'art. 337, a 4,500 fr. sans réduction aucune.

Le solde, montant à 1,566 fr. 66 2/3, revient à l'enfant naturel ; il est exactement ce qu'il enlève aux deux enfans du premier mariage, qui, sans lui, auraient eu 21,000 fr.

### ARTICLE 3.

224.— Dans l'hypothèse de l'art. 1er, il y a un autre enfant naturel reconnu hors mariage.

| | |
|---|---|
| Un enfant légitime du premier mariage | F. 26,250 00 |
| Epoux | 4,500 00 |

| | |
|---|---|
| Un enfant naturel reconnu hors mariage.......................... | 3,500 00 |
| Un enfant naturel reconnu durant le premier mariage............... | 1,750 00 |

| | |
|---|---|
| Deux enfans légitimes du premier mariage.......................... | 28,000 00 |
| Epoux.......................... | 4,500 00 |
| Un enfant naturel reconnu hors mariage.......................... | 2,625 00 |
| Un enfant naturel reconnu durant le premier mariage............... | 875 00 |

| | |
|---|---|
| Trois enfans légitimes du premier mariage.......................... | 29,150 00 |
| Epoux.......................... | 4,000 00 |
| Un enfant naturel reconnu hors mariage.......................... | 2,133 33 1/3 |
| Un enfant naturel reconnu durant le premier mariage.............. | 716 66 2/3 |

| | |
|---|---|
| Quatre enfans légitimes du premier mariage.......................... | 30,426 66 14/21 |
| Epoux.......................... | 3,257 14 6/21 |
| Un enfant naturel reconnu hors mariage.......................... | 1,819 04 16/21 |
| Un enfant naturel reconnu durant le premier mariage............... | 497 14 6/21 |

225. — *Premier compte.* — Le droit de l'époux est de 4,500 fr. qui, déduits de 36,000 fr., laissent 31,500 fr.; l'enfant légitime en concours avec un bâtard a 5/6 de cette somme, soit 26,250 fr.; le bâtard reconnu hors mariage qui concourt avec l'enfant naturel reconnu durant le premier mariage a 3,500 fr. au lieu de 5,250 fr., et il reste pour ce dernier 1,850 fr., qui sont exactement ce qu'il enlève au bâtard reconnu hors mariage.

*Deuxième compte.* — Le droit de l'époux est encore fixé à 4,500 fr., sur les 31,500 fr. qui restent après déduction de ces 4,500 fr., l'enfant naturel reconnu hors mariage enlève, pour la supputation, 1/9 ou 3,500 fr., donc, il reste 28,000 fr. pour les deux enfans du premier mariage.

Mais le bâtard reconnu hors mariage n'a que 1/12 de ces 31,500 fr., soit 2,625 fr., il reste donc pour l'autre bâtard 875 fr. qui sont exactement ce que ce dernier enlève à l'enfant naturel reconnu hors mariage.

*Troisième compte.* — Le droit de l'époux est la 1/2 d'une part d'enfant. Les trois enfans légitimes du premier mariage ne concourent qu'avec l'époux et un seul bâtard. Ce dernier a 1/3 de 1/5 soit 1/15 de 36,000 fr. ou 2,400 fr., en sorte qu'il reste 33,600 fr. Sur ces 33,600 fr. l'époux aurait 1/4 ou 8,400 fr., réduits à la 1/2 ou 4,200 fr., parce que le disposant est mineur de seize ans. Déduisant ces 4,200 fr. de 36,000 fr., il reste 31,800 fr.; sur cette somme, l'enfant naturel reconnu hors mariage aurait, pour la supputation, 1/12 ou 2,650 fr., et il reste 29,150 fr. pour les trois enfans légitimes protégés par l'art. 337.

Mais l'époux et le bâtard reconnu hors mariage concourent avec l'autre bâtard. Chaque enfant naturel a, dans ce cas, 1/3 de 1/6 ou soit 1/18 ou 2,000 fr., à eux deux 4,000 fr. pour la supputation. Ces 4,000 fr. retranchés de 36,000 fr., il reste 32,000 fr. sur lesquels l'enfant naturel reconnu hors mariage a 1/15 ou 2,133 fr. 33 cent. 1/3.

Cela fait, il reste un solde de 716 fr. 66 cent. 2/3 qui revient à l'enfant naturel reconnu durant le premier mariage, et qui se forme : 1° de 200 fr. qu'il réduit sur l'époux, qui sans lui aurait eu 4,200 fr. 2° et de 516 fr. 66 cent. 2/3 qu'il réduit sur l'autre bâtard, qui sans lui aurait eu 2,650 fr.

*Quatrième compte.* — En supposant qu'il n'y ait que le bâtard reconnu hors mariage, on voit qu'il doit avoir le 1/3 de 1/6 ou 1/18 soit 2,000 fr.; ces 2,000 fr. étant déduits de 36,000 fr., il reste 34,000 fr.; sur cette somme l'époux a 1/5 ou soit 6,800 fr., qui se réduisent à la 1/2 ou 3,400 fr. à cause de l'art. 904. Ces 3,400 fr. étant déduits de 36,000 fr., il reste 32,600 fr., sur lesquels le bâtard reconnu hors mariage a, pour la supputation, 1/15 ou 2,173 fr. 33 cent. 1/3 ; cette somme étant déduite de 32,600 fr., il reste pour les quatre enfans du premier mariage 30,426 fr. 66 cent. 14/21.

Mais l'époux et le bâtard reconnu hors mariage concourent avec l'enfant naturel reconnu durant le premier mariage. Chaque enfant naturel a, dans ce cas, en supposant le disposant majeur, 1/21 soit 1,714 fr. 28 cent. 12/21, à eux deux 3,428 fr. 57 cent. 3/21. Déduisant cette somme de 36,000 fr., il reste 32,571 fr. 42 cent. 18/21, dont l'époux aurait 1/5 ou 6,514 fr. 28 cent. 12/21, en supposant le disposant majeur, dont il n'a que la 1/2 ou 3,257 fr. 14 cent. 6/21 à cause de l'art. 904. Cette dernière somme déduite de 36,000 fr., il reste 32,742 fr. 85 cent. 15/21, sur laquelle l'enfant naturel reconnu hors mariage a le 1/3 de 1/6 ou 1/18 soit 1,819 fr. 04 cent 16/21, et les 497 fr. 14 cent. 6/21 de solde reviennent au bâtard reconnu durant le premier mariage et sont composés; 1° de 142 fr. 85 cent. 15/21 qu'il enlève à l'époux, qui sans lui aurait eu 3,400 fr.; 2° et de 354 fr. 28 cent. 12/21 qu'il enlève à l'autre bâtard, qui sans lui aurait eu 2,173 fr. 33 cent. 7/21.

### Article 4.

Dans l'hypothèse de l'article deux, il y a un autre enfant naturel reconnu hors mariage.

116. — Cet article se divise en deux paragraphes, suivant que l'enfant naturel reconnu durant mariage, l'a été durant le premier ou durant le second.

§ 1er *L'enfant naturel reconnu durant mariage a été reconnu durant le premier mariage.*

| | | |
|---|---|---|
| Un enfant legitime du premier mariage.... | 14,000 | 00 |
| Un enfant légitime du deuxième mariage.. | 13,125 | 00 |
| Epoux.......................... | 4,500 | 00 |
| Un enfant naturel reconnu hors mariage.. | 2,625 | 00 |
| Un enfant naturel reconnu durant le premier mariage..................... | 1,750 | 00 |

| | |
|---|---|
| Un enfant légitime du premier mariage. . | 9,716 66 6/9 |
| Deux enfans légitimes du second mariage. | 18,488 88 8/9 |
| Epoux.............................. | 4,000 00 |
| Un enfant naturel reconnu hors mariage. | 2,133 33 3/9 |
| Un enfant naturel reconnu durant le premier mariage..................... | 1,661 11 1/9 |
| Deux enfans légitimes du premier mariage | 19,433 33 3/9 |
| Un enfant légitime du second mariage. . . | 9,244 44 4/9 |
| Epoux........................... | 4,000 00 |
| Un enfant naturel reconnu hors mariage.. | 2,133 33 3/9 |
| Un enfant naturel reconnu durant le premier mariage..................... | 1,188 88 8/9 |

228. — *Premier compte.* — La portion disponible à l'égard de l'époux est de 4,500 fr., 1/2 de 9,000 fr.; déduisant ces 4,500 fr. de 36,000 fr., il reste 31,500 fr.; sur ces 31,500 fr., il faut déduire 1/9 ou 3,500 fr. qui reviennent, pour la supputation, à l'enfant naturel reconnu hors mariage, il reste 28,000 fr., dont la 1/2 ou 14,000 fr. forme la part de l'enfant légitime du premier mariage.

Pour connaître la part de l'enfant du second mariage qui concourt avec deux bâtards, on considèrera que chacun des deux enfans naturels a 1/12 de 31,500 fr. ou 2,625 fr., à eux deux 5,250 fr., que ces 5,250 déduits de 31,500 fr., laissent 26,250, dont la 1/2 pour l'enfant du second mariage est de 13,125 fr. Le bâtard reconnu hors mariage aura 2,625 fr., les 1,750 fr. de solde seront la part de l'enfant naturel reconnu durant le premier mariage; ils se composent 1° de 875 fr. qu'il enlève à l'enfant du second mariage, qui, sans cela, aurait eu 14,000 fr., 2° et de 875 fr. qu'il enlève à l'autre bâtard, qui, sans lui, aurait eu 3,500 fr.

*Deuxième compte.* — La part de l'époux est la 1/2 d'une part d'enfant.

Pour connaître le droit de l'enfant légitime du premier mariage, protégé par l'art. 337, on a procédé de la manière suivante:

Le second enfant naturel n'étant pas compté, il y a cinq enfans, compris l'époux. Le bâtard reconnu hors mariage a le 1/3 de 1/5 ou 1/15, soit 2,400 fr.; ôtant ces 2,400 fr. de 36,000 fr., il reste 33,600 fr., dont le 1/4 pour l'époux serait de 8,400 fr. si le disposant était majeur, mais qui se réduit à 1/8 ou 4,200 fr., à cause de l'art. 904; déduisant ces 4,200 de 36,000 fr., il reste 31,800 fr.; sur ces 31,800 fr., le bâtard reconnu hors mariage a 1/12 ou 2,650 fr.; déduisant encore ces 2,650 fr., il reste 29,150 fr., dont le 1/3 pour l'enfant du premier mariage est de 9716 fr. 66 6/9.

Mais les deux enfans du deuxième mariage, l'époux et le premier bâtard, celui qui a été reconnu hors mariage, concourent avec l'enfant naturel reconnu durant le premier mariage. Les deux bâtards auraient chacun le 1/3 de 1/6 ou 1/18, soit 2,000 fr., à eux deux 4,000 fr.; déduisant ces 4,000 fr. de 36,000 fr., il reste 32,000 fr., sur lesquels l'époux aurait 1/4 si le disposant était majeur, et où il n'a que 1/8 ou 4,000 fr., à cause de l'art. 904 fr.; déduisant ces 4,000 fr. de 36,000 fr., il reste 32,000 fr. Chaque bâtard a, l'époux une fois loti, 1/3 de 1/5 ou 1/15 de ces 32,000 fr., soit 2,133 fr. 33 3/9 à eux deux 4,266 66 6/9; déduisant ces 4,266 fr. 66 6/9 de 32,000 fr., il reste 27,733 fr. 33 3/9, dont les 2/3 pour les deux enfans du second mariage sont de 18,488 fr. 88 8/9, l'enfant naturel reconnu hors mariage ayant 2,133 fr. 33 3/9.

Le solde est de 1,661 fr. 11 1/9; il est attribué en entier au bâtard reconnu durant le premier mariage, et il se compose 1° de 944 fr. 44 4/9 qu'il enlève aux deux enfans du second mariage, qui, sans lui, auraient 19,433 fr. 33 3/9; 2° de 200 fr. qu'il enlève à l'époux, qui, sans lui, aurait 4,200 fr.; 3° et de 516 fr. 66 6/9 qu'il enlève à l'autre bâtard, qui, sans lui, aurait eu 2,650 fr.

*Troisième compte.* — Les deux enfans légitimes du premier mariage, qui ne concourent pas avec le bâtard reconnu durant leur mariage, ont deux fois les 9,716 fr. 66 1/9 qu'un seul enfant a, dans le second compte, soit 19,433 fr. 33 3/9. L'enfant du second mariage, qui concourt avec le second bâtard, a la 1/2 de ce que, dans le second compte, ont deux enfans de ce mariage, soit 9,244 fr. 44 4/9 ; l'époux et le bâtard reconnu hors mariage ont, comme dans le deuxième compte, le premier 4,000 fr. et le second 2,133 fr. 33 3/9.

Quant à l'enfant naturel reconnu durant le premier mariage; il a le solde s'élevant à 1,188 fr. 88 3/9 qui est formé 1° de 472 fr. 22 2/9 qu'il enlève à l'enfant légitime du second mariage, qui, sans lui, aurait 9,716 fr. 66 6/9 ; 2° de 200 fr. qu'il enlève à l'époux, qui, sans lui, aurait 4,200 fr. ; 3° et de 516 fr. 66 6/9 qu'il enlève à l'autre bâtard, qui, sans lui, aurait eu 2,650 fr.

229. — § 2. *L'enfant naturel reconnu durant mariage, l'a été durant le second mariage.*

| | | |
|---|---|---|
| Un enfant légitime du premier mariage.. | F. 13,125 00 | |
| Un enfant légitime du second mariage.... | 14,000 00 | |
| Epoux.......................... | 4,500 00 | |
| Un enfant naturel reconnu hors mariage.. | 2,625 00 | |
| Un enfant naturel reconnu durant le second mariage.................. | 1,750 00 | |
| Un enfant légitime du premier mariage. . | 9,244 44 | 4/9 |
| Deux enfans légitimes du second mariage. | 19,433 33 | 3/9 |
| Epoux.......................... | 4,200 00 | |
| Un enfant naturel reconnu hors mariage. | 2,133 33 | 3/9 |
| Un enfant naturel reconnu durant le second mariage.................. | 988 88 | 8/9 |
| Deux enfans légitimes du premier mariage.......................... | 18,488 88 | 8/9 |
| Un enfant légitime du second mariage... | 9,716 66 | 6/9 |
| Epoux.......................... | 4,200 00 | |
| Un enfant naturel reconnu hors mariage . | 2,133 33 | 3/9 |
| Un enfant naturel reconnu durant le second mariage.................. | 1,461 11 | 1/9 |

230. — Le premier compte est le même que le premier compte du § 1er, avec cette seule différence que les deux enfans légitimes changent entre eux de position et de droits.

*Deuxième compte.* — L'époux a la 1/2 d'une part d'enfant.

Les deux enfans légitimes du second mariage, protégés par l'art. 337, ont même somme que celle qui revient au troisième compte, § 1er, aux deux enfans légitimes du premier mariage, alors protégés par cet article, soit 19,433 fr. 33 3/9.

L'enfant légitime du premier mariage à qui l'art. 337 ne profite pas, a ici ce que l'enfant du second mariage a au troisième compte du § 1er, soit 9,244 fr. 44 4/9; l'époux a 4,200 f. et non 4,000 fr. comme au troisième compte du § 1er, parce qu'il ne concourt pas ici avec le 2me bâtard; l'enfant naturel reconnu hors mariage a toujours 2,133 fr. 33 3/9. Le solde, qui est de 988 fr. 88 8/9, appartient à l'enfant reconnu durant le second mariage, il ést inférieur de 200 fr. à ce qui revient à ce dernier au troisième compte du § 1er, parce que ici ce bâtard n'enlève pas 200 fr. à l'époux.

*Troisième compte.* — Ce troisième compte est à peu près le même que le second compte du § 1er, sauf quelques différences.

Les deux enfans du premier mariage dans le § 2 ont 18,488 f. 88 8/9, comme les deux enfans du second mariage, au deuxième compte du § 1er.

L'enfant du second mariage a 9,716 fr. 66 6/9, comme l'enfant légitime du premier mariage dans le deuxième compte du paragraphe premier.

L'époux a, dans le présent compte, 4,200 fr., à cause de l'art. 337, tandis qu'il n'avait que 4,000 fr. dans le second compte du § 1er.

Le bâtard reconnu hors mariage a toujours 2,133 fr. 33 1/9 parce que sa position reste la même.

Mais le bâtard reconnu durant le second mariage qui, dans le deuxième compte, § 1er, avait 1,661 fr. 11 1/9, n'a plus que 1,461 fr. 11 1/9, c'est-à-dire 200 fr. de moins, parce qu'il ne prend pas sur l'époux ces mêmes 200 fr.

### Article 3.

231. — Il y a des enfans légitimes des deux mariages, des enfans naturels reconnus durant chaque mariage et le don de l'art. 1098 fait à l'époux.

| | |
|---|---|
| Un enfant légitime du premier mariage... F. | 14,000 00 |
| Un enfant légitime du second mariage... | 14,000 00 |
| Epoux.......................... .. | 4,500 00 |
| Un enfant naturel reconnu durant le premier mariage.................... | 1,750 00 |
| Un enfant naturel reconnu durant le second mariage.................... | 1,750 00 |
| Un enfant légitime du premier mariage. . | 9,716 66 6/9 |
| Deux enfans légitimes du second mariage. | 19,433 33 3/9 |
| Epoux........................... | 4,200 00 |
| Un enfant naturel reconnu durant le premier mariage.... ·............... | 1,866 66 |
| Un enfant naturel reconnu durant le second mariage.................... | 782 33 3/9 |
| Deux enfans légitimes du premier mariage | 19,433 33 3/9 |
| Un enfant légitime du second mariage. . . | 9,716 66 6/9 |
| Epoux........................... | 4,200 00 |
| Un enfant naturel reconnu durant le premier mariage.................... | 1,083 33 3/9 |
| Un enfant naturel reconnu durant le second mariage.................... | 1,566 66 6/9 |

232. — *Premier compte.* — Chaque enfant légitime ne concourant qu'avec un époux réduit à la 1/2, et un seul enfant naturel a 14,000 fr., comme au premier compte de l'article 4 de la présente section, paragraphe 1 et 2.

L'époux a 4,500 fr. parce que son droit est fixé à la 1/2 de 1/4 et n'est pas une demi-part d'enfant.

Quant aux 3,500 fr. de solde, ils reviennent aux deux bâtards par moitié, parce qu'ils sont tous deux dans la même position.

*Deuxième compte.* — L'enfant légitime du premier mariage ne concourant qu'avec un bâtard a 9,716 fr. 66 cent. 6/9, comme au deuxième compte du paragraphe 1er, article 4, présente section.

Les deux enfans légitimes du deuxième mariage ne concourant qu'avec un seul enfant naturel ont 19,433 fr. 33 cent. 3/9 comme au deuxième compte du parapraphe 2 de l'article 4 de la présente section.

L'époux ne concourant qu'avec un seul enfant naturel a 4,200 fr. comme au deuxième compte, paragraphe 2, article 4 de la présente section.

Les droits des deux bâtards se trouvent considérablement modifiés; celui qui a été reconnu durant le 1er mariage a 1,866 fr. 66 cent. 6/9, composés: 1° de 1,566 fr. 66 cent. 6/9 qu'il enlève aux deux enfans légitimes du deuxième mariage qui sans lui auraient eu 21,000 fr.; 2° et de 300 fr. qu'il enlève à l'époux, qui sans lui aurait eu 4,500. Le bâtard qui a été reconnu durant le second mariage n'a que les 783 fr. 33 3/9 qu'il réduit sur l'enfant légitime du deuxième mariage.

*Troisième compte.* — Les deux enfans légitimes du premier mariage qui ne concourent qu'avec un bâtard ont 19,433 33 cent. 3/9, comme au troisième compte du paragraphe 1er, article 4 de la présente section.

L'enfant légitime du deuxième mariage qui ne concourt aussi qu'avec un bâtard a 9,716 fr. 66 cent. 6/9 comme au troisième compte, paragraphe 2, article 4 de la présente section.

L'époux ne concourant qu'avec un enfant naturel a 4,200 fr. comme dans le troisième compte, paragraphe 2, article 4 de la même section.

L'enfant naturel reconnu durant le premier mariage ne réduisant que l'enfant légitime du deuxième mariage de 783 fr. 33 cent. 3/9, et réduisant l'époux de 300 fr., n'a que 1083 33 cent. 3/9, et l'enfant naturel reconnu durant le deuxième mariage réduisant les deux enfans légitimes du premier mariage de 1,566 fr. 66 cent. 6/9, a pour lui cette dernière somme.

ARTICLE 6.

233. — Outre les enfans légitimes des deux mariages, des enfans naturels reconnus durant chaque mariage et le don de l'art. 1098 fait à l'époux, il existe un autre enfant naturel reconnu hors mariage.

| | |
|---|---|
| Un enfant légitime du premier mariage. F. | 13,125 00 |
| Un enfant légitime du deuxième mariage | 13,125 00 |
| Epoux | 4,500 00 |
| Un enfant naturel reconnu hors mariage | 2,100 00 |
| Un enfant naturel reconnu durant le premier mariage | 1,575 00 |
| Un enfant naturel reconnu durant le deuxième mariage | 1,575 00 |

| | |
|---|---|
| Un enfant légitime du premier mariage. | 9,244 44 28/63 |
| Deux enfans légitimes du deuxième mariage | 18,488 88 56/63 |
| Epoux | 4,000 00 |
| Un enfant naturel reconnu hors mariage | 1,785 71 27/63 |
| Un enfant naturel reconnu durant le premier mariage | 1,576 58 46/63 |
| Un enfant naturel reconnu durant le deuxième mariage | 904 36 32/63 |

| | |
|---|---|
| Deux enfans légitimes du premier mariage | 18.488 88 56/63 |
| Un enfant légitime du deuxième mariage | 9,244 44 28/63 |
| Epoux | 4,000 00 |
| Un enfant naturel reconnu hors mariage | 1,785 71 27/63 |
| Un enfant nature reconnu durant le premier mariage | 1,404 36 3263 |
| Un enfant naturel reconnu durant le deuxième mariage | 1,376 58 46/63 |

234. — *Premier compte.*

L'époux a 4,500 fr., parce que son droit est indépendant de l'existence et du nombre des enfans naturels.

Chaque enfant légitime concourant avec deux bâtards a 13,125 fr. comme au compte 1er, paragraphe 1 et 2, article 4 présente section.

L'enfant naturel reconnu hors mariage obtient 2,100 fr., parce que concourant avec deux autres bâtards il n'a que le 1/3 du 1/5 ou 1/15 de 31,500 fr.

Le solde, qui est de 3,150 fr., appartient par moitié aux deux autres bâtards qui, par là, ont chacun 1,575 fr.

Ces 1,575 fr. se composent : 1° de 700 fr. 1/2 de 1,400 fr. que les deux bâtards reconnus durant mariage enlèvent à celui qui a été reconnu hors mariage et qui aurait eu, sans eux, 3,500 fr., et de 875 fr. que chaque bâtard reconnu durant mariage réduit sur un enfant légitime, qui sans lui aurait eu 14,000 fr.

*Deuxième compte.* — La part de l'époux est une demi-part d'enfant.

L'enfant légitime du premier mariage concourant avec deux enfans naturels, a 9,244 fr. 44 28/63, comme au deuxième compte, § 2, art. 4 de la présente section.

Les deux enfans légitimes du second mariage concourant avec deux enfans naturels, ont 18,488 fr. 88 56/63, comme au deuxième compte, § 1er, art. 4 de la même section.

L'époux concourant avec deux bâtards a 4,000 fr., comme aux deuxième et troisième comptes, § 1er, art. 4 de cette même section.

L'enfant naturel reconnu hors mariage n'ayant que le 1/18 de 32,142 fr. 85 15/21 qui restent de 36,000 fr., après qu'on en a déduit 3,857 fr. 14 6/21 qui reviendraient seulement à l'époux au cas où il concourrait avec les trois bâtards, n'obtient que 1785 fr. 71 27/63.

L'enfant naturel reconnu durant le premier mariage obtient 1,576 fr. 58 48/63 qu'il enlève, savoir : 1° 944 fr. 44 28/63 aux deux enfans légitimes du second mariage, qui, sans lui, auraient eu 19,433 fr. 33 21/63 ; 2° 200 fr. à l'époux réputé 1/2 enfant légitime du second mariage, 3° et 432 fr. 14 18/63 1/2 de 864 fr. 28 36/63 que les deux bâtards reconnus durant mariages enlèvent à celui qui a été reconnu hors mariage, et qui, sans eux, aurait 2,650 fr.

L'enfant naturel reconnu durant le second mariage a 904 fr. 36 32/63, composés 1° de 472 fr. 22 14/63 qu'il enlève à l'enfant légitime du premier mariage qui sans lui aurait eu 9716 fr. 66 42/63; 2° et de 472 fr. 22 14/63, 1/2 des 864 fr. 28 36/63 enlevés au bâtard reconnu hors mariage, comme il a été dit.

*Troisième compte.* — Il ressemble beaucoup au second. Le premier mariage ayant produit deux enfans au lieu d'un seul, ces deux enfans ont tout naturellement le double de ce qu'un enfant du premier mariage avait dans le second compte, soit 18,488 fr. 88 56/63.

Le second mariage n'ayant produit qu'un seul enfant, cet enfant ne peut avoir que la 1/2 de ce qu'avaient deux enfans dans le second compte, soit 9,244 fr. 44 28/63.

L'époux concourant avec deux enfans naturels n'a que 4,000 fr., comme aux deuxième et troisième comptes du § 1er, art. 4 de la présente section.

L'enfant naturel reconnu hors mariage a, comme au deuxième compte, 1,785 fr. 71 27/63.

La répartition des 2,480 fr. 95 15/63 de solde entre les deux bâtards reconnus durant mariage, est bien différente de celle du deuxième compte.

L'enfant naturel reconnu durant le premier mariage a 1,104 fr. 36 32/63, formés 1° de 472 fr. 22 14/63 qu'il enlève à l'enfant du deuxième mariage qui sans lui aurait 9716 fr. 66 42/63; 2° de 200 fr. qu'il enlève à l'époux réputé 1/2 enfant du second mariage, qui, sans lui, aurait 4,200 fr., 3° et de 432 fr. 14 18/63, 1/2 des 864 fr. 28 36/63, que les deux bâtards reconnus durant mariage enlèvent, par moitié chacun, au bâtard reconnu hors mariage.

L'enfant naturel reconnu durant le second mariage a 1376 fr. 58 46/63, composés 1° de 944 fr. 44 28/63 qu'il enlève aux deux enfans du premier mariage, qui, sans lui, auraient 19,433 fr. 33 21/63; 2° et de 432 fr. 14 18/63. 1/2 des 864 fr. 28 36/63, enlevés à l'enfant naturel reconnu hors mariage.

# TITRE X.

*Fixation de la réserve et de la portion disponible, lorsqu'il y a des enfans légitimes et naturels, le don de l'article 1098 fait à l'époux, et le don de l'article 913 fait à un autre.*

## Question.



235. — Toutes les fois qu'il existe deux libéralités, on doit considérer quelle est la plus forte quotité disponible, et exécuter les deux dons dans le cadre de la plus grande, en ne donnant à chacun des donataires que ce qu'il a la capacité de recevoir d'après la loi. Voilà le principe : nous l'avons vu.

## CHAPITRE PREMIER.

*L'article 337 Code civil ne s'applique pas.*

## Questions.

236. — Trois positions diverses se présentent : ou l'époux prime le donataire, ou il est primé par lui, ou il concourt avec lui.

Si l'époux prime le donataire, on calculera son droit, comme si un don postérieur n'avait pas été fait à un autre. S'il reste quelque chose que l'époux n'ait pas la capacité de recevoir, sur la quotité disponible de l'art. 913, qui est égale, dans un seul cas, et dans tous les autres supérieure à celle de l'art. 1098, il sera attribué au donataire.

Si donc l'époux est primé par le donataire, il ne recevra rien.

Au cas de concours, pour faire une répartition équitable, on fixera le chiffre du don fait à l'époux comme s'il était seul, celui du don fait à l'étranger, aussi comme s'il était seul, on partagera par moitié la partie commune, et on attribuera la partie non commune à celui qui a la plus forte quotité disponible.

## SECTION Ire.

### *Le disposant est majeur.*

237. — Art. 1er. *L'époux prime le donataire.*

| | | | | | | | |
|---|---|---|---|---|---|---|---|
| 1 enfant legitime.. | 16666 | 66 | 4/6 | 2 enfans légitimes. | 22222 | 22 | 2/9 |
| 1 enfant naturel... | 3333 | 33 | 2/6 | 1 enfant naturel.. | 2777 | 77 | 7/9 |
| Epoux.......... | 9000 | 00 | | Epoux........... | 9000 | 00 | |
| Donataire........ | 7000 | 00 | | Donataire........ | 2000 | 00 | |
| 1 enfant légitime.. | 16333 | 33 | 3/9 | 2 enfans légitimes. | 20833 | 33 | 4/12 |
| 2 enfans naturels.. | 4666 | 66 | 6/9 | 2 enfans naturels.. | 4166 | 66 | 8/12 |
| Epoux.......... | 9000 | 00 | | Epoux........... | 9000 | 00 | |
| Donataire........ | 6000 | 00 | | Donataire........ | 2000 | 00 | |
| 1 enfant légitime.. | 15750 | 00 | | 2 enfans légitimes. | 20000 | 00 | |
| 3 enfans naturels.. | 5250 | 00 | | 3 enfans naturels.. | 5000 | 00 | |
| Epoux.......... | 9000 | 00 | | Epoux........... | 9000 | 00 | |
| Donataire........ | 6000 | 00 | | Donataire........ | 2000 | 00 | |
| 1 enfant légitime.. | 15400 | 00 | | 2 enfans légitimes. | 19444 | 44 | 8/18 |
| 4 enfans naturels.. | 5600 | 00 | | 4 enfans naturels.. | 5555 | 55 | 10/18 |
| Epoux.......... | 9000 | 00 | | Epoux........... | 9000 | 00 | |
| Donataire........ | 6000 | 00 | | Donataire........ | 2000 | 00 | |

| | | | | | |
|---|---|---|---|---|---|
| 3 enfans légitimes. | 24750 00 | | 4 enfans légitimes. | 25200 00 | |
| 1 enfant naturel... | 2250 00 | | 1 enfant naturel... | 1800 00 | |
| Epoux............. | 8400 00 | | Epoux............ | 6800 00 | |
| Donataire......... | 600 00 | | Donataire......... | 2200 00 | |
| 3 enfans légitimes. | 23400 00 | | 4 enfans légitimes. | 24000 00 | |
| 2 enfans naturels.. | 3600 00 | | 2 enfans naturels.. | 3000 00 | |
| Epoux............. | 8000 00 | | Epoux............ | 6514 28 | 12/21 |
| Donataire......... | 1000 00 | | Donataire......... | 2485 71 | 9/21 |
| 3 enfans légitimes. | 22500 00 | | 4 enfans légitimes. | 23142 85 | 15/21 |
| 3 enfans naturels.. | 4500 00 | | 3 enfans naturels.. | 3857 14 | 6/21 |
| Epoux............ | 7714 28 | 12/21 | Epoux ........... | 6300 00 | |
| Donataire ........ | 1285 71 | 9/21 | Donataire ...... . | 2700 00 | |
| 3 enfans légitimes. | 21857 15 | 6/21 | 4 enfans légitimes. | 22500 00 | |
| 4 enfans naturels.. | 5142 85 | 15/21 | 4 enfans naturels.. | 4500 00 | |
| Epoux............ | 7500 00 | | Epoux............ | 6133 33 | 9/27 |
| Donataire......... | 1500 00 | | Donataire......... | 2866 66 | 18/27 |

238. — Dans les huit premiers comptes la portion disponible à l'égard de l'époux est de 9,000 fr., parce qu'il n'y a qu'un ou deux enfans légitimes; c'est pourquoi il reste pour le donataire 7,000 fr. dans le premier compte, 6,000 fr. dans le deuxième, le troisième et le quatrième, et 2,000 fr. dans les cinquième, sixième, septième et huitième. Dans les huit autres comptes la plus grande portion disponible est celle du donataire qui est toujours de 1/4 ou 9,000 fr., c'est pourquoi l'époux ayant moins que le donataire en disponible, il reste quelque chose pour ce donataire.

On remarquera de plus que dans les huit derniers comptes la part de l'époux dépasse une part d'enfant; cette différence, dont nous avons donné les motifs au titre VIII, chap. Ier, n° 183, provient de ce qui reste pour le donataire, en sorte que c'est ce donataire qui réduit les enfans légitimes et non l'époux.

Expliquons maintenant le mode de procéder que nous avons employé pour arriver à ces comptes:

Dans les huit premiers comptes la portion disponible étant fixée à 16,000 fr., 15,000 fr. ou 11,000 fr., sans mélange de part d'enfant, on a déduit chacune de ces sommes de la succession totale (36,000 fr.), et le solde montant à 20,000 fr. dans le premier compte, 21,000 fr. dans les deuxième, troisième et quatrième, et à 25,000 fr. dans les cinquième, sixième, septième et huitième comptes, s'est partagé entre les enfans légitimes et naturels comme une succession *ab intestat.*

Dans les autres comptes, la qualité de part d'enfant qu'a le droit de l'époux, a forcément introduit des modifications, car il a fallu avant tout déterminer cette part d'enfant, tout comme si ce don postérieur fait à l'étranger n'eut pas eu lieu; cette part, qui est le droit de l'époux, une fois fixée, on attribue nécessairement au donataire postérieur le complément nécessaire pour parfaire le 1/4 ou 9,000 fr. disponibles en faveur de ce donataire; par là on connaît le droit de l'époux et de ce même donataire. On déduit ensuite ces 9,000 fr., plus fort disponible, sur toute la succession (36,000 fr.), et on partage les 27,000 fr. de solde entre les enfans légitimes et naturels comme une succession *ab intestat.*

Article 2.

Le donataire prime l'époux.

239. — Puisque la portion disponible en faveur du donataire est égale, dans un seul cas, et supérieure dans tous les autres au droit de l'époux, il s'ensuit que si le donataire prime l'époux, l'époux ne doit rien avoir.

Dans cette position, les droits des enfans légitimes et naturels restent les mêmes, le donataire prend seul les 16,000 fr., 15,000 fr., 11,000 fr. ou 9,000 fr. disponibles, et l'époux n'a rien.

240.—

| | | | | |
|---|---|---|---|---|
| 1 enfant légitime.. | 16666 66 1/6 | | 1 enfant légitime.. | 15750 00 |
| 1 enfant naturel... | 5333 33 2/6 | | 3 enfans naturels.. | 5250 00 |
| Donataire........ | 16000 00 | | Donataire........ | 15000 00 |
| Epoux............ | Rien. | | Epoux............ | Rien. |
| 1 enfant légitime.. | 16333 33 3/9 | | 1 enfant légitime.. | 15400 00 |
| 2 enfans naturels.. | 4666 66 6/9 | | 4 enfans naturels.. | 5600 00 |
| Donataire......... | 15000 00 | | Donataire......... | 15000 00 |
| Epoux........... | Rien. | | Epoux............ | Rien. |

2 enfans légitimes. 22222 22 2/9
1 enfant naturel... 2777 77 7/9
Donataire......... 11000 00
Epoux.. ......... Rien.

2 enfans légitimes. 20833 33 4/12
2 enfans naturels.. 4166 66 8/12
Donataire......... 11000 00
Epoux........... Rien.

2 enfans légitimes. 20000 00
3 enfans naturels.. 5000 00
Donataire......... 11000 00
Epoux........... Rien.

2 enfans légitimes. 19444 44 8/18
4 enfans naturels.. 5555 55 10/18
Donataire......... 11000 00
Epoux........... Rien.

3 enfans légitimes. 24750 00
1 enfant naturel... 2250 00
Donataire......... 9000 00
Epoux........... Rien.

3 enfans légitimes. 23400 00
2 enfans naturels.. 3600 00
Donataire......... 9000 00
Epoux........... Rien.

3 enfans légitimes. 22500 00
3 enfans naturels.. 4500 00
Donataire......... 9000 00
Epoux........... Rien.

3 enfans légitimes. 21857 14 6/21
4 enfans naturels.. 5142 85 15/21
Donataire......... 9000 00
Epoux........... Rien.

4 enfans légitimes. 23200 00
1 enfant naturel... 1800 00
Donataire......... 9000 00
Epoux. ......... Rien.

4 enfans légitimes. 24000 00
2 enfans naturels.. 3000 00
Donataire......... 9000 00
Epoux........... Rien.

4 enfans légitimes. 23142 85 15/21
3 enfans naturels. 3857 14 6/21
Donataire......... 9000 00
Epoux.... ....... Rien.

4 enfans légitimes. 22500 00
4 enfans naturels.. 4500 00
Donataire....... . 9000 00
Epoux........... Rien.

## Article 3.

241. — Ils sont en concours.

1 enfant légitime.. 16666 66 4/6
1 enfant naturel... 3333 33 2/6
Epoux...... 9000 4500 00
Donataire... 16000 11500 00

1 enfant légitime.. 16333 33 3/9
2 enfans naturels.. 4666 66 6/9
Epoux...... 9000 4500 00
Donataire... 15000 10500 00

1 enfant légitime.. 15750 00
3 enfans naturels.. 5250 00
Epoux...... 9000 4500 00
Donataire... 15000 10500 00

1 enfant légitime.. 15400 00
4 enfans naturels.. 5600 00
Epoux...... 9000 4500 00
Donataire... 15000 10500 00

2 enfans légitimes. 22222 22 2/9
1 enfant naturel .. 2777 77 7/9
Epoux...... 9000 4500 00
Donataire... 11000 6500 00

2 enfans légitimes. 20833 33 4/12
2 enfans naturels.. 4166 66 8/12
Epoux...... 9000 4500 00
Donataire .. 11000 6500 00

| | | | |
|---|---|---|---|
| 2 enfans légitimes. | | 20000 00 | |
| 3 enfans naturels.. | | 5000 00 | |
| Epoux...... | 9000 | 4500 00 | |
| Donataire... | 11000 | 6500 00 | |

| | | | |
|---|---|---|---|
| 3 enfans légitimes. | | 21857 14 | 6/21 |
| 4 enfans naturels.. | | 5142 85 | 15/21 |
| Epoux...... | 7500 | 3750 00 | |
| Donataire... | 9000 | 5250 00 | |

| | | | |
|---|---|---|---|
| 2 enfans légitimes. | | 19444 44 | 8/18 |
| 4 enfans naturels.. | | 5555 55 | 10/18 |
| Epoux...... | 9000 | 4500 00 | |
| Donataire... | 11000 | 6500 00 | |

| | | | |
|---|---|---|---|
| 4 enfans légitimes. | | 25200 00 | |
| 1 enfant naturel... | | 1800 00 | |
| Epoux...... | 6800 | 3400 00 | |
| Donataire... | 9000 | 5600 00 | |

| | | | |
|---|---|---|---|
| 3 enfans légitimes. | | 24750 00 | |
| 1 enfant naturel... | | 2250 00 | |
| Epoux...... | 8400 | 4200 00 | |
| Donataire... | 9000 | 4800 00 | |

| | | | |
|---|---|---|---|
| 4 enfans légitimes. | | 24000 00 | |
| 2 enfans naturels.. | | 3000 00 | |
| Epoux. | 6514 28 2,5 | 3257 14 | 1/5 |
| Donat.. | 9000 | 5742 85 | 4/5 |

| | | | |
|---|---|---|---|
| 3 enfans légitimes. | | 23400 00 | |
| 2 enfans naturels.. | | 3600 00 | |
| Epoux...... | 8000 | 4000 00 | |
| Donataire... | 9000 | 5000 00 | |

| | | | |
|---|---|---|---|
| 4 enfans légitimes. | | 23142 85 | 15/21 |
| 3 enfans naturels.. | | 3857 14 | 6/21 |
| Epoux...... | 6300 | 3150 00 | |
| Donataire... | 9000 | 5850 00 | |

| | | | |
|---|---|---|---|
| 3 enfans légitimes. | | 22500 00 | |
| 3 enfans naturels.. | | 4500 00 | |
| Epoux | 7714 28 12/21 | 3857 14 | 6/21 |
| Donat. | 9000 | 5142 85 | 15/21 |

| | | | |
|---|---|---|---|
| 4 enfans légitimes. | | 22500 00 | |
| 4 enfans naturels.. | | 4500 00 | |
| Epoux. | 6133 33 1/3 | 3066 66 | 2/3 |
| Donat.. | 9000 | 5933 33 | 1/3 |

242. — Toute la différence qui se trouve entre le présent article 3 et les deux premiers articles provient du concours entre l'époux et le donataire, dont nous avons dit déjà les conditions et les exigences. Les comptes des enfans légitimes et naturels restent les mêmes.

## SECTION II.

### *Le disposant est mineur de 16 ans.*

#### Article 1er.

243. — L'époux prime le donataire.

| | | |
|---|---|---|
| 1 enfant légitime.. | 23333 33 | 2/6 |
| 1 enfant naturel... | 4666 66 | 4/6 |
| Epoux........... | 4500 00 | |
| Donataire......... | 3500 00 | |

| | | |
|---|---|---|
| 1 enfant légitime.. | 21375 00 | |
| 3 enfans naturels.. | 7125 00 | |
| Epoux........... | 4500 00 | |
| Donataire......... | 3000 00 | |

| | | |
|---|---|---|
| 1 enfant légitime.. | 22166 66 | 6/9 |
| 2 enfans naturels.. | 6333 33 | 3/9 |
| Epoux........... | 4500 00 | |
| Donataire......... | 3000 00 | |

| | | |
|---|---|---|
| 1 enfant légitime.. | 26900 00 | |
| 4 enfans naturels.. | 7600 00 | |
| Epoux........... | 4500 00 | |
| Donataire......... | 3000 00 | |

| | | | | | | | |
|---|---|---|---|---|---|---|---|
| 2 enfans légitimes. | 27111 | 11 | 1/9 | 3 enfans légitimes. | 26250 | 00 | |
| 1 enfant naturel... | 3388 | 88 | 8/9 | 3 enfans naturels.. | 5250 | 00 | |
| Epoux........... | 4500 | 00 | | Epoux........... | 3857 | 14 | 6/21 |
| Donataire........ | 1000 | 00 | | Donataire........ | 642 | 85 | 15/21 |
| 2 enfans légitimes. | 23416 | 66 | 8/12 | 3 enfans légitimes. | 23500 | 00 | |
| 2 enfans naturels.. | 5083 | 33 | 4/12 | 4 enfans naturels.. | 6000 | 00 | |
| Epoux........... | 4500 | 00 | | Epoux ........... | 3750 | 00 | |
| Donataire........ | 1000 | 00 | | Donataire........ | 750 | 00 | |
| 2 enfans légitimes. | 24400 | 00 | | 4 enfans légitimes. | 29400 | 00 | |
| 3 enfans naturels.. | 6100 | 00 | | 1 enfant naturel... | 2100 | 00 | |
| Epoux........... | 4500 | 00 | | Epoux........... | 3400 | 00 | |
| Donataire........ | 1000 | 00 | | Donataire........ | 1100 | 00 | |
| 2 enfans légitimes. | 23722 | 22 | 4/18 | 4 enfans légitimes. | 28000 | 00 | |
| 4 enfans naturels.. | 6777 | 77 | 14/18 | 2 enfans naturels.. | 3500 | 00 | |
| Epoux........... | 4500 | 00 | | Epoux........... | 3257 | 14 | 1/5 |
| Donataire........ | 1000 | 00 | | Donataire........ | 1242 | 85 | 4/5 |
| 3 enfans légitimes. | 28875 | 00 | | 4 enfans légitimes. | 27000 | 00 | |
| 1 enfant naturel... | 2625 | 00 | | 3 enfans naturels.. | 4500 | 00 | |
| Epoux........... | 4200 | 00 | | Epoux........... | 3150 | 00 | |
| Donataire........ | 300 | 00 | | Donataire........ | 1350 | 00 | |
| 3 enfans légitimes | 29400 | 00 | | 4 enfans légitimes. | 26250 | 00 | |
| 2 enfans naturels.. | 2100 | 00 | | 4 enfans naturels.. | 5250 | 00 | |
| Epoux........... | 4000 | 00 | | Epoux........... | 3066 | 66 | 2/3 |
| Donataire........ | 500 | 00 | | Donataire........ | 1433 | 33 | 1/3 |

244. — Pour obtenir ces résultats, nous n'avons fait autre chose que prendre, à l'art. 1er de la 1re section du présent chapitre, la 1/2 des droits de l'époux et de ceux du donataire; nous avons déduit de la succession (36,000 fr.) cette moitié, et nous avons partagé l'excédant entre les enfans légitimes et naturels, comme une succession *ab intestat*.

### Article 2.

Le donataire prime l'époux.

245. — Tous les comptes restent les mêmes pour les enfans légitimes et naturels, il n'y a de différence qu'entre l'époux et le donataire.

246.— Le donataire a toute la portion disponible, parce que la quotité dont on a pu disposer en sa faveur est égale ou supérieure à celle de l'époux ; ainsi dès qu'il prime ce dernier, il a tout le disponible, et l'époux n'a rien et ne peut rien avoir.

### Article 3.

Ils sont en concours.

247. — Les comptes restent les mêmes pour les enfans légitimes et naturels, la différence existe seulement dans la répartition de la portion disponible :

| | |
|---|---|
| Ainsi dans le 1er compte, l'époux a...... F. | 2,250 00 |
| » et le donataire. . | 5,750 00 |
| Dans les 2e, 3e et 4e comptes, l'époux a.. | 2,250 00 |
| » et le donataire. .. | 5,250 00 |
| Dans les 5e, 6e, 7e et 8e comptes, l'époux | 2,250 00 |
| » et le donataire. . | 3,250 00 |
| Dans le 9e compte, l'époux a.......... | 2,100 00 |
| » et le donataire...... | 2,400 00 |
| Dans le 10e compte, l'époux a......... | 2,000 00 |
| » et le donataire..... | 2,500 00 |
| Dans le 11e compte, l'époux a......... | 1,928 57 3/21 |
| » et le donataire..... | 2,571 42 8/21 |
| Dans le 12e compte, l'époux a......... | 1,875 00 |
| » et le donataire..... | 2,625 00 |
| Dans le 13e compte, l'époux a....... .. | 1,700 00 |
| » et le donataire..... | 2,800 00 |
| Dans le 14e compte, l'époux a......... | 1,628 57 1/10 |
| » et le donataire..... | 2,871 42 9/10 |

| | |
|---|---|
| Dans le 15e compte, l'époux a......... | 1,575 00 |
| » et le donataire..... | 2,925 00 |
| Dans le 16e compte, l'époux a. ....... | 1,533 33 1/3 |
| » et le donataire..... | 2,966 66 2/3 |

248. — La raison de cette répartition est dans le concours d'un côté et dans les droits qu'auraient l'époux et le donataire, si le don de chacun d'eux était le seul.

Ainsi, dans le premier compte, l'époux aurait droit à 4,500 fr., et le donataire à 8,000 fr.

Dans les deuxième, troisième et quatrième comptes, l'époux aurait droit à 4,500 fr., et le donataire a 7,500 fr.

Dans les cinquième, sixième, septième et huitième comptes, l'époux aurait droit à 4.500 fr., et le donataire à 5.500 fr.

Dans les huit autres comptes, le donataire aurait droit à 4,500 fr. ; mais l'époux n'aurait droit qu'à 4,200 fr. dans le neuvième compte (le premier des huit derniers); qu'à 4,000 fr. dans le dixième; qu'à 3,857 fr. 14 6/21 dans le onzième: qu'à 3,750 fr. dans le douzième; qu'à 3,400 fr. dans le treizième ; qu'à 3,257 fr. 14 1/5 dans le quatorzième ; qu'à 3,150 fr. dans le quinzième, et qu'à 3,066 fr. 66 3/3 dans le seizième.

## CHAPITRE II.

*L'art.* 337 *Code civil s'applique.*

—

## Questions.

249. — Division du chapitre.

### SECTION 1re.

*Le disposant est majeur.*

ART. 1er. — *Il existe des enfans du premier mariage, des enfans naturels reconnus durant ce mariage, l'époux de l'art.* 1098. *et le donataire dont il a été question.*

250. — § 1er. L'époux prime le donataire.
251. — Raison des comptes.
252. — § 2. Le donataire prime l'époux.
253. — § 3. Ils sont en concours.

**Art. 2.** — *Il existe des enfans des deux mariages et des enfans naturels reconnus durant l'un de ces mariages, outre l'époux et le donataire.*

§ 1er. — L'enfant naturel a été reconnu durant le premier mariage.

254. — No 1. L'époux prime le donataire.
255. — No 2. Le donataire prime l'époux.
256. — No 3. Ils sont en concours.

§ 2. — L'enfant naturel a été reconnu durant le second mariage.

257. — No 1. L'époux prime le donataire.
258. — No 2 Le donataire prime l'époux.
259. — No 3. Ils sont en concours.

**Art. 3.** — *Dans le cas de l'article 1er, il y a un autre enfant naturel reconnu hors mariage.*

260. — § 1er. L'époux prime le donataire.
261. — Raison des calculs.
262. — § 2. Le donataire prime l'époux.
263. — § 3. Ils sont en concours.

**Art. 4.** — *Au cas de l'art. 2, il y a en outre un enfant naturel reconnu hors mariage.*

§ 1er. — Le bâtard reconnu durant le mariage, l'a été durant le premier.

264. — No 1. L'époux prime le donataire.
265. — No 2. Le donataire prime l'époux.
266. — No 3. Ils sont en concours.

§ 2. — Ce bâtard a été reconnu durant le second mariage.

267. — No 1. L'époux prime le donataire.
268. — No 2. Le donataire prime l'époux
269. — No 3. Ils sont en concours.

**Art. 5.** — *Il y a des enfans légitimes des deux mariages, des enfans naturels reconnus durant chaque mariage, le don de l'art. 1098 fait à l'époux, et le don de l art. 913 fait à un autre.*

270. — § 1er. L'époux prime le donataire.
271. — § 2. Le donataire prime l'époux.
272. — § 3. Ils sont en concours.

**Art. 6.** — *Au cas de l article 5. il y a un autre enfant naturel reconnu hors mariage.*

273. — § 1er. L'époux prime le donataire.
274. — § 2. Le donataire prime l'époux.
275. — § 3. Ils sont en concours.

## SECTION 2e.

*Le disposant est mineur de 16 ans.*

276. — Renvoi à la première section. — Intention de l'auteur dans ce renvoi.

249. — Ce chapitre se divise encore en deux sections suivant que le disposant est majeur ou mineur de seize ans.

## SECTION Ire.

### *Le disposant est majeur.*

Cette section se divise en six articles.

#### ARTICLE PREMIER.

Il existe des enfans légitimes du premier mariage, des enfans naturels reconnus durant ce mariage, l'époux de l'art. 1098 et le donataire dont il a été parlé.

Toutes les fois que ces deux dons existent, il peut se présenter trois cas, car l'époux prime le donataire, est primé par lui ou concourt avec lui.

#### § 1er. — *L'époux prime le donataire.*

| | |
|---|---|
| Un enfant légitime du premier mariage..... | F. 18,000 00 |
| Epoux............................ | 9,000 00 |
| Donataire......................... | 7,000 00 |
| Un enfant naturel reconnu durant le premier mariage......................... | 2,000 00 |
| Deux enfans légitimes du premier mariage... | 24,000 00 |
| Epoux............................ | 9,000 00 |
| Donataire......................... | 2,000 00 |
| Un enfant naturel reconnu durant le premier mariage......................... | 1,000 00 |
| Trois enfans légitimes du premier mariage... | 27,000 00 |
| Epoux............................ | 8,400 00 |
| Donataire......................... | 600 00 |
| Un enfant naturel reconnu durant le premier mariage......................... | rien. |

251. — Les droits des enfans légitimes sont calculés comme s'il n'y avait pas d'enfant naturel, et il doit en être ainsi.

Dans le premier compte, la plus grande quotité disponible

étant, pour le donataire, qui n'est pas protégé par l'art. 337, de 16,000 fr., et l'époux en prenant 9,000 fr., il reste 7,000 fr. pour le donataire. Le bâtard a les 2,000 fr. dont il réduit le plus grand disponible.

Dans le deuxième compte, le plus grand disponible pour le donataire étant de 11,000 fr., l'époux en prenant 9,000 fr., il en reste 2,000 fr. pour ce donataire, et le bâtard a les 1,000 fr. qu'il réduit sur ce plus grand disponible.

Dans le troisième compte l'époux n'a que 8,400 fr. au lieu 9,000 fr., parce qu'il concourt avec un bâtard. Sur le plus grand disponible qui est de 9,000 fr. pour le donataire, il reste 600 fr. qui reviennent à ce dernier et non à l'enfant naturel qui n'a rien, parce que la portion disponible en faveur du donataire n'est pas une part d'enfant, qu'elle ne peut plûs descendre au-dessous de 9,000 fr., et que par conséquent ce donataire est dans la position où il serait s'il était protégé, comme l'enfant légitime par l'art. 337, puisque le bâtard n'influe pas sur lui, comme il fait sur l'époux.

On trouvera peut-être que nous nous contredisons. En effet, nous avons dit que ce dont un bâtard réduisait les droits d'un autre co-partageant lui restait à lui-même, et ici nous faisons profiter le donataire des 600 fr. que le concours du bâtard enlève à l'époux. Mais, qu'on le remarque, pourquoi le faisons-nous? parce que l'époux n'a pas la capacité de recevoir plus de 8,400 fr., que la portion disponible en faveur du donataire est de 9,000 fr., et que trouvant encore 600 fr. libres sur cette portion, parce que l'époux ne peut lui enlever davantage par sa priorité, ces 600 fr. lui restent forcément à lui, donataire. Puis, qu'on y réfléchisse, dans le cas ou le donataire prime l'époux, par exemple, au troisième compte du paragraphe 2 du présent article, le donataire qui prime l'époux ne prend-il pas ces 600 fr. en prenant en entier les 9,000 fr. disponibles? est-ce qu'il est logique que, dans ce dernier cas le donataire prenant 9,000 fr. sans rien laisser au bâtard, il ne prenne pas les 600 fr., complément des 9,000 fr. dans le premier cas? est-ce que le bâtard a quelque chose à démêler entre les deux donataires et à s'inquiéter si l'un prime l'autre ou est primé par lui? toutes ces questions sont pour lui indifférentes; un principe demeure seul, savoir : que le disponible pour le donataire étant de 9,000 fr. et ne pouvant descendre plus bas, ce donataire est comme protégé par l'art. 337.

### § 2. — *Le donataire prime l'époux.*

252.—Un enfant légitime du premier mariage F. 18,000 00
Donataire.......................... 16,000 00
Epoux.......................... rien.
Un enfant naturel reconnu durant le premier mariage.......................... 2,000 00

Deux enfans légitimes du premier mariage... 24,000 00
Donataire.......................... 11,000 00
Epoux.......................... rien.
Un enfant naturel reconnu durant le premier mariage.......................... 1,000 00

Trois enfans légitimes du premier mariage... 27,000 00
Donataire.......................... 9,000 00
Epoux.......................... rien.
Un enfant naturel reconnu durant le premier mariage.......................... rien.

Dans ces trois comptes l'époux n'a rien parce que le plus fort disponible qui est celui du donataire est pris par ce dernier, en sorte que ce que le bâtard réduit sur le donataire dans les premier et deuxième comptes ne profite qu'à lui et non à l'époux dont les droits sont caducs et comme nuls.

### § 3. — *L'époux et le donataire sont en concours.*

Un enfant légitime du premier mariage..... F. 18,000 00
Epoux 9,000 fr.......................... 4,500 00
Donataire 16,000 fr.......................... 11,500 00
Un enfant naturel reconnu durant le premier mariage.......................... 2,000 00

| | |
|---|---|
| Deux enfans légitimes du premier mariage.. . | 24,000 00 |
| Epoux 9,000 fr. ...................... | 4,500 00 |
| Donataire 11,000 fr. .................... | 6,500 00 |
| Un enfant naturel reconnu durant le premier mariage. ......................... | 1,000 00 |
| Trois enfans légitimes du premier mariage.. . | 27,000 00 |
| Epoux 8,400 fr. ...................... | 4,200 00 |
| Donataire 9,000 fr.. ........ .......... | 4,800 00 |
| Un enfant naturel reconnu durant le premier mariage. ......................... | rien. |

Dans ces trois comptes les droits des enfans légitimes et naturels sont les mêmes ; le concours de l'époux et du donataire introduit des différences entr'eux seulement.

Nous n'avons porté le donataire, dans les éléments du compte du concours que pour le disponible qu'il a avec un enfant naturel (premier et deuxième comptes), l'époux ne peut s'en plaindre ; notre mode de vider le concours fait supporter la réduction opérée par le bâtard sur ce donataire seul, parce qu'il a la plus grande portion disponible, en sorte que cette réduction n'atteint en rien l'époux.

### Article 2.

Il existe des enfans légitimes des deux mariages, des enfans naturels reconnus durant un de ces mariages outre l'époux et le donataire.

Cet article se divise en deux paragraphes, suivant que l'enfant naturel a été reconnu durant le premier mariage ou durant le second.

#### § 1er. — *L'enfant naturel a été reconnu durant le premier mariage.*

Ce paragraphe se divise en trois numéros, suivant que l'époux prime le donataire, est primé par lui ou concourt avec lui.

254. — N° 1. *L'époux prime le donataire.*

| | | |
|---|---|---|
| Un enfant légitime du premier mariage.. | F. 12,000 00 | |
| Un enfant légitime du deuxième mariage. | 11,111 11 | 1/9 |
| Epoux.......................... | 9,000 00 | |
| Donataire...................... | 2,000 00 | |
| Un enfant naturel reconnu durant le premier mariage.................. | 1,888 88 | 8/9 |
| Un enfant légitime du premier mariage.. | 9,000 00 | |
| Deux enfans légitimes du deuxième mariage | 16,500 00 | |
| Epoux.......................... | 8,400 00 | |
| Donataire...................... | 600 00 | |
| Un enfant naturel reconnu durant le premier mariage.................. | 1,500 00 | |
| Deux enfans légitimes du premier mariage | 18,000 00 | |
| Un enfant légitime du deuxième mariage. | 8,250 00 | |
| Epoux.......................... | 8,400 00 | |
| Donataire...................... | 600 00 | |
| Un enfant naturel reconnu durant le premier mariage.................. | 750 00 | |

*Premier compte.* — Si l'enfant naturel n'existe pas légalement, l'enfant légitime du premier mariage, en face du don de la plus grande quotité disponible qui est de 1/3 ou 12,000 fr., a 1/3 ou 12,000 fr.

L'enfant du deuxième mariage qui concourt avec l'enfant naturel voit d'abord la succession (36,000 fr.) se diminuer de 11,000 fr., disponible plus fort lorsqu'il y a deux enfans légitimes et un enfant naturel. Sur les 25,000 fr. restant, il faut déduire le 1/9 du bâtard soit 2,777 fr. 77 cent. 7/9 ; cela fait, il reste 22,222 fr. 22 cent. 2/9, dont la 1/2 pour l'enfant légitime du deuxième mariage est de 11,111 fr. 11 cent. 1/9.

Sur le disponible, l'époux, qui prime le donataire, prend 9,000 fr., montant du don qui lui a été fait, il reste 2,000 fr. pour le donataire. Quant au bâtard il a les 1,888 fr. 88 cent.

8/9 de solde, formés de 1,000 fr. qu'il réduit sur le donataire et de 888 fr. 88 cent. 8/9 qu'il réduit sur l'enfant du deuxième mariage.

*Deuxième compte.* — En présence de trois enfans légitimes le plus fort disponible est de 9,000 fr. que rien ne peut réduire. L'enfant du premier mariage protégé par l'art. 337 a le 1/4 de la succession (36,000 fr.) soit 9,000 fr.

On fixe le droit des deux enfans du deuxième mariage en prélevant tout le plus grand disponible, soit 9,000 fr., sur 36,000 fr.. Sur les 27,000 fr. de solde on déduit 1/12 ou 2,250 fr. pour le bâtard, il reste 24,750 fr. dont les 2/3 pour les deux enfens légitimes du deuxième mariage sont de 16,500 fr.

Les 9,000 fr. disponibles sont attribués, savoir : 3,400 fr. à l'époux qui concourt avec les trois enfans légitimes et le bâtard, et les 600 fr. de solde restent au donataire.

Quant au bâtard, il a 1,500 fr. composés uniquement de ce qu'il enlève aux deux enfans du second mariage, qui, sans lui, auraient eu 18,000 fr. au lieu de 16,500 fr.

*Troisième compte.* — Les deux enfans du premier mariage ont le double de ce qu'a un enfant au deuxième compte. L'enfant du second mariage a la 1/2 de ce qu'ont deux enfans au second compte. L'époux et le donataire ont ce que leur attribue le deuxième compte, et le bâtard n'a que 750 fr. au lieu de 1,500 fr., parce qu'il ne réduit qu'un enfant du second mariage au lieu d'en réduire deux.

255. — N° 2. *Le donataire prime l'époux.*

| | |
|---|---|
| Un enfant légitime du premier mariage. . | F. 12,000 00 |
| Un enfant légitime du second mariage. . . | 11,111 11 1/9 |
| Donataire. . . . . . . . . . . . . . . . . . . . . . | 11,000 00 |
| Époux. . . . . . . . . . . . . . . . . . . . . . . . . | Rien |
| Un enfant naturel reconnu durant mariage. . . . . . . . . . . . . . . . . . . . . . . . | 1,888 88 8/9 |

| | |
|---|---|
| Un enfant légitime du premier mariage.. | 9,000 00 |
| Deux enfans légitimes du second mariage. | 16,500 00 |
| Donataire........................ | 9,000 00 |
| Epoux........................ | Rien |
| Un enfant naturel reconnu durant le premier mariage.................. | 1,500 00 |

| | |
|---|---|
| Deux enfans légitimes du premier mariage........................ | 18,000 00 |
| Un enfant légitime du second mariage.... | 8,250 00 |
| Donataire........................ | 9,000 00 |
| Epoux........................ | Rien |
| Un enfant naturel reconnu durant le premier mariage.................. | 750 00 |

Ces trois comptes n'ont pas besoin d'explication.

N° 3. *Ils sont en concours.*

256. — Toutes choses restent les mêmes pour les enfans légitimes et naturels. Quant à l'époux et au donataire, le concours fait que, dans le premier compte, l'époux a 4,500 fr. et le donataire 6,500 fr.; que, dans le second compte, l'époux a 4,200 fr. et le donataire 4,800 fr., et que, dans le troisième compte, l'époux a aussi 4,200 fr. et le donataire 4,800 fr. Il n'est besoin d'aucune explication, car tout ce qui précède et surtout le chapitre 1er du présent titre donne la raison de la répartition qui vient du concours.

§ 2. — *L'enfant naturel a été reconnu durant le second mariage.*

257. — N° 1. *L'époux prime le donataire.*

| | |
|---|---|
| Un enfant légitime du premier mariage... | F. 11,111 11 1/9 |
| Un enfant légitime du second mariage... | 12,000 00 |
| Epoux........................ | 9,000 00 |
| Donataire........................ | 2,000 00 |
| Un enfant naturel reconnu durant le second mariage.................. | 1,888 88 8/9 |

| | |
|---|---|
| Un enfant légitime du premier mariage. . | 16,500 00 |
| Deux enfans légitimes du second mariage. | 9,000 00 |
| Epoux. . . . . . . . . . . . . . . . . . . . . . . . . . . . | 9,000 00 |
| Donataire. . . . . . . . . . . . . . . . . . . . . . . . . . | Rien |
| Un enfant naturel reconnu durant le second mariage. . . . . . . . . . . . . . . . . . . . | 1,500 00 |

| | |
|---|---|
| Deux enfans légitimes du premier mariage. . . . . . . . . . . . . . . . . . . . . . . . . . | 8,250 00 |
| Un enfant légitime du second mariage. . . | 18,000 00 |
| Epoux. . . . . . . . . . . . . . . . . . . . . . . . . . . . | 9,000 00 |
| Donataire. . . . . . . . . . . . . . . . . . . . . . . . . . | Rien |
| Un enfant naturel reconnu durant le second mariage. . . . . . . . . . . . . . . . . . . . | 750 00 |

L'époux étant du second mariage n'est pas réduit par le bâtard, il ne laisse donc rien pour le donataire dans les second et troisième comptes ; les comptes sont les mêmes que ceux du § 1er n° 1 ; seulement ce qui était dit dans ce paragraphe des enfans du premier mariage s'applique, à ceux du second, et réciproquement.

N° 2. *Le donataire prime l'époux.*

288. — Les comptes sont les mêmes qu'au n° 1 pour les enfans légitimes et naturels ; seulement dans le premier, le donataire prend les 11,000 fr. disponibles ; dans les deuxième et troisième, les 9,000 fr. disponibles, sans rien laisser à l'époux.

N° 3. *Ils sont en concours.*

259. — Les comptes sont les mêmes qu'au n° 1 pour les enfans légitimes et naturels, la différence naît du concours et se renferme entre l'époux et le donataire. Dans le premier compte, l'époux étant capable de recevoir 9,000 fr., et le donataire d'en recevoir 11,000 fr., le premier aura 4,500 fr. et le second 6,500 fr.

Dans les deuxième et troisième comptes, chacun des avantagés pouvant recevoir 9,000 fr. aura 4,500 fr.

## Article 3.

Dans le cas de l'art. 1er, il y a un autre enfant naturel reconnu hors mariage.

### 260. — § 1er. *L'époux prime le donataire.*

| | | | |
|---|---|---|---|
| Un enfant légitime du premier mariage. . | F. 16,666 | 66 | 4/6 |
| Epoux. . . . . . . . . . . . . . . . . . . . . . . . . . | 9,000 | 00 | |
| Donataire. . . . . . . . . . . . . . . . . . . . . . . . | 6,000 | 00 | |
| Un enfant naturel reconnu hors mariage. . | 2,333 | 33 | 2/6 |
| Un enfant naturel reconnu durant le premier mariage. . . . . . . . . . . . . . . . . . . | 2,000 | 00 | |
| Deux enfans légitimes du premier mariage | 22,222 | 22 | 2/9 |
| Epoux. . . . . . . . . . . . . . . . . . . . . . . . . . | 9,000 | 00 | |
| Donataire. . . . . . . . . . . . . . . . . . . . . . . . | 2,000 | 00 | |
| Un enfant naturel reconnu hors mariage. | 2,083 | 33 | 3/9 |
| Un enfant naturel reconnu durant le premier mariage. . . . . . . . . . . . . . . . . . . | 694 | 44 | 4/9 |
| Trois enfans légitimes du premier mariage | 24,750 | 00 | |
| Epoux. . . . . . . . . . . . . . . . . . . . . . . . . . | 8,000 | 00 | |
| Donataire. . . . . . . . . . . . . . . . . . . . . . . . | 1,000 | 00 | |
| Un enfant naturel reconnu hors mariage. | 1,800 | 00 | |
| Un enfant naturel reconnu durant le premier mariage. . . . . . . . . . . . . . . . . . . | 450 | 00 | |

261. — *Premier compte.* — Droit de l'enfant légitime. — S'il n'y avait qu'un enfant naturel, la plus grande portion disponible serait de 16,000 fr.; ce cas se réalise ici quant à l'enfant légitime, puisque le second bâtard n'existe pas légalement quant à lui; donc il reste 20,000 fr. à partager entre un enfant naturel, pour la supputation, et un enfant légitime pour son compte réel. Ce dernier a donc 5/6 de 20,000 fr., soit 16,666 fr. 66 cent. 4/6.

Droit de l'époux et du donataire. — L'époux a une quotité fixe de 1/4 ou 9,000 fr. qu'il prend sur le disponible le plus fort. Ce disponible le plus fort est réellement, non de 16,000 fr., mais de 15,000 fr., parce que le donataire n'est pas protégé par l'art. 337 contre le deuxième bâtard, donc le même donataire n'a que le solde de 15,000 fr. ou 6,000 fr.

Droit du bâtard reconnu hors mariage. — Quant à ce bâtard auquel ne profite pas l'art. 337, la quotité disponible la plus forte est aussi de 15,000 fr.; on la déduit de la succession (36,000 fr.), il reste 21,000 fr. dont le 1/9 pour ce bâtard est de 2,333 fr. 33 cent. 2/6.

Le solde qui est de 2,000 fr. revient à l'enfant naturel reconnu durant le premier mariage; il se compose de 1,000 fr. qu'il enlève au donataire, qui sans lui aurait eu 7,000 fr., et de 1,000 fr. qu'il enlève à l'autre bâtard, qui sans lui aurait eu 3,333 fr. 33 cent. 2/6.

*Deuxième compte.* — Droit des deux enfans légitimes. — Ces deux enfans concourant avec un seul enfant naturel (comme avec deux ou plus), le plus fort disponible est de 11,000 fr. Déduisant cette somme de la succession, il reste 25,000 fr., dont ces deux enfans légitimes ont 8/9 ou soit 22,222 fr. 22 cent. 2/9.

Droit de l'époux et du donataire. — L'époux prend 9,000 fr. sur 11,000 fr., car un second enfant naturel ne fait pas dercendre le disponible dans ce cas, et il reste 2,000 fr. pour le donataire.

Droit du bâtard reconnu hors mariage. — Sur les 2,500 fr. qui restent après avoir déduit les 11,000 fr. disponibles, ce bâtard a 1/12 ou 2,083 fr. 33 cent. 3/9, tandis que sans l'autre bâtard il aurait eu 1/9 ou 2,777 fr. 77 cent. 7/9.

Le solde de 694 fr. 44 cent. 4/9 reste à l'enfant naturel reconnu durant le premier mariage; c'est la différence entre ce qu'aurait eu le premier bâtard sans le second, et ce qu'il a réellement; ce solde est si minime parce que le deuxième bâtard ne retranche rien sur le donataire.

*Troisième compte.* — Droits des enfans légitimes. — En l'état de trois enfans légitimes le disponible est de 9,000 fr. et ne peut descendre plus bas. Sur 36,000 fr. il y a donc 27,000 fr. pour les héritiers légitimes; les trois enfans légitimes du premier mariage ont 11/12 de ces 27,000 fr., soit 24,750 fr.

Droit de l'époux et du donataire. — Pour connaître le droit de l'époux nous avons considéré que chaque enfant naturel avait le 1/3 de 1/6 ou 1/18, soit 2,000 fr., à eux deux 4,000 fr. pour la supputation, que déduisant ces 4,000 fr. de 36,000 fr., il restait 32,000 fr. dont le 1/4 pour l'époux est de 8,000 fr. Ce droit une fois établi, il est resté pour le donataire, sur les 9,000 fr. disponibles, 1,000 fr.

Droit de l'enfant naturel reconnu hors mariage. — Prélevant de la succession les 9,000 fr. disponibles, il reste 27,000 fr.; sur cette dernière somme chaque enfant naturel, et notamment le bâtard reconnu hors mariage a le 1/3 de 1 5 soit 1/15 ou 1,800 fr.

Les 450 fr. de solde reviennent seuls au bâtard reconnu durant le premier mariage, ils se composent uniquement d'autant qu'il réduit sur le premier bâtard qui sans lui aurait eu 2,250 fr., car il ne réduit rien sur la portion disponible qui est invariable.

## § 2. — *Le donataire prime l'époux.*

262. — Toutes choses restent les mêmes que dans le paragraphe premier quant aux enfans légitimes et naturels. La quotité disponible qui est de 15,000 fr. dans le premier compte, de 11,000 fr. dans le second et de 9,000 fr. dans le troisième, est attribuée en entier au donataire qui prime l'époux et a droit à un disponible plus fort que celui de ce dernier.

## § 3. — *L'époux et le donataire sont en concours.*

263. — Toutes choses restent comme au § 1er pour les enfans légitimes et natúrels; il n'y a de différence que dans la répartition du disponible naissant du concours.

Les éléments du calcul sont, dans le premier compte, de 9,000 fr. pour l'époux et 15,000 fr. pour le donataire; donc l'époux aura 4,500 fr. et le donataire 10,500 fr. en suivant le principe que nous avons posé.

Ces élémens sont, dans le deuxième compte, de 9,000 fr. pour l'époux et 11,000 fr. pour le donataire ; donc le premier aura 4,500 fr. et le second 6,500 fr.

Ces élémens sont, dans le troisième compte, de 8,000 fr. pour l'époux et de 9,000 fr. pour le donataire ; donc le premier aura 4,000 fr. et le second 5,000 fr.

### Article 4.

Au cas de l'art. 2, il y a un autre enfant naturel reconnu hors mariage.

§ 1er. — *L'enfant naturel reconnu durant mariage, l'a été durant le premier mariage.*

264. — N° 1. *L'époux prime le donataire.*

| | | | |
|---|---|---|---|
| Un enfant légitime du premier mariage. . | F. 11,111 | 11 | 1/9 |
| Un enfant légitime du second mariage. . . | 10,416 | 16 | 6/9 |
| Epoux. . . . . . . . . . . . . . . . . . . . . . . . . | 9,000 | 00 | |
| Donataire. . . . . . . . . . . . . . . . . . . . . . | 2,000 | 00 | |
| Un enfant naturel reconnu hors mariage. | 2,083 | 33 | 3/9 |
| Un enfant naturel reconnu durant le premier mariage. . . . . . . . . . . . . . . . . . | 1,388 | 88 | 8/9 |

| | | |
|---|---|---|
| Un enfant légitime du premier mariage. .. | 8,250 | 00 |
| Deux enfans légitimes du second mariage. | 15,600 | 00 |
| Epoux. . . . . . . . . . . . . . . . . . . . . . . . . | 8,000 | 00 |
| Donataire. . . . . . . . . . . . . . . . . . . . . . | 1,000 | 00 |
| Un enfant naturel reconnu hors mariage. | 1,800 | 00 |
| Un enfant naturel reconnu durant le premier mariage. . . . . . . . . . . . . . . . . . | 1,350 | 00 |

| | | |
|---|---|---|
| Deux enfans légitimes du premier mariage. . . . . . . . . . . . . . . . . . . . . . . | 16,500 | 00 |
| Un enfant légitime du second mariage. . .. | 7,800 | 00 |
| Epoux. . . . . . . . . . . . . . . . . . . . . . . . . | 8,000 | 00 |
| Donataire. . . . . . . . . . . . . . . . . . . . . . | 1,000 | 00 |
| Un enfant naturel reconnu hors mariage. | 1,800 | 00 |
| Un enfant naturel reconnu durant le premier mariage. . . . . . . . . . . . . . . . . . | 900 | 00 |

*Premier compte.* — Droits de l'enfant légitime du premier mariage.— prélevant sur la succession 11.000 fr. disponibles, il reste 25,000 fr. L'enfant du premier mariage, protégé par l'art. 337, a 4/9 de ces 25,000 fr,, soit 11,111 fr. 11 1/9.

Droits de l'enfant légitime du second mariage. Sur lesdits 25,000 fr., chacun des deux enfans naturels a 1/12 ou 2,083 fr. 33 3/9, à eux deux 4,166 fr. 66 6/9 ; déduisant cette somme de 25,000 fr., il reste 20,833 fr. 33 3/9, dont la 1/2 pour l'enfant du second mariage est de 10,416 fr. 66 6/9.

Le droit du bâtard reconnu hors mariage se trouve fixé par là à 2,083 fr. 33 3/9.

Les 11,000 fr. disponibles reviennent pour 9,000 fr. à l'époux et 2,000 fr. au donataire.

Et les 1,388 fr. 88 8/9 de solde reviennent au bâtard reconnu durant le premier mariage et se composent de 694 fr. 44 4/9 qu'il enlève à l'enfant du second mariage, qui, sans lui, aurait eu 11,111 fr. 11 1/9, et de 694 fr. 44 4/9 qu'il enlève au premier bâtard, qui, sans lui, aurait eu la 1/2 de 25,000 fr., soit 2,777 fr. 7 9.

*Deuxième compte.* — Prélevant sur la succession 9,000 fr. disponibles, il reste 27,000 fr. Un seul enfant naturel ayant 1/12 ou 2,250 fr., on les déduit de 27,000 fr., et il reste 24,750 fr., dont le 1/3, soit 8,250 fr. forme la part de l'enfant légitime du premier mariage.

D'autre part, il y a deux enfans naturels qui ont chacun, pour la supputation quant au second, 1/15 de 27,000 fr., soit 1,800 fr., à eux deux 3,600 fr.; déduisant ces 3,600 fr. de 27,000 fr., il reste 23,400 fr., dont les 2/3 pour les deux enfans du second mariage sont de 15,600 fr., le bâtard reconnu hors mariage ayant 1,800 fr.

Les 9,000 fr. disponibles reviennent pour 8,000 fr. à l'époux, car avec trois enfans légitimes et deux enfans naturels, il ne peut avoir davantage, et pour les 1,000 fr. restant au donataire.

Quant aux 1,350 fr. de solde, ils reviennent au bâtard reconnu durant le premier mariage; ils se composent de 900 fr.

qu'il enlève aux deux enfans du second mariage, qui, sans lui, aurait eu 16,500 fr., et de 450 fr. qu'il enlève au premier bâtard, qui, sans lui, aurait eu 1/12 de 27,000 fr., soit 2,250 f.

*Troisième compte.* — Il y a deux enfans légitimes du premier mariage, ils ont le double de ce qu'a un seul enfant dans le second compte. Il y a un seul enfant légitime du second mariage, il a la 1/2 de ce qu'ont deux enfans dans le deuxième compte. Rien n'est changé pour l'époux, le donataire et le bâtard reconnu hors mariage.

L'enfant naturel reconnu durant le premier mariage descend à 900 fr., parce qu'il réduit de 450 fr. un seul enfant légitime du premier mariage au lieu d'en réduire deux, pour 450 fr. chacun, et qu'il réduit le premier bâtard aussi de 450 fr.

N° 2. *Le donataire prime l'époux.*

265. — Les trois comptes de numéro 1 se répètent quant aux enfans légitimes et naturels. Mais la portion disponible qui est de 11,000 fr. dans le premier compte et de 9,000 fr. dans les deux autres reste en entier au donataire, en sorte que l'époux n'a rien.

N° 3. *Ils sont en concours.*

266. — Les trois comptes du numéro 1 se répètent quant aux enfans légitimes et naturels. Les éléments de la répartition étant dans le premier compte de 9,000 fr. pour l'époux et de 11,000 fr. pour le donataire, le premier a 4,500 fr. et le deuxième 6,500 fr. Les éléments dans les deux autres comptes étant de 8,000 fr. pour l'époux et de 9,000 fr. pour le donataire, le premier a 4,000 fr. et le deuxième 5,000 fr.

§ 2. *L'enfant reconnu durant le mariage, l'a été durant le second mariage.*

267. — N° 1. *L'époux prime le donataire.*

| | | |
|---|---|---|
| Un enfant légitime du premier mariage. . | F. | 10,416 66 6/9 |
| Un enfant légitime du deuxième mariage. | | 11,111 11 1/9 |

| | |
|---|---|
| Epoux........................ | 9,000 00 |
| Donataire........................ | 2,000 00 |
| Un enfant naturel reconnu hors mariage. | 2,083 33 3/9 |
| Un enfant naturel reconnu durant le deuxième mariage.................. | 1,388 88 8/9 |
| Un enfant légitime du premier mariage.. | 7,800 00 |
| Deux enfans légitimes du deuxième mariage | 16,500 00 |
| Epoux........................ | 8,400 00 |
| Donataire........................ | 600 00 |
| Un enfant naturel reconnu hors mariage. | 1.800 00 |
| Un enfant naturel reconnu durant le deuxième mariage.................. | 900 00 |
| Deux enfans légitimes du premier mariage | 15,600 00 |
| Un enfant légitime du deuxième mariage. | 8,250 00 |
| Epoux........................ | 8,400 00 |
| Donataire........................ | 600 00 |
| Un enfant naturel reconnu hors mariage. | 1,800 00 |
| Un enfant naturel reconnu durant le deuxième mariage.................. | 1,350 00 |

*Premier compte.* — L'enfant du deuxième mariage est substitué à l'enfant du premier mariage du premier compte du paragraphe 1er, numéro 1. L'enfant légitime du premier mariage est subtitué à l'enfant du deuxième du premier compte du numéro 1, paragraphe 1er ; les droits de l'époux, du donataire et des enfans naturels restent les mêmes.

*Deuxième compte.* — Les deux enfans légitimes du premier mariage sont substitués aux deux enfans légitimes du deuxième compte du paragraphe 1er, numéro 1. L'enfant du deuxième mariage est substitué à l'enfant légitime du même deuxième compte du paragraphe 1er, numéro 1.

L'époux, profitant de l'art. 337 et ne concourant qu'avec un bâtard a 8,400 fr. au lieu de 8,000 fr., ce qui réduit à 600 fr. ce qui reste au donataire, sans influer en rien sur l'enfant naturel reconnu durant le deuxième mariage.

Le bâtard reconnu hors mariage a même somme de 1,800 fr., et celui qui a été reconnu durant le deuxième mariage a 900 fr., parce qu'il ne réduit qu'un enfant légitime, celui du premier mariage, de 450 fr. et l'autre bâtard de 450 fr.

*Troisième compte.* — Les enfans légitimes du deuxieme mariage sont substitués aux deux enfans légitimes du premier mariage du troisième compte, § 1er, no 1. L'enfant légitime du premier mariage est aubstitué à l'enfant du premier mariage du troisième compte du paragraphe 1er, numéro 1. Les droits de l'époux, du donataire et du premier bâtard son les mêmes, et le bâtard reconnu durant le deuxième mariage a 1,350 fr., parce qu'il enlève 900 fr. aux deux enfans du premier mariage et 450 fr. à l'autre bâtard.

### No 2. *Le donataire prime l'époux.*

268. — Les trois comptes du numéro 1 demeurent, quant aux enfans légitimes et naturels. mais la quotité disponible qui est de 11,000 fr. dans le premier compte et de 9,000 fr. dans les deux autres revient en entier au donataire.

### No 3. *Ils sont en concours.*

269. — Les trois comptes du numéro 1 restent les mêmes quant aux enfans légitimes et naturels. La répartition se fait dans le premier compte à raison de 4,500 fr. à l'époux et de 6,500 au donataire, et dans les deux autres, à raison de 4,200 fr. à l'époux et de 4,800 au donataire, parce que les éléments de la répartition sont, dans ces deux derniers cas de 8,400 fr. pour l'époux (et non de 8,000 fr.) et de 9,000 fr. pour le donataire.

## Article 5.

Il y a des enfans légitimes des deux mariages, des enfans naturels reconnus durant chaque mariage, le don de l'art. 1098 fait à l'époux et le don de l'art. 913 fait à un autre.

270. — § 1er. *L'époux prime le donataire.*

| | |
|---|---|
| Un enfant légitime du premier mariage F. | 11,111 11 2/18 |
| Un enfant légitime du deuxième mariage | 11,111 11 2/18 |
| Epoux...................... | 9,000 00 |
| Donataire...................... | 2,000 00 |
| Un enfant naturel reconnu durant le premier mariage............... | 1,388 88 16/18 |
| Un enfant naturel reconnu durant le deuxième mariage............... | 1,388 88 16/18 |

| | |
|---|---|
| Un enfant légitime du premier mariage | 8,250 00 |
| Deux enfans légitimes du deuxième mariage...................... | 16,500 00 |
| Epoux...................... | 8,400 00 |
| Donataire...................... | 600 00 |
| Un enfant naturel reconnu durant le premier mariage............... | 1,500 00 |
| Un enfant naturel reconnu durant le deuxième mariage............... | 750 00 |

| | |
|---|---|
| Deux enfans légitimes du premier mariage...................... | 16,500 00 |
| Un enfant légitime du deuxième mariage | 8,250 00 |
| Epoux...................... | 8,400 00 |
| Donataire...................... | 600 00 |
| Un enfant naturel reconnu durant le premier mariage............... | 750 00 |
| Un enfant naturel reconnu durant le deuxième mariage............... | 1,500 00 |

*Premier compte.* — Il n'a pas besoin d'explication, on sait qu'un enfant légitime en concours avec un autre enfant légitime et un bâtard a, sur 36,000 fr., après déduction des 9,000 fr. disponibles, c'est-à-dire sur 27,000 fr., 11,111 fr. 11 cent. 2/18. Les deux bâtards sont dans la même position et se partagent par conséquent le solde par moitié. L'époux prend 9,000 fr. sur 11,000 fr. disponibles, et il reste 2,000 fr. pour le donataire.

*Deuxième compte.* — L'enfant du premier mariage n'a que 8,250 fr. au lieu de 9,000 fr., parce qu'il concourt avec un bâtard sur 27,000 fr., restant de 36,000 fr. après déduction des 9,000 fr. disponibles. Les deux enfans du deuxième mariage concourant aussi avec un bâtard ont 16,500 fr., double de 8,250 fr. au lieu de 18,000 fr. L'époux a 8,400 fr. sur 9,000 fr. au lieu de 8,000 fr., parce qu'il ne concourt qu'avec un bâtard, le donataire a les 600 fr. complément du disponible.

Le bâtard reconnu durant le premier mariage enlevant 750 fr. à chacun des deux enfans du deuxième mariage a 1,500 fr., et le bâtard reconnu durant le deuxième mariage enlevant 7,500 fr. à l'enfant du premier mariage a 750 fr.

*Troisième compte.* — Les deux enfans du deuxième mariage ont 16,500 fr., double de 8,250 fr. L'enfant du deuxime mariage a 8,250 fr., l'époux et le donataire ont ce que leur donne le deuxième compte. Le bâtard reconnu durant le premier mariage ne réduisant qu'un enfant du deuxième mariage et le réduisant de 750 fr., n'a que ces 750 fr. Le bâtard reconnu durant le deuxième mariage, réduisant les deux enfans légitimes du premier mariage de 750 fr. chacun, en tout 1,500 fr., a ces mêmes 1,500 fr.

### § 2. *Le donataire prime l'époux.*

271. — Les trois comptes du paragraphe 1er restent les mêmes pour les enfans légitimes et naturels; les 11,000 fr. disponibles dans le premier compte et les 9,000 disponibles dans les deux autres sont pris en entier par le donataire.

### § 3. *Ils sont en concours.*

272. — Les trois comptes du paragraphe 1er restent les mêmes pour les enfans légitimes et naturels. La répartition des 9,000 fr. disponibles donne, dans le premier compte, 4,500 fr. à l'époux et 6,500 fr. au donataire, parce que la base est de

9,000 fr. pour le premier et de 11,000 fr. pour le second; elle donne, dans les deux autres comptes, 4,200 fr. à l'époux et 4,800 fr. au donataire, parce que la base est de 8,400 pour le premier et de 9,000 fr. pour le second.

### Article 6.

Au cas de l'article 5, il y a un autre enfant naturel reconnu hors mariage.

273. — § 1er. *L'époux prime le donataire.*

| | |
|---|---|
| Un enfant légitime du premier mariage.. | F. 10,416 66 8/12 |
| Un enfant légitime du second mariage .. | 10,416 66 8/12 |
| Epoux. . . . . . . . . . . . . . . . . . . . . . . . . | 9,000 00 |
| Donataire. . . . . . . . . . . . . . . . . . . . . . . . | 2,000 00 |
| Un enfant naturel reconnu hors mariage | 1,666 66 8/12 |
| Un enfant naturel reconnu durant le premier mariage. . . . . . . . . . . . . . . . . | 1,250 00 |
| Un enfant naturel reconnu durant le second mariage. . . . . . . . . . . . . . . . . | 1,250 00 |
| Un enfant légitime du premier mariage . | 7,800 00 |
| Deux enfans légitimes du second mariage | 15,600 00 |
| Epoux. . . . . . . . . . . . . . . . . . . . . . . . . | 8,000 00 |
| Donataire. . . . . . . . . . . . . . . . . . . . . . . | 1,000 00 |
| Un enfant naturel reconnu hors mariage | 1,500 00 |
| Un enfant naturel reconnu durant le premier mariage. . . . . . . . . . . . . . . . . | 1,275 00 |
| Un enfant naturel reconnu durant le second mariage. . . . . . . . . . . . . . . . . | 825 00 |
| Deux enfans légitimes du premier mariage. . . . . . . . . . . . . . . . . . . . . . . . | 15,600 00 |
| Un enfant légitime du second mariage. . | 7,800 00 |
| Epoux. . . . . . . . . . . . . . . . . . . . . . . . . | 8,000 00 |
| Donataire. . . . . . . . . . . . . . . . . . . . . . . | 1,000 00 |

| | |
|---|---|
| Un enfant naturel reconnu hors mariage | 1,500 00 |
| Un enfant naturel reconnu durant le premier mariage.................. | 825 00 |
| Un enfant naturel reconnu durant le second mariage.................. | 1,275 00 |

*Premier compte.* — Chaque enfant légitime concourant avec deux enfans naturels, a 10,416 fr. 66 8/12. Sur 11,000 fr. disponibles l'époux prend 9,000 fr., le donataire prend les 2,000 fr. de solde ; le bâtard reconnu hors mariage a 1/15 de 25,000 fr., soit 1,666 fr. 66 8/12 ; il reste 2,500 fr. pour les deux autres bâtards : ils se les partagent par 1/2, parce qu'ils sont dans la même position.

*Troisième compte.* — L'enfant du premier mariage concourant avec deux enfans légitimes et deux enfans naturels, a 7,800 fr. Les deux enfans du second mariage concourant avec un enfant légitime et deux bâtards, ont le double de 7,800 fr., soit 15,600 fr. L'époux ne reçoit que 8,000 fr. sur 9,000 fr. disponibles, parce qu'il concourt avec deux bâtards. Le donataire prend les 1,000 fr., solde de ces 9,000 fr. disponibles. Le bâtard reconnu hors mariage a le 1/18 de 27,000 fr., soit 1,500 fr.; il reste 2,100 fr. pour les deux autres bâtards.

L'enfant naturel reconnu durant le premier mariage a 1,275 fr., parce qu'il réduit de 900 fr. les deux enfans du second mariage, qui, sans lui, aurait eu 16,500 fr. et qu'il réduit le bâtard de reconnu hors mariage 375 fr., 1/2 des 750 fr. dont les deux derniers bâtards réduisent le premier, qui, sans eux, aurait eu 2,250 fr.

*Troisième compte.* — Il est suffisamment expliqué par ce qui a été dit sur le deuxième compte, car il n'y a de différence entre eux que dans deux interversions, l'une entre les enfans légitimes, l'autre entre les deux enfans naturels reconnus durant mariage.

### § 2. *Le donataire prime l'époux.*

274. — Les trois comptes du § 1er restent les mêmes pour

les enfans légitimes et naturels. La différence consiste en ce que le donataire prend seul les 11,000 fr. disponibles dans le premier compte, et les 9,000 fr. disponibles dans les deux derniers.

§ 3. *Ils sont en concours.*

275. — Les trois comptes du § 1er restent les mêmes pour les enfans légitimes et naturels. Le concours donne, dans le premier compte, à l'époux 4,500 fr. et au donataire 6,500 f., parce que les éléments de la répartition sont 9,000 fr. pour le premier et 11,000 fr. pour le second. Il donne, dans les deux autres comptes, à l'époux 4,000 fr. et au donataire 5,000 fr., parce que les élémens de la répartition sont de 8,000 fr. pour le premier et de 9,000 fr. pour le second.

## CHAPITRE II.

*Le disposant est mineur de seize ans.*

276. — Dans tout ce qui précède, nous avons donné les modes de procéder ; nous ne les répèterons pas ici, car il y aurait luxe de calculs

L'art. 905 C. civ. réduit à 1/2 les dispositions permises au majeur. On aura donc à suivre le disponible dans les divers articles, paragraphes et nnméros de la section première ; on en prendra la 1/2, on déduira cette 1/2 de la succession totale et on partagera le surplus entre les enfans légitimes, en satisfaisant à tous les principes que nous avons posés.

Nous avons eu un autre motif pour ne pas exposer tous les calculs dans une position qui réunit toutes les difficultés et qui résume, en quelque sorte, tous nos principes ; nous avons voulu laisser un exercice à ceux qui liront notre ouvrage. S'ils font bien les comptes, ce sera une preuve qu'ils nous auront bien compris. S'ils étaient embarrassés, ils pourraient nous écrire, nous leur donnerions les chiffres réels et les explications.

# TITRE XI.

*Fixation de la réserve et de la portion disponible, lorsqu'il existe des enfans naturels, des ascendants et qu'il a été donné à un étranger la plus grande quotité.*

---

## Question.

277. — Division du titre.

277. — Nous divisons ce titre en deux chapitres, suivant que le disposant est majeur ou mineur de seize ans.

Nous raisonnons dans la supposition où il y a des ascendants dans chaque ligne.

## CHAPITRE PREMIER.

*Le disposant est majeur.*

---

## Question.

278. — Calcul des droits de chacun.

| | |
|---|---|
| 278. — Un ascendant paternel.......... F. | 4,500 00 |
| Un ascendant maternel................ | 4,500 00 |
| Un enfant naturel.................... | 9,000 00 |
| Donataire............................ | 18,000 00 |
| Un ascendant paternel................ | 4,500 00 |
| Un ascendant maternel................ | 4,500 00 |
| Deux enfans naturels................. | 12,000 00 |
| Donataire............................ | 15,000 00 |
| Un ascendant paternel................ | 4,500 00 |
| Un ascendant maternel................ | 4,500 00 |
| Trois enfans naturels................ | 13,500 00 |
| Donataire............................ | 13,500 00 |

| | |
|---|---|
| Un ascendant paternel. . . . . . . . . . . . . . . . . . . . . . . | 4,500 00 |
| Un ascendant maternel. . . . . . . . . . . . . . . . . . . . . . . | 4,500 00 |
| Quatre enfans naturels. . . . . . . . . . . . . . . . . . . . . | 13,500 00 |
| Donataire. . . . . . . . . . . . . . . . . . . . . . . . . . . . . . . | 13,500 00 |

Dans le premier compte, la portion disponible qui s'élève à 18,000 fr., se compose de 4,500 fr. enlevés à l'ascendant paternel, de 4,500 fr. enlevés à l'ascendant maternel, et de 9,000 fr. enlevés à l'enfant naturel unique.

Dans le deuxième compte, les 15,000 fr. disponibles sont formés de 4,500 fr. enlevés à l'ascendant paternel, de 4,500 fr. enlevés à l'ascendant maternel, et de 6,000 fr. enlevés aux deux enfans naturels.

Dans les troisième et quatrième comptes, les 13,500 fr. disponibles sont composés de 4,500 fr. enlevés à l'ascendant paternel, de 4,500 fr. enlevés à l'ascendant maternel, et de 4,500 fr. enlevés aux trois ou quatre enfans naturels.

## CHAPITRE II.

*Le disposant est mineur de seize ans.*

---

### Questions.

279. — Calcul des droits de chacun.
280. — Raison des calculs.

| | | |
|---|---|---|
| 279. — Un ascendant paternel. . . . . . . . . . . . | F. | 6,750 00 |
| Un ascendant maternel. . . . . . . . . . . . . . . . . . . . | | 6,750 00 |
| Un enfant naturel. . . . . . . . . . . . . . . . . . . . . . . . | | 13,500 00 |
| Donataire. . . . . . . . . . . . . . . . . . . . . . . . . . . . . . . | | 9,000 00 |
| Un ascendant paternel. . . . . . . . . . . . . . . . . . . . | | 6,750 00 |
| Un ascendant maternel. . . . . . . . . . . . . . . . . . . . | | 6,750 00 |
| Deux enfans naturels. . . . . . . . . . . . . . . . . . . . . | | 15,000 00 |
| Donataire. . . . . . . . . . . . . . . . . . . . . . . . . . . . . . . | | 7,500 00 |

| | |
|---|---|
| Un ascendant paternel.................. | 6,750 00 |
| Un ascendant maternel.................. | 6,750 00 |
| Trois enfans naturels.................. | 13,750 00 |
| Donataire.............................. | 6,750 00 |

| | |
|---|---|
| Un ascendant paternel.................. | 6,750 00 |
| Un ascendant maternel.................. | 6,750 00 |
| Quatre enfans naturels................. | 13,750 00 |
| Donataire.............................. | 6,750 00 |

280. — On voit par les huit comptes qui précèdent que le nombre des enfans naturels influe sur la quotité disponible, qui est à leur égard, la même qu'à l'égard des enfans légitimes, lorsqu'il n'en existe pas de cette dernière qualité. Du reste, la 1/2 qui est dévolue à la descendance bâtarde est pour elle comme une succession particulière qui lui appartient à elle seule, où tous les bâtards, égaux entr'eux, sont comme légitimes les uns à l'égard des autres; en sorte que, s'il n'y a qu'un enfant naturel, la portion disponible est de 1/2, s'il y en a deux elle est de 1/3, s'il y en a trois elle est de 1/4, et reste au 1/4 quel que soit le nombre des enfans naturels au-dessus de trois. Du reste, rien ne s'oppose à ce qu'un des enfans naturels reçoive par préciput ce qui est disponible dans la famille ou succession naturelle, l'art. 908 C. civ. n'étant fait que contre les enfans naturels vis-à-vis des parens légitimes.

De même la 1/2 dévolue aux ascendans est aussi pour eux comme une succession particulière. Ils avaient chacun pour droit successif la 1/2 de cette succession, leur réserve pour chacun est de 1/4 ou 4,500 fr., ainsi que le veut l'art. 915 C. civ.

L'art. 904 C. civ. introduit des différences que nous avons exposées dans la deuxième section.

Nous ne parlerons pas ici du cas où il n'y a d'ascendans que dans une seule ligne, les chapitres suivans s'occupant de cette hypothèse.

# TITRE XII.

*Fixation de la réserve et de la portion disponible, lorsqu'il existe des enfans naturels, des ascendans, des frères et sœurs légitimes ou descendans d'eux, et que le don de la plus grande quotité disponible a été fait à un autre.*

---

### Question.

281. — Division du titre.

281. — Ce titre se divise en deux chapitres, suivant que le disposant est majeur ou mineur de seize ans.

## CHAPITRE PREMIER.

*Le disposant est majeur.*

---

### Questions.

282. — Rappel des principes généraux.
283. — Calcul des droits de chacun.
284. — Raison de ces calculs.

282. — Il peut exister des père et mère dans chaque ligne ou dans une seule.

S'il en existe dans les deux lignes, la 1/2 de la succession étant dévolue à la parenté légitime, la 1/2 de cette 1/2 revient aux deux ascendans, et la deuxième 1/2 revient aux frères et sœurs ou descendans d'eux qui n'ont pas de réserve, et perdent leur droit entier par le don du disponible.

S'il n'en existe que dans une seule ligne, l'ascendant qui existe reçoit seul 1/4 de cette moitié, les 3/4 restant qui reviendraient aux frères et sœurs non réservataires, appartiennent au donataire de la portion disponible.

Quant aux enfans naturels, ils n'ont jamais que la deuxième 1/2 de la succession, et la quotité disponible, à leur égard, varie suivant leur nombre, pour ne plus changer lorsqu'il y a trois enfans naturels ou un plus grand nombre, ainsi que nous l'avons dit au titre 11, où nous avons ajouté que l'un des enfans naturels pourrait recevoir le disponible qui se trouve dans la succession naturelle; nous nous y référons pour éviter des répétitions. Ainsi :

| | |
|---|---|
| 283. — Père | F. 4,500 00 |
| Mère | 4,500 00 |
| Frères et sœurs légitimes ou descendans d'eux | rien. |
| Un enfant naturel | 9,000 00 |
| Donataire | 18,000 00 |
| Père seul | 4,500 00 |
| Frères et sœurs ou descendans d'eux | rien. |
| Un enfant naturel | 9,000 00 |
| Donataire | 22,500 00 |

284. — Dans le premier compte les 18,000 fr. disponibles sont composés de 9,000 fr. enlevés aux frères et sœurs ou descendans d'eux, et de 9,000 fr. enlevés à l'enfant naturel unique. Les père et mère ne souffrent aucune déduction parce que leur réserve égale ici le droit successif qu'accorde à chacun d'eux l'art. 915 C. civ. Cette quotité disponible diminuerait s'il y avait deux, trois enfans naturels ou un plus grand nombre au lieu d'un seul.

Dans le deuxième compte les 22,500 fr. disponibles sont formés de 13,500 fr. enlevés aux frères et sœurs ou descendans d'eux qui n'ont pas de réserve, et de 9,000 fr. enlevés à l'enfant naturel unique. Le père survivant seul ne souffrant aucune déduction parce que sa réserve égale son droit successif, et la portion disponible pouvant diminuer par le nombre des enfans naturels.

## CHAPITRE II.

*Le disposant est mineur de seize ans.*

### Question.

285. — Calcul des droits de chacun.

| | | |
|---|---|---|
| 285. — Un père...................... | F. | 4,500 00 |
| Une mère........................... | | 4,500 00 |
| Frères et sœurs ou descendans d'eux....... | | 4,500 00 |
| Un enfant naturel..................... | | 13,500 00 |
| Donataire............................ | | 9,000 00 |

Les père et mère, n'ayant souffert aucune réduction sur leur droit successif par le don de la quotité disponible, ne peuvent aucunement profiter de la disposition de l'art 904 C. civ. Il n'y a que les frères et sœurs et les enfans naturels qui soient dans ce cas.

## TITRE XIII.

*Fixation de la réserve et de la portion disponible lorsqu'il y a des enfans naturels, des frères et sœurs ou descendans d'eux, et que la plus grande quotité disponible a été donnée a un autre.*

—

### Question.

286. — Division de la matière.

286. — Ce titre se divise en deux chapitres, suivant que le disposant est majeur ou mineur de seize ans.

## CHAPITRE PREMIER.

*Le disposant est majeur.*

—

### Question.

287. — Calcul des droits de chacun.

| | | |
|---|---|---|
| 287. — Frères et sœurs.............. | F. | rien. |
| Un enfant naturel..................... | | 9,000 00 |
| Donataire............................ | | 27,000 00 |

Ces 27,000 fr. se composent de 18,000 fr. enlevés aux frères et sœurs, et de 9,000 fr. enlevés à l'enfant naturel.

| | | |
|---|---|---|
| Frères et sœurs | F. | rien. |
| Deux enfans naturels | | 12,000 00 |
| Donataire | | 24,000 00 |

Ces 24,000 fr. sont formés de 18,000 fr. enlevés aux frères et sœurs, et de 6,000 fr. enlevés aux enfans naturels.

| | | |
|---|---|---|
| Frères et sœurs | F. | rien. |
| Trois enfans naturels | | 13,500 00 |
| Donataire | | 22,500 00 |

Ces 22,500 fr. sont composés de 18,000 fr. enlevés aux frères et sœurs, et de 4,500 fr. enlevés aux enfans naturels.

## CHAPITRE II.

*Le disposant est mineur de seize ans.*

---

### Question.

288. — Calcul des droits de chacun.

| | | |
|---|---|---|
| 288. — Frères et sœurs | F. | 9,000 00 |
| Enfant naturel | | 13,500 00 |
| Donataire | | 13,500 00 |
| Frères et sœurs | | 9,000 00 |
| Deux enfans naturels | | 15,000 00 |
| Donataire | | 12,000 00 |
| Frères et sœurs | | 9,000 00 |
| Trois enfans naturels | | 15,750 00 |
| Donataire | | 11,250 00 |

# TITRE XIV.

*Fixation de la réserve et de la portion disponible lorsqu'il existe des enfans, des ascendans dans une ligne, de simples collatéraux dans l'autre et que la quotité disponible a été donnée.*

## Question.

289. — Division du titre.

289. — Ce titre se divise en deux chapitres, selon que le disposant est majeur ou mineur de seize ans.

## CHAPITRE PREMIER.

*Le disposant est majeur.*

## Question.

290. — Calcul des droits de chacun.

| | |
|---|---|
| 290. — Un ascendant dans une ligne...... F. | 4,500 00 |
| Collatéraux dans l'autre ligne.............. | rien. |
| Un enfant naturel........................ | 9,000 00 |
| Portion disponible ...................... | 22,500 00 |

Ainsi la présence de simples collatéraux dans une ligne de la parenté légitime ne fait pas élever aux 3/4, quant à eux, le droit successif de l'enfant naturel que la présence d'un ascendant dans une seule ligne suffit pour réduire à 1/2 de la succession, et à 1/4 à titre de réserve.

Les 22,500 fr. disponibles se composent de 4,500 fr. pris sur l'ascendant, de 9,000 fr. pris sur les simples collatéraux, et de 9,000 fr. pris sur l'enfant naturel.

Si l'ascendant survivant était un père ou une mère, et avait droit, en vertu de l'art. 754 C. civ., à l'usufruit du 1/3 des biens revenant aux collatéraux, il n'obtiendrait pas ce droit en face d'un donataire de la quotité disponible, parce que cet usufruit ne lui est accordés qu'à titre de droit successif et non à titre de réserve.

## CHAPITRE II.

*Le disposant est mineur de seize ans.*

---

### Question.

291. — Calcul des droits de chacun.

| | | |
|---|---|---|
| 291. — Un ascendant dans une ligne....... | F. | 6,750 00 |
| Collatéraux dans l'autre ligne............. | | 4,500 00 |
| Un enfant naturel.......................... | | 13,500 00 |
| Portion disponible........................ | | 11,250 00 |

# TITRE XV.

*Fixation de la réserve et de la quotité disponible lorsqu'il existe des enfans naturels, de simples collatéraux et un don du plus grand disponible.*

---

### Question.

292. — Division du titre.

292. — Ce titre se divise en deux chapitres, selon que le disposant est majeur ou mineur de seize ans.

## CHAPITRE Ier.

*Le disposant est majeur.*

---

### Question.

293. — Calcul des droits de chacun.

| | | |
|---|---|---|
| 293. — Collatéraux.................. | | Rien |
| Un enfant naturel, 1/2 des 3/4 ou.......... | F. | 13,500 00 |
| Donataire............................. | | 22,500 00 |

Ces 22,500 fr. disponibles se composent de 9,000 fr. enlevés aux collatéraux et de 13,500 fr. enlevés à l'enfant naturel.

| | | |
|---|---|---|
| Collatéraux......... ................. | | Rien |
| Deux enfans naturels................... | F. | 18,000 00 |
| Donataire............................. | | 18,000 00 |

Ces 18,000 fr. se composent de 9,000 fr. enlevés aux collatéraux et de 9,000 fr. enlevés aux deux enfans naturels reconnus étant le 1/3 du droit successif s'élevant à 27,000 fr.

| | | |
|---|---|---|
| Collatéraux | | Rien |
| Trois enfans naturels | F. | 20,250 00 |
| Donataire | | 15,750 00 |

Ces 15,750 fr. se composent de 9,000 fr. enlevés aux collatéraux et de 6,750 fr. enlevés aux trois enfans naturels comme étant le 1/4 de 27,000 fr.

## CHAPITRE II.

*Le disposant est mineur de seize ans.*

### Question.

294. — Calcul des droits de chacun.

| | | |
|---|---|---|
| 294. — Collatéraux | F. | 4,500 00 |
| Un enfant naturel | | 20,250 00 |
| Donataire | | 11,250 00 |
| Collatéraux | | 4,500 00 |
| Deux enfans naturels | | 22,500 00 |
| Donataire | | 9,000 00 |
| Collatéraux | | 4,500 00 |
| Trois enfans naturels | | 23,625 00 |
| Donataire | | 7,875 00 |

# TITRE XVI.

*Fixation de la réserve et de la quotité disponible lorsqu'il existe des enfans naturels et que le disponible a été donné à l'époux survivant.*

### Question.

295. — Division du titre.

295. — Ce titre se divise en deux chapitres, selon que le disposant est majeur ou mineur de seize ans.

## CHAPITRE PREMIER.

*Le disposant est majeur.*

---

### Question.

296. — Calcul des droits de chacun.

296. — La portion de l'enfant naturel dépend de l'existence de frères et sœurs ou de collatéraux, car nous raisonnons ici dans l'hypothèse où il n'y aurait pas d'ascendans ; elle dépend encore de l'absence de tous parents légitimes.

S'il existe des frères et sœurs ou descendans d'eux, bien qu'ils soient privés de leurs droits par l'époux,

| | | |
|---|---|---|
| Les frères et sœurs | | Rien |
| Un enfant naturel | F. | 9,000 00 |
| Epoux | | 27,000 00 |

S'il existe des collatéraux,

| | | |
|---|---|---|
| Collatéraux | | Rien |
| Un enfant naturel | F. | 13,500 00 |
| Epoux | | 22,500 00 |

S'il n'y a pas de parens légitimes,

| | | |
|---|---|---|
| Un enfant naturel | F. | 18,000 00 |
| Epoux | | 18,000 00 |

S'il y a, dans ce dernier cas, plusieurs enfans naturels,

| | | |
|---|---|---|
| Deux enfans naturels | F. | 24,000 00 |
| Epoux | | 12,000 00 |
| Trois enfans naturels ou plus | | 27,000 00 |
| Epoux | | 9,000 00 |

## CHAPITRE II.

*Le disposant est mineur de seize ans.*

---

### Question.

297. — Calcul des droits de chacun.

| | |
|---|---|
| 297. — Frères et sœurs | F. 9,000 00 |
| Un enfant naturel | 13,500 00 |
| Epoux | 13,500 00 |
| Collatéraux | 4,500 00 |
| Un enfant naturel | 20,250 00 |
| Epoux | 11,250 00 |
| Un enfant naturel | 27,000 00 |
| Epoux | 9,000 00 |
| Deux enfans naturels | 30,000 00 |
| Epoux | 6,000 00 |
| Trois enfans naturels ou plus | 31,500 00 |
| Epoux | 4,500 00 |

## TITRE XVII.

*Fixation de la réserve et de la portion disponible lorsqu'il existe des enfans naturels, que la plus grande quotité disponible de l'art. 1094 a été donnée à l'époux, et que celle de l'art. 913 a été donnée à un autre.*

### Question.

298. — Indication des calculs.

298 — Dans cette hypothèse, les deux quotités disponibles sont égales en tout, parce qu'il n'y a pas d'ascendants que l'époux puisse priver de l'usufruit de leur part ; il faut donc savoir laquelle prime l'autre.

Si l'époux prime le donataire, il obtiendra toute la portion disponible calculée suivant ce qui est dit au titre 16. Si le donataire a la priorité, il aura ces mêmes droits en leur entier, et l'époux n'aura rien. Si l'époux et le donataire sont en concours, ils se partageront à égalité et par 1/2 la portion disponible.

On raisonnera de la même manière dans le cas où le disposant serait mineur de seize ans, en se limitant dans le cadre restreint de l'art. 904 C. civ.

# TITRE XVIII.

*Fixation de la réserve et de la portion disponible lorsqu'il existe des enfans naturels et des ascendans, et que la plus grande quotité disponible de l'art. 1094 a été donnée a l'époux.*

## Question.

299. — Division du titre

299. — Ce titre se divise en deux chapitres, suivant que le disposant est majeur ou mineur de seize ans.

## CHAPITRE PREMIER.

*Le disposant est majeur.*

## Questions.

300. — Calcul des droits de chacun.
301. — Raison des calculs.

| | Nue-propriété. | Usufruit. |
|---|---|---|
| 300. — Un enfant naturel..... | 9,000 00 | 9,000 00 |
| Un ascendant paternel........ | 4,500 00 | Rien |
| Un ascendant maternel....... | 4,500 00 | Rien |
| Epoux..................... | 18,000 00 | 27,000 00 |
| Un enfant naturel............ | 9,000 00 | 9,000 00 |
| Un ascendant dans une seule ligne................... | 4,500 00 | Rien |
| Epoux..................... | 22,500 00 | 27,000 00 |

301. — Dans le premier compte, l'enfant naturel a, pour réserve, 9,000 fr., 1/2 de son droit successif montant à 18,000 fr. Les deux ascendans, qui avaient pour droit successif, 18,000 fr., ont pour réserve 9,000 fr., à raison de 1/2 ou 4,500 fr. pour chacun d'eux; et l'époux a 18,000 fr. composés de 9,000 fr. qu'il enlève au bâtard et de 9,000 fr. qu'il enlève aux deux ascendans; tout cela est en nue-propriété.

Quant à l'usufruit, celui de la réserve des ascendans (savoir de 9,000 fr.) appartient à l'époux, en sorte que ce dernier a 27,000 fr. d'usufruit.

Dans le second compte, l'enfant naturel a 9,000 fr. pour réserve en nue-propriété et en usufruit ; l'ascendant survivant a sa réserve de 4,500 fr. composés du 1/4 de son droit successif et n'a rien en usufruit, et l'époux a en usufruit 3/4 ou 27,000 fr. et en nue-propriété 22,500 fr. composés de 9,000 fr. pris sur l'enfant naturel et de 13,500 fr. pris sur l'ascendant. Nous raisonnons ici dans le cas de la dévolution d'une ligne à l'autre en faveur de l'ascendant du second compte.

## CHAPITRE II.

*Le disposant est mineur de seize ans.*

---

### Questions.



| | Nue-propriété | Usufruit. |
|---|---|---|
| 302. — Un enfant naturel... | 13,500 00 | 13,500 00 |
| Un ascendant paternel........ | 6,750 00 | 4,500 00 |
| Un ascendant maternel....... | 6,750 00 | 4,500 00 |
| Epoux..................... | 9.000 00 | 13,500 00 |
| Un enfant naturel.......... .. | 13,500 00 | 13,500 00 |
| Un ascendant dans une seule ligne.................... | 11,250 00 | 9,000 00 |
| Epoux..................... | 11,250 00 | 13,500 00 |

303. — Dans le premier compte de la première section, l'époux avait 18,000 fr. en nue-propriété et 27,000 fr. en usufruit, il ne doit ici en avoir que la 1/2, soit 9,000 fr en nue-propriété et 13,500 fr. en usufruit.

L'enfant naturel, à qui l'époux enlevait 9,000 fr. en nue-propriété et 9,000 fr. en usufruit, ne souffre la déduction que de la 1/2 ou 4,500 fr , et aura 13,500 fr. en nue-propriété et 13,500 fr. en usufruit.

L'ascendant paternel, à qui l'époux enlevait 4,500 fr., n'en perdra que 2,250 fr. et aura 6,750 fr. ; il en sera de même de l'ascendant maternel ; en usufruit, chacun de ces ascendans, à qui l'époux enlevait 9.000 fr., en conservera 4,500 fr.

Dans le second compte. l'époux, qui, dans la première section, obtenait 22,500 fr. en nue-propriété et 27,000 fr. en usufruit, n'en aura plus que la 1/2, soit 11,250 fr. en nue-propriété et 13,500 fr. en usufruit.

L'enfant naturel aura, comme dans le premier compte, 13,500 fr. en nue-propriété et 13,500 fr. en usufruit.

L'ascendant survivant, qui voyait son droit descendre de 18,000 fr. à 4,500 fr., car nous raisonnons ici dans le cas de la dévolution d'une ligne à l'autre, et qui perdrait 13,500 fr., n'en perdra plus que 6,750 fr. et aura par là 11,500 fr. en nue-propriété.

Quant à l'usufruit, l'époux lui enlevant celui de 18,000 fr., il conservera donc celui de 9,000 fr.

## TITRE XIX.

*Fixation de la réserve et de la portion disponible lorsqu'il existe des enfans naturels, des ascendans, que l'époux a reçu la plus grande quotité disponible de l'art. 1094 et que la plus grande quotité disponible de l'art. 913 a été donnée à un autre.*

---

### Question.

304. — Division du titre.

304.— Dans cette hypothèse, l'époux et le donataire, égaux en nue-propriété, ne le sont pas en usufruit, puisque l'époux a droit à l'usufruit de la réserve des ascendans.

Ce titre se divise en deux chapitres, suivant que le disposant est majeur ou mineur de seize ans.

## CHAPITRE PREMIER.

*Le disposant est majeur.*

### Questions.



305. — *L'époux prime le donataire.*

| | Nue-Propriété. | Usufruit |
|---|---|---|
| Un enfant naturel........... | 9,000 00 | 9,000 00 |
| Un ascendant paternel........ | 4,500 00 | rien. |
| Un ascendant maternel....... | 4,500 00 | rien. |
| Epoux.................... | 18,000 00 | 27,000 00 |
| Donataire................. | rien. | rien. |

| | | |
|---|---|---|
| Un enfant naturel........... | 9,000 00 | 9,000 00 |
| Un seul ascendant........... | 4,500 00 | rien. |
| Epoux.................... | 22,500 00 | 27,000 00 |
| Donataire................. | rien. | rien. |

L'époux primant le donataire ayant une portion égale à la sienne en nue-propriété et supérieure en usufruit, le donataire n'aura rien.

306. — *Le donataire prime l'époux.*

| | Nue-Propriété. | Usufruit. |
|---|---|---|
| Un enfant naturel........... | 9,000 00 | 9,000 00 |
| Un ascendant paternel........ | 4,500 00 | rien. |
| Un ascendant maternel....... | 4,500 00 | rien. |
| Donataire................. | 18,000 00 | 18,000 00 |
| Epoux.................... | rien. | 9,000 00 |

Ces 9,000 fr. en usufruit de l'époux sont les 9,000 fr. de la réserve des deux ascendans.

| | Nue-Propriété. | Usufruit. |
|---|---|---|
| Un enfant naturel........... | 9,000 00 | 9,000 00 |
| Un seul ascendant........... | 4,500 00 | rien. |
| Donataire................. | 22,500 00 | 22,500 00 |
| Epoux.................... | rien. | 4,500 00 |

L'époux a l'usufruit de la réserve de l'ascendant montant à 4,500 fr.

307. — *L'époux et le donataire sont en concours.*

| | Nue-Propriété. | Usufruit. |
|---|---|---|
| Un enfant naturel........... | 9,000 00 | 9,000 00 |
| Deux ascendans.............. | 9,000 00 | rien. |
| Epoux.................... | 9,000 00 | 18,000 00 |
| Donataire................. | 9,000 00 | 9,000 00 |
| Un enfant naturel........... | 9,000 00 | 9,000 00 |
| Un seul ascendant.......... | 4,500 00 | rien. |
| Epoux.................... | 11,250 00 | 15,750 00 |
| Donataire................. | 11,250 00 | 11,250 00 |

Dans le premier compte l'époux a 27,000 fr. en usufruit et le donataire en a 18,000 fr.; la partie commune étant de 18,000 fr. se partage par 1/2 et donne 9,000 fr. au donataire et 9,000 à l'époux. Ce dernier ajoute 9,000 fr. de la partie non commune et obtient 18,000 fr.

Dans le deuxième compte l'époux a 27,000 fr. d'usufruit et le donataire en a 22,500 fr.; le partage par 1/2 de la partie commune donne donc 11,250 fr. au donataire et 11,250 fr. à l'époux. Ce dernier y ajoute la partie non commune, 4,500 fr. et a en tout 15,750 fr.

## CHAPITRE II.

*Le disposant est mineur de seize ans.*

### Questions.

308. — L'époux prime le donataire.
309. — Le donataire prime l'époux.
310. — Ils sont en concours.
311. — Raison des comptes.

308. — *L'époux prime le donataire.*

| | Nue-Propriété. | Usufruit. |
|---|---|---|
| Un enfant naturel........... | 13,500 00 | 13,500 00 |
| Un ascendant paternel....... | 6,750 00 | 4,500 00 |

| | Nue-propriété. | Usufruit. |
|---|---|---|
| Un ascendant maternel....... | 6,750 00 | 4,500 00 |
| Epoux.................... | 9,000 00 | 13,500 00 |
| Donataire................. | rien. | rien. |

| | | |
|---|---|---|
| Un enfant naturel........... | 13,500 00 | 13,500 00 |
| Un seul ascendant........... | 11,250 00 | 9,000 00 |
| Epoux.................... | 11,250 00 | 13,500 00 |
| Donataire................. | rien. | rien. |

309. — *Le donataire prime l'époux.*

| | Nue-Propriété. | Usufruit. |
|---|---|---|
| Un enfant naturel........... | 13,500 00 | 13,500 00 |
| Un ascendant paternel........ | 6,750 00 | 4,500 00 |
| Un ascendant maternel....... | 6,750 00 | 4,500 00 |
| Donataire................. | 9,000 00 | 9,000 00 |
| Époux.................... | rien. | 4,500 00 |

| | | |
|---|---|---|
| Un enfant naturel........... | 13,500 00 | 13,500 00 |
| Un seul ascendant........... | 11,250 00 | 9,000 00 |
| Donataire................. | 11,250 00 | 11,250 00 |
| Epoux.................... | rien. | 2,250 00 |

310. — *L'époux et le donataire sont en concours.*

| | Nue-Propriété. | Usufruit. |
|---|---|---|
| Un enfant naturel........... | 13,500 00 | 13,500 00 |
| Un ascendant paternel........ <br> Un ascendant maternel....... | 13,500 00 | 9.000 00 |
| Epoux.................... | 4,500 00 | 9,000 00 |
| Donataire................. | 4,500 00 | 4,500 00 |

| | | |
|---|---|---|
| Un enfant naturel........... | 13,500 00 | 13,500 00 |
| Un seul ascendant........... | 11,250 00 | 9,000 00 |
| Epoux.................... | 5,625 00 | 7,875 00 |
| Donataire................. | 5,625 00 | 5,675 00 |

341. — Les six comptes qui précèdent demandent quelques explications qui pourront servir à éclairer les titres qui précèdent.

Dans le premier compte du chapitre 1er, l'époux avait en nue-propriété 18,000 fr. qu'il prenait, savoir : 9,000 fr. sur les 18,000 fr. de l'enfant naturel et 9,000 fr. sur les 18,000 fr. des deux ascendans, à raison de 4,500 fr. sur chacun d'eux. Dans le premier compte de la présente section du chapitre 2, il doit avoir la 1/2 de ces 18,000 fr., soit 9,000 fr., qu'il prend, savoir : 4,500 fr. qu'il prend sur 18,000 fr. de l'enfant naturel et 4,500 fr. sur les deux ascendans, à raison de 2,250 fr. sur chacun d'eux. Il en résulte que l'enfant naturel a 13,500 fr., chaque ascendant 6,750 fr. et l'époux 9,000 fr.

Quant à l'usufruit il n'en est pas tout à fait de même, dans le premier compte, chapitre 1er, l'époux avait 27,000 fr., composés de 9,000 fr. qu'il prenait sur l'enfant naturel et de 18,000 fr. qu'il prenait sur les deux ascendans, à raison de 9,000 fr. sur chacun d'eux, et à qui il ne laissait rien à cause de l'art. 904. L'époux n'aura que 1/2 ou 13,500 fr., l'enfant naturel qui perdait 9,000 fr. ne perdra que 1/2 ou 4,500 fr., les deux ascendans qui perdaient 18,000 fr., soit 9,000 fr. chacun, ne perdent que 9,000 fr., soit 4,500 fr. chacun, en sorte que l'époux aura 13,500 fr., l'enfant naturel 13,500 fr., et chaque ascendant 4,500 fr.

Le deuxième compte suppose que le seul ascendant qui existe profite de la dévolution d'une ligne à l'autre, car s'il n'en était pas ainsi, l'art. 904 profitant pour quelque chose à l'ascendant profiterait aussi aux frères et sœurs, ou aux collatéraux qui pourraient exister.

Dans le deuxième compte, chapitre 1er, l'époux avait 22,500 fr., qu'il composait de 9,000 fr. enlevés à l'enfant naturel sur 18,000 fr., et de 13 500 fr. qu'il enlevait à l'ascendant dévolutionnaire sur 18,000 fr.; en sorte que le bâtard avait 9,000 fr., l'ascendant 4,500 fr., et l'époux 22,500 fr en nue-propriété.

Dans le deuxième compte, chapitre 2, l'époux ne doit avoir que la 1/2 de 22,500 fr., soit 11.250 fr.; au lieu d'enlever au bâtard 9,000 fr., il ne peut lui enlever que 4,500 fr., et au lieu d'enlever à l'ascendant 13,500 fr. il ne peut sur lui que 6,750 fr., dont il résulte que l'enfant naturel a 13,500 fr., l'ascendant 11.250 fr., et l'époux 11,250 fr.

Quant à l'usufruit, le deuxième compte, chapitre 1er, donnait à l'époux 27,000 fr., à l'enfant naturel 9,000 fr., et ne laissait rien à l'ascendant. Ces 27,000 francs étaient formés de 9,000 francs enlevés au bâtard et de 18,000 francs enlevés à l'ascendant à qui il ne restait rien. A cause de l'art. 904 l'époux ne peut enlever au bâtard que 4,500 fr. au lieu de 9,000 fr., et à l'ascendant que 9,000 fr. au lieu de 18,000 fr. Voilà pourquoi nous trouvons que dans le deuxième compte, chapitre 2, le bâtard a 13,500 fr., l'ascendant 9,000 fr., et l'époux 13,500 fr.

Le numéro 309, chapitre 2, est en tout semblable au numéro 308 du même chapitre quant à l'enfant naturel, à l'ascendant ou aux ascendans. Le donataire, primant l'époux, prend toute la portion disponible en nue-propriété, il prend en usufruit une quotité égale, et comme le disponible en faveur de l'époux est plus vaste, qu'il dépasse celui du donataire de l'usufruit de la réserve de l'ascendant, ce qui reste en usufruit, après prélèvement de l'usufruit appartenant à l'enfant naturel et de l'usufruit revenant au donataire, est forcément dévolu à l'époux.

Dans le numéro 310 du chapitre 2, les choses sont les mêmes que dans les numéros 308 et 309, quant à l'enfant naturel, à l'ascendant ou aux ascendans, mais le concours de l'époux et du donataire, sur la nue-propriété et sur l'usufruit, amène une différence de résultat. En nue-propriété ils sont égaux en droit et partagent par 1/2 ce dont le défunt pouvait disposer. En usufruit on établit la plus forte quotité disponible, celle de l'époux, et la plus faible, on fixe la partie commune qu'on partage par 1/2, et on donne en outre l'excédant à l'époux.

| | Nue-Propriéte. | Usufruit. |
|---|---|---|
| Un enfant naturel........... | 13,500 00 | 13,500 00 |
| Un père.................... | 4,500 00 | 2,250 00 |
| Frères et sœurs............. | 6,750 00 | 6,750 00 |
| Epoux..................... | 11,250 00 | 13,500 00 |
| Donataire................. | rien. | rien. |

317. — Pourquoi cela ? parce que l'enfant naturel qui perdait 9,000 fr. sur 18,000 fr. en nue-propriété et en usufruit, n'en perd que 1/2 ou 4,500 fr., parce que le père qui ne perdait rien en nue-propriété et perdait 4,500 fr. en usufruit, ne perd plus que 2,250 fr. en usufruit ; parce que les frères et sœurs qui perdaient 13,500 fr. en nue-propriété et en usufruit n'en perdent plus que 6,750, et que l'époux, au lieu d'avoir droit à 22,500 fr. en nue-propriété et à 27,000 en usufruit, ne peut obtenir que 1/2 ou 11,250 fr. en nue-propriété et 13,500 fr. en usufruit.

## CHAPITRE II.

*Le donataire prime l'époux.*

—

### Question.

318. — Indication des droits de chacun.

318. — Dans ce cas, les droits de l'enfant naturel dans le premier compte du chapitre 1er et ceux des père et mère restent les mêmes, dans l'hypothèse où le disposant est majeur comme dans celle où il est mineur de seize ans. Le donataire prend en usufruit une portion disponible égale à celle qui lui est dévolue en nue-propriété, et il reste à l'époux, en usufruit seulement, l'usufruit de la réserve des père et mère ou celui de la 1/2 de cette réserve, si le disposant est mineur de seize ans.

Ainsi, lorsque le disposant est majeur, le donataire aura 18,000 fr. en nue-propriété et 18,000 fr. en usufruit, ce qui laissera 9,000 fr. à l'époux.

Et s'il est mineur de seize ans, le donataire aura 9,000 fr. en nue-propriété, 9,000 fr. en usufruit, et laissera à l'époux 4,500 fr.

Dans le deuxième compte du chapitre 1er, si le disposant est majeur le donataire aura 22,500 fr. en nue-propriété et 22,500 fr. en usufruit, laissant 4,500 fr. en usufruit à l'époux.

Et si le disposant est mineur de seize ans, le donataire prendra 11,250 fr. en nue-propriété, 11,250 fr. en usufruit, et il ne restera à l'époux que 2,250 fr. d'usufruit.

## CHAPITRE III.

*L'époux et le donataire sont en concours.*

### Question.

319. — Indication des droits de chacun.

319. — Dans cette hypothèse, les droits de l'enfant naturel des père et mère ou de l'un d'eux seul survivant, ceux des frères et sœurs, sont les mêmes que dans le premier et dans le deuxième chapitres du présent titre 20 ; la répartition de la quotité disponible est seule différente, et on la retrouve au titre 19.

## TITRE XXI.

*Fixation de la réserve et de la portion disponible lorsqu'il existe des enfants naturels, des ascendants, de simples collatéraux, et que la plus grande quotité disponible de l'art. 1094 a été donnée au conjoint.*

### Question.

320. — Indication des droits de chacun.

320. — Si le disposant est majeur, il en sera de l'hypothèse du présent titre comme de celle du titre 18 ; mais si le disposant est mineur de 16 ans, les choses seront un peu différentes. Voici le compte dans ce cas :

| | Nue-propriété. | Usufruit. |
|---|---|---|
| Un enfant naturel.......... | 13,500 00 | 13,500 00 |
| Un ascendant............. | 6,750 00 | 4,500 00 |
| Collatéraux................ | 4,500 00 | 4,500 00 |
| Epoux..................... | 11,250 00 | 13,500 00 |

## TITRE XXII.

*Fixation de la réserve et de la portion disponible, lorsqu'en l'état de l'existence d'enfans naturels, d'ascendans, de simples collatéraux, et du don du plus grand disponible de l'art.* 1094 *fait à l'époux, il a été donné à un autre le plus grand disponible de l'art.* 913.

---

### Questions.

321. — Indication des droits de chacun.
322. — Calcul des droits de chacun lorsque l'époux prime le donataire.
323. — Calcul des droits lorsque le donataire prime l'époux.
324. — Calcul des droits lorsqu'ils sont en concours.

321. — Si le disposant est majeur, il en est comme au titre 20, les collatéraux n'ayant pas de réserve, tout comme les frères et sœurs, et les ascendants ayant la même réserve, qu'ils aient devant eux des frères et sœurs ou de simples collatéraux, bien que leur droit successif soit influencé par ces diverses existences.

Mais lorsque le disposant est mineur de 16 ans, il en sera autrement. Si l'époux prime le donataire, nous aurons :

| | Nue-propriété. | Usufruit. |
|---|---|---|
| 322. — Un enfant naturel... | 13,500 00 | 13,500 00 |
| Un ascendant............. | 6,750 00 | 4,500 00 |
| Collatéraux............... | 4,500 00 | 4,500 00 |
| Epoux................... | 11,250 00 | 13,500 00 |
| Donataire............... | rien. | rien. |

323. — Si le donataire prime l'époux :

| | Nue-propriéte. | Usufruit. |
|---|---|---|
| Un enfant naturel.......... | 13,500 00 | 13,500 00 |
| Un ascendant............. | 6,750 00 | 4,500 00 |
| Collatéraux............... | 4,500 00 | 4,500 00 |
| Donataire............... | 11,250 00 | 11,250 00 |
| Epoux................... | rien. | 2,250 00 |

324. — Si l'époux et le donataire sont en concours :

| | Nue-propriété. | Usufruit. |
|---|---|---|
| Un enfant naturel.......... | 13,500 00 | 13,500 00 |
| Un ascendant............. | 6,750 00 | 4,500 00 |
| Collatéraux.............. | 4,500 00 | 4,500 00 |
| Epoux ................. | 5,625 00 | 7,875 00 |
| Donataire............... | 5,625 00 | 5,625 00 |

## TITRE XXIII.

*Fixation de la réserve et de la portion disponible lorsqu'il existe des enfans naturels, des frères et sœurs ou descendans d'eux, et le don fait à l'époux du plus grand disponible de l'art.* 1094.

### Question.

325. — Indication par renvoi des droits de chacun.

325. — Nous renvoyons le lecteur au titre 16, et notamment au premier compte du premier chapitre, et au premier compte du deuxième chapitre de ce même titre.

## TITRE XXIV.

*Fixation de la réserve et de la portion disponible, lorsqu'en l'état de l'existence d'enfans naturels, de frères et sœurs ou descendans d'eux, et du don fait à l'époux du plus grand disponible de l'article* 1094, *il y a en outre un don fait à un autre du plus grand disponible de l'art.* 913.

### Question.

326. — Indication des droits de chacun.

326. — Dans cette hypothèse, si le disposant est majeur, il en sera comme au titre 23 (répétition, quant à ce, du titre 16, en deux parties seulement), et comme au titre 17 qui s'occupe de l'existence des deux dons.

Si le disposant est mineur de 16 ans, il en sera comme au titre 16, premier compte, deuxième chapitre : l'époux primant le donataire prendra toute la portion disponible ; le donataire la prendra en entier s'il prime l'époux, et tous deux se la partageront à l'égalité s'ils concourent ensemble. Cette répartition sera suivie aussi si le disposant est majeur.

## TITRE XXV.

*Fixation de la réserve et de la portion disponible, lorsqu'il existe des enfans naturels, de simples collatéraux et le don fait à l'époux du plus grand disponible de l'art.* 1094.

### Question.

327. — Indication par renvoi des droits de chacun.

327. — Nous renvoyons le lecteur au titre 16, et notamment au deuxième compte du premier chapitre, et au deuxième compte du deuxième chapitre.

## TITRE XXVI.

*Fixation de la réserve et de la quotité disponible lorsque, outre les existences et le don du titre* 25, *il a été donné à un autre le plus grand disponible de l'art.* 913.

### Question.

328. — Indication des droits de chacun.

328. — Si le disposant est majeur, il en sera comme au titre 25 (répétition quant à ce, en deux parties seulement, du titre 16) et comme au titre 17, qui s'occupe de l'existence des deux dons.

Si le disposant est mineur de seize ans, il en sera comme au titre 16, deuxième chapitre. Seulement, si l'époux prime le donataire, il prendra seul toute la portion disponible. Le donataire la prendra seul s'il prime l'époux. Ils la partageront par 1/2 s'ils sont en concours ; cette répartition aura lieu aussi dans le cas où le disposant sera majeur.

## TITRE XXVII.

*Fixation de la réserve et de la portion disponible lorsqu'il n'y a que des enfans naturels, et que la plus grande quotité disponible a été donnée à un autre ou à l'un d'eux.*

---

### Questions.

329. — Les enfans naturels succédant seuls sont, à l'égard de tous, et entr'eux, comme légitimes pour le droit successif, la réserve, comme pour le disponible.

330. — Calcul des droits de chacun.

329. — Puisque les enfans naturels sont appelés à la succession totale à défaut de parens légitimes, qu'ils ont une réserve, et que le moyen de la calculer et de fixer la portion disponible qui peut être distraite de leur droit successif ne peut se trouver que dans l'art. 913, il s'ensuit que ces enfans égaux entr'eux, sont considérés, dans le cas qui nous occupe, comme légitimes. Cela posé, il est évident que la portion disponible à leur égard est en raison inverse de leur nombre, pour ne plus varier au-dessus de trois, et que l'art. 908 qui profite aux parens légitimes vis-à-vis des bâtards, ne peut servir à un bâtard vis-à-vis de l'autre, en sorte que l'un d'eux peut recevoir, par préciput en sus de sa part, la portion disponible. Ainsi :

| | |
|---|---|
| 330. — Un enfant naturel. . . . . . . . . . . . . . . | F. 18,000 00 |
| Portion disponible. . . . . . . . . . . . . . . . . . . . | 18,000 00 |
| Deux enfans naturels. . . . . . . . . . . . . . . . . . | 24,000 00 |
| Portion disponible. . . . . . . . . . . . . . . . . . . . | 9,000 00 |
| Trois enfans naturels. . . . . . . . . . . . . . . . . . | 27,000 00 |
| Portion disponible. . . . . . . . . . . . . . . . . . . . | 9,000 00 |

| | |
|---|---|
| Quatre enfans naturels. | 27,000 00 |
| Portion disponible | 9,000 00 |

Sur ces quatre comptes les trois premiers sont la répétition des trois derniers du premier chapitre du titre 16.

Si le disposant est mineur de seize ans on diminuera de 1/2 la portion disponible et on ajoutera cette 1/2 aux droits légitimes des enfans naturels.

## TITRE XXVIII

*Fixation de la réserve et de la portion disponible lorsqu'il existe des ascendans et le don fait à l'époux du plus grand disponible de l'art. 1094 C. civ.*

### Questions.

331. — Calculs des droits de chacun si le disposant est majeur.
332. — Calcul des droits s'il est mineur de 16 ans.

### SECTION PREMIÈRE.

#### 331. — *Le disposant est majeur.*

| | Nue-Propriécé. | Usufruit. |
|---|---|---|
| Un ascendant paternel | 9,000 00 | rien. |
| Un ascendant maternel | 9,000 00 | rien. |
| Epoux | 18,000 00 | 36,000 00 |
| Un ascendant | 9,000 00 | rien. |
| Epoux | 27,000 00 | 36,000 00 |

### SECTION II.

#### 332. — *Le disposant est mineur de seize ans.*

| | Nue-Propriété. | Usufruit. |
|---|---|---|
| Un ascendant paternel | 13,500 00 | 9,000 00 |
| Un ascendant maternel | 13,500 00 | 9,000 00 |
| Epoux | 9,000 00 | 18,000 00 |
| Un ascendant | 22,500 00 | 18,000 00 |
| Epoux | 13,500 00 | 18,000 00 |

# TITRE XXIX.

*Fixation de la réserve et de la portion disponible lorsque outre les ascendans et le don fait à l'époux, il existe le don fait à un autre du plus grand disponible de l'art.* 915.

## CHAPITRE PREMIER.

*Le disposant est majeur.*

### Questions.

333. — L'époux prime le donataire.
334. — Le donataire prime l'époux.
335. — Ils sont en concours

### 333. — *L'époux prime le donataire.*

| | Nue-Propriété. | Usufruit. |
|---|---|---|
| Un ascendant paternel....... | 9,000 00 | rien. |
| Un ascendant maternel....... | 9,000 00 | rien. |
| Epoux.................... | 18,000 09 | 36,000 00 |
| Donataire................. | rien. | rien. |

| | Nue-Propriété. | Usufruit. |
|---|---|---|
| Un ascendant paternel........ | 9,000 00 | rien. |
| Epoux.................... | 27,000 00 | 36,000 00 |
| Donataire................. | rien. | rien. |

### 334. — *Le donataire prime l'époux.*

| | Nue-Propriété. | Usufruit. |
|---|---|---|
| Un ascendant paternel........ | 9,000 00 | rien. |
| Un ascendant maternel....... | 9,000 00 | rien. |
| Donataire................. | 18,000 00 | 18,000 00 |
| Epoux.................... | rien. | 18,000 00 |

| | Nue-Propriété. | Usufruit. |
|---|---|---|
| Un ascendant.............. | 9,000 00 | rien. |
| Donataire................. | 27,000 00 | 27,000 00 |
| Epoux.................... | rien. | 9,000 00 |

335. — *L'époux et le donataire sont en concours.*

| | Nue-Propriété. | Usufruit. |
|---|---|---|
| Un ascendant paternel....... | 9,000 00 | rien. |
| Un ascendant maternel....... | 9,000 00 | rien. |
| Epoux.................... | 9,000 00 | 27,000 00 |
| Donataire................ | 9,000 00 | 9,000 00 |
| Un ascendant............. | 9,000 00 | rien. |
| Epoux.................... | 13,500 00 | 22,500 00 |
| Donataire................ | 13,500 00 | 13,500 00 |

## CHAPITRE II.

*Le disposant est mineur de seize ans.*

—

### Questions.

336. — L'époux pr'me le donataire.
337. — Le donataire primc l'époux.
338 — Ils sont en concours.

336. — *L'époux prime le donataire.*

| | Nue-Propriété. | Usufruit. |
|---|---|---|
| Un ascendant paternel....... | 13,500 00 | 9,000 00 |
| Un ascendant maternel....... | 13,500 00 | 9,000 00 |
| Epoux.................... | 9,000 00 | 18,000 00 |
| Donataire................ | rien. | rien. |
| Un ascendant paternel....... | 22,500 00 | 18,000 00 |
| Epoux.................... | 13,500 00 | 18,000 00 |
| Donataire................ | rien. | rien. |

337. — *Le donataire prime l'époux.*

| | Nue-Propriété. | Usufruit |
|---|---|---|
| Un ascendant paternel....... | 13,500 00 | 9,000 00 |
| Un ascendant maternel....... | 13,500 00 | 9,000 00 |
| Donataire................ | 9,000 00 | 9,000 00 |
| Epoux.................... | rien. | 9,000 00 |

| | | |
|---|---|---|
| Un ascendant.............. | 22,500 00 | 18,000 00 |
| Donataire.................. | 13,500 00 | 13,500 00 |
| Epoux...................... | rien. | 4.500 00 |

338. — *L'époux et le donataire sont en concours.*

| | Nue-Propriété. | Usufruit. |
|---|---|---|
| Un ascendant paternel........ | 13,500 00 | 9,000 00 |
| Un ascendant maternel....... | 13,500 00 | 9,000 00 |
| Epoux..................... | 4,500 00 | 13,500 00 |
| Donataire.................. | 4,500 00 | 4,500 00 |
| Un ascendant.............. | 22,500 00 | 18,000 00 |
| Epoux..................... | 6,750 00 | 11,250 00 |
| Donataire.................. | 6,750 00 | 6,750 00 |

## TITRE XXX.

*Fixation de la réserve et de la portion disponible, lorsqu'il existe des ascendans, des frères et sœurs ou descendans d'eux, et le don de la plus grande quotité disponible de l'art. 1094 fait à l'époux.*

### Question.

339. — Indication et tableau des droits de chacun.

339. — Si le disposant est majeur, le premier compte de la section 1re et le premier compte de la section 2e du titre 28, s'appliquent ici, parce que les frères et sœurs ou descendans d'eux n'ont pas de réserve.

Si le disposant est mineur de seize ans, les frères et sœurs qui perdaient en totalité de leur droit successif, en conserveront la 1/2.

| | Nue-Propriété. | Usufruit. |
|---|---|---|
| Un ascendant paternel........ | 9,000 00 | 4,500 00 |
| Un ascendant maternel....... | 9,000 00 | 4,500 00 |
| Frères et sœurs............. | 9,000 00 | 9,000 00 |
| Epoux..................... | 9,000 00 | 18,000 00 |

| | | |
|---|---|---|
| Un ascendant... .......... | 9,000 00 | 4,500 00 |
| Frères et sœurs............. | 13,500 00 | 13,500 00 |
| Epoux.................... | 13,500 00 | 18,000 00 |

## TITRE XXXI.

*Fixation de la réserve et de la portion disponible lorsque, dans le cas prévu par le titre 30 il existe en outre le don de la plus grande quotité disponible fait à un autre.*

—

### Questions.

340. — Indication des droits de chacun lorsque le disposant est majeur.
341. — Le disposant est mineur de 16 ans, et l'époux prime le donataire.
342. — Dans le même cas le donataire prime l'époux.
243. — Dans le même cas, il y a concours

340. — Si le disposant est majeur, le premier compte de chaque numéro du chapitre 1er du titre 29, s'appliquent ici, parce que les frères et sœurs n'ont pas de réserve.

341. — Si le disposant est mineur de seize ans, les calculs et les résultats seront les suivans :

*L'époux prime le donataire.*

| | Nue-Propriété. | Usufruit. |
|---|---|---|
| Un ascendant paternel........ | 9,000 00 | 4,500 00 |
| Un ascendant maternel....... | 9·000 00 | 4,500 00 |
| Frères et sœurs............ | 9,000 00 | 9,000 00 |
| Epoux.................... | 9.000 00 | 18,000 00 |
| Donataire................ | rien. | rien. |
| Un ascendant.............. | 9,000 00 | 4,500 00 |
| Frères et sœurs........... | 13,500 00 | 13,500 00 |
| Epoux.................... | 13,500 00 | 18,000 00 |
| Donataire................ | rien. | rien. |

342. — *Le donataire prime l'époux.*

| | Nue-Propriété. | Usufruit. |
|---|---|---|
| Un ascendant paternel....... | 9,000 00 | 4,500 00 |
| Un ascendant maternel....... | 9.000 00 | 4,500 00 |

| | | |
|---|---|---|
| Frères et sœurs............. | 9,000 00 | 9,000 00 |
| Donataire................. | 9,000 00 | 9,000 00 |
| Epoux................... | rien. | rien. |
| Un ascendant.............. | 9,000 00 | 4,500 00 |
| Frères et sœurs............ | 13,500 00 | 13,500 00 |
| Donataire................. | 13,500 00 | 13,500 00 |
| Epoux................... | rien. | 4,500 00 |

## SECTION III.

343. — *L'époux et le donataire sont en concours.*

| | Nue-propriété. | Usufruit. |
|---|---|---|
| Un ascendant paternel........ | 9,000 00 | 4,500 00 |
| Un ascendant maternel....... | 9,000 00 | 4,500 00 |
| Frères et sœurs............. | 9,000 00 | 9,000 00 |
| Epoux................... | 4,500 00 | 13,500 00 |
| Donataire................ | 4,500 00 | 4,500 00 |
| Un ascendant.............. | 9,000 00 | 4,500 00 |
| Freres et sœurs............ | 13,000 00 | 13,500 00 |
| Epoux................... | 6,750 00 | 11,250 00 |
| Donataire................ | 6,750 00 | 6,750 00 |

# TITRE XXXII.

*Fixation de la réserve et de la portion disponible lorsqu'il existe des frères et sœurs ou des collatéraux, et que la plus grande quotité disponible a été donnée à l'époux ou à un autre, ou à tous deux.*

—

## Question.

334. — Indication des droits de chacun.

344. — Dans tous les cas prévus par ce chapitre, il n'y a point d'héritier à réserve, et par conséquent tout est disponible si le disposant est majeur. S'il est mineur de seize ans, son

incapacité lui défend de donner plus de la 1/2 de sa succession. Il restera donc 1/2 pour les frères et sœurs ou pour les collatéraux.

De plus, la quotité disponible, à l'égard de l'époux, est la même que celle à l'égard de tout autre. Il n'y a pas à distinguer entre l'époux et l'autre donataire, parce qu'il n'y a pas d'ascendant qu'on puisse priver pour la totalité ou la 1/2 de l'usufruit de sa réserve.

Nous ne nous occuperons pas davantage de ce cas qui, ne présentant aucune complication, n'a pas besoin d'explication.

## TITRE XXXIII.

### *Fixation de la réserve et de la portion disponible dans la succession de l'enfant naturel décédé.*

---

### Question.

345. — Ordre de succession a l'égard de l'enfant naturel décédé.

345. — Si l'enfant naturel a laissé des descendans légitimes, ces derniers succèdent pleinement et excluent tous autres héritiers. Les art. 745 et 913 du Code civil règlent toutes choses, sans que la qualité bâtarde du défunt ait aucune espèce d'influence, alors même qu'il y aurait en même temps deux enfans naturels.

Si l'enfant naturel décédé n'a laissé que des enfans naturels, ces derniers recueillent toute sa succession. Les art. 913 et 757 combinés, dont nous avons fait l'exposition, règlent la réserve et la part disponible.

Si cet enfant naturel, à défaut d'enfans légitimes ou naturels a laissé des père et mère naturels, ces derniers succèdent comme ascendans légitimes; leur droit successif et leur réserve sont fixés par les art. 746 et 915 C. civ. combinés, ils ont de plus le retour légal de l'art. 747 du même Code, art. 765 C. civ.

Si l'un seul des père et mère a survécu, il succède pour le tout, et sa réserve est de 1 4 d'après l'art. 915 C. civ.

A défaut des père et mère qui succèdent à leur bâtard parce que ce dernier leur succède, en vertu du principe de la réciprocité, et qui priment le conjoint survivant parce que l'enfant naturel le primait, arrive le même conjoint qui n'a pas de réserve, mais qui peut avoir la 1/2 assurée des biens, si l'époux décédé était mineur de seize ans.

S'il n'existe ni enfans légitimes, ni enfans naturels, ni père et mère, ou l'un d'eux, ni conjoint survivant, la succession obvient, en vertu de de l'art. 766 C. civ. aux frères et sœurs naturels; mais les frères et sœurs légitimes succèdent néanmoins aux choses données par les père et mère au bâtard décédé qui se retrouvent en nature, ou aux actions en reprise, par un droit de retour semblable à celui de l'art. 747 C. civ., avec cette différence cependant, que s'ils sont frères utérins, ils sont néanmoins capables de recueillir les objets donnés par le père, que s'ils sont consanguins ils peuvent succéder aux choses données par la mère. Mais s'il y en a de germains, d'utérins et de consanguins, le partage entr'eux aura lieu suivant les prescriptions de l'art. 752 C. civ.

Puisque les frères et sœurs légitimes de l'enfant naturel sont héritiers, bien que *in re particulari*, nous pensons qu'ils doivent recueillir toute la succession de leur frère bâtard décédé, en se partageant conformément à l'art. 752 C. civ., qu'ils doivent primer l'état qui ne recueille que lorsque la succession légitime est vacante, et ne peut recueillir ici puisqu'il existe des héritiers appelés par la loi.

## TITRE XXXIV.

### *Sens des articles 201 et 202 du Code civil dans leurs rapports avec la réserve et la portion disponible.*

---

### Questions.

346. — Texte des articles 201 et 202 du Code civil.
347. — La bonne foi n'a l'effet que lui donnent ces articles que tout le temps qu'elle existe.
348. — La légitimité des enfans acquise par la bonne foi des époux ou de l'un d'eux est indélébile.
349. — L'avantage fait à l'époux quand la bonne foi a cessé est-il nul?
350. — *Quid* des avantages faits à l'époux durant la bonne foi ?

346. — L'art. 201 C. civ. porte : « le mariage qui a été « déclaré nul produit néanmoins les effets civils, tant à l'égard « des époux qu'à l'égard des enfans, lorsqu'il a été contracté « de bonne foi. »

Et l'art. 202 du même Code dispose que : « si la bonne foi « n'existe que de la part de l'un des époux, le mariage ne « produit des effets civils qu'en faveur de cet époux et des en- « fans issus du mariage. »

Ainsi, la bonne foi des deux époux les couvre eux ainsi que leurs enfans ; la bonne foi d'un seul le couvre lui et les enfans, qui sont forcément de bonne foi ; mais s'il n'y a de bonne foi de la part d'aucun des deux époux, il n'y a ni époux ni enfans légitimes ; les enfans qui sont nés de cette union illicite sont ou simplement naturels, ou adultérins, ou incestueux, suivant les cas.

347. — Mais cette bonne foi n'a l'effet protecteur des art. 201 et 202 qu'autant qu'elle existe et durant le temps de son existence ; elle vient à cesser lorsque le vice est découvert par les deux époux ou par celui des deux qui l'ignorait.

Si donc il était né des enfans depuis cette découverte, ils ne seraient pas légitimes. C'est le sens des art. 201 et 202 C. civ., car le vice étant connu, il n'y a plus de mariage, il n'y a plus d'époux, et par ce motif, on ne peut dire que ces enfans sont issus du mariage et protégés comme tels par la loi.

Ainsi, les enfans nés durant la bonne foi des époux ou de l'un d'eux seront légitimes et auront le droit de succéder, que donne aux enfans de cette qualité l'art. 745 C. civ., ils auront une réserve, et compteront pour la fixation de la portion disponible, à l'égard de leur père et mère. Ceux qui seraient nés après la découverte du vice peuvent avoir les droits de succéder comme les enfans naturels, d'après les art. 757 et 758 C. civ., ou n'avoir droit qu'à des aliments, en vertu des art. 762, 763 et 764 C. civ., s'ils sont adultérins ou incestueux.

**348. — Remarquons que les enfans nés durant la bonne foi** de l'un des époux au moins, étant légitimes, le sont à toujours, car on ne peut être légitime pour un temps, à terme ou sous condition, tandis qu'il n'en est pas de même des époux qui, légitimes et époux vrais avant la découverte du vice, ne le sont plus après cette découverte. Cette vérité conduit à cette conséquence, que l'enfant né de cette union annulée ensuite, peut recevoir en tout tout temps les avantages préciputaires qui pourraient être faits à un autre enfant légitime, et qui sont les mêmes que l'on peut faire à un étranger.

349. — En est-il de même des époux?

Si l'avantage a été fait à l'époux lorsque la bonne foi a cessé, il ne pourra certainement pas, n'étant plus époux, recevoir de son ex-conjoint la plus grande quotité disponible de l'art. 1094 C. civ. qui, en présence d'enfans légitimes est invariablement de 1/4 en nue-propriété et de 1/4 en usufruit, et qui, en présence d'ascendans, est de l'usufruit de la réserve de ces derniers, outre la propriété de la portion disponible ordinaire. Mais pourra-t-il recevoir la portion disponible ordinaire? la question est importante, car s'il était capable de recevoir, il pourrait recevoir 1/2 lorsqu'il n'y a qu'un enfant légitime 1/3 lorsqu'il y en a deux; en présence d'ascendans dans les deux lignes, il pourrait obtenir 1/2 en pleine propriété, et au cas de l'existence d'un seul ascendant, il pourrait recevoir 3/4 en pleine propriété.

L'art. 911 C. civ. nous paraît trancher cette difficulté. Les concubins ne sont plus incapables de recevoir. La morale chrétienne l'exigeait, mais nos lois s'en sont bien éloignées. Il faut donc qu'il existe des enfans ayant le caractère bâtard pour qu'il y ait incapacité pour cause d'interposition de personnes, et que tous les dons qui seraient faits à l'époux soient nuls. Singulière morale, en effet, que celle de nos législateurs modernes! Vous vivez comme des brutes, foulant aux pieds la religion et la morale, mais vous avez des enfans, donc vous serez incapable de rien recevoir. Vous faites de reste ce qu'il faut pour avoir des enfans, vous n'en avez pas, quelquefois même vous avez soin de les empêcher de venir à terme, vous êtes capables et très capables de recevoir ! Voilà la morale moderne, parce qu'ils ne veulent pas considérer le crime religieux comme un crime civil, et que leur loi est sans Dieu.

350. — Que devrait-on penser des avantages faits par un époux à l'autre durant la bonne foi? nous pensons qu'ils doivent tenir lorsqu'ils sont contenus dans le contrat de mariage, parce qu'ils sont la condition du mariage lui-même, mais seulement en faveur de l'époux de bonne foi. Il doit en être ainsi par application des termes des art. 201 et 202 C. civ., qui attachent les effets civils au mariage, et par conséquent maintiennent le contrat de ce mariage et ses stipulations, car si ce contrat n'était pas conservé et protégé, nous ne voyons pas ce que la bonne foi couvrirait quant aux époux, et à quoi on pourrait appliquer ces mots : *les effets civils*. Il doit en être ainsi parce que la bonne foi est et doit être seule protégée par la loi, et que l'époux qui connaissait le vice ne saurait être maintenu dans des dons qu'il a frauduleusement obtenus.

Si donc un époux a eu trois enfans légitimes, un ex-conjoint dont le mariage a été déclaré nul, à qui il ait donné par contrat de mariage 1/4 en pleine propriété et 1/4 en usufruit, et un nouveau et légal conjoint à qui était fait le même don dans un contrat de mariage postérieur, le don fait à l'époux du mariage annulé tiendra ; il primera celui fait à l'époux permanent, et ce dernier n'obtiendra rien. Si le don fait à l'ex-époux était contenu dans un testament, on considèrerait que cet acte n'a que la date de la mort du disposant, qu'à cette époque le donataire n'était plus époux et ne pouvait recevoir 1/4 en propriété et 1/4 en usufruit, mais seulement ce qui peut être donné à un étranger ; et alors, s'il n'existe pas d'enfant du mariage annulé, et que le don fait à l'époux permanent soit contenu dans un testament, il y aura concours entre les deux époux, le premier comme étranger, le second comme époux. S'il existe des enfans de ce mariage annulé, le don fait à l'ex-conjoint sera nul comme fait à un incapable ; et si le don fait à l'époux véritable est contenu dans le contrat de mariage ou dans un acte entre-vifs, ayant la date et le rang du jour où il a été fait, bien que révocable au gré du donateur, l'époux permanent recueillera seul et primera l'ex-conjoint.

351. — Que devrait-on décider du don qui serait fait par un acte entre-vifs durant le mariage, à l'époux dont le mariage a été déclaré nul ? Voici notre pensée : un pareil don, quoique révocable, tient s'il n'est pas révoqué ; il a la date et le rang du jour où il a été fait ; donc il doit sortir son plein et entier effet et primer tout don fait à l'époux subséquent.

Si le mariage est déclaré nul à cause de l'existence d'un premier époux encore vivant et que l'on croyait mort, la bonne foi donnera de l'effet à ce don qui aurait été fait par contrat de mariage ou par acte entre-vifs durant le mariage, si toutefois il n'existe pas un don de même nature fait au premier époux, car si ce don était fait par testament, il serait primé par le don postérieur fait à l'ex-conjoint.

352. — L'article 767 du C. civ. donne à l'époux le droit de succéder à son conjoint, lorsqu'il n'a ni parents légitimes ni enfans naturels. Plusieurs ont pensé et enseigné que ce droit de succéder, qui naît du mariage, demeurait à l'époux de bonne foi dont le mariage est annulé. Nous ne pouvons admettre ce point.

Nous avons reconnu que les avantages faits dans le contrat de mariage, ou ceux faits durant le mariage avant la découverte du vice, devaient être respectés, parce qu'ils avaient une date ferme et que les époux étaient alors de vrais époux. Mais, pour ce même motif, nous ne pouvons admettre que l'ex-conjoint devienne, en vertu de la loi et comme époux, héritier au moment où il a cessé d'être époux et où il ne l'est pas, car enfin c'est un époux présent et non un époux passé que la loi appelle à la succession.

Un exemple tiré de la bigamie de bonne foi rendra cette vérité plus évidente. Le véritable époux que l'on croyait mort s'est représenté ; le second dont le mariage a été annulé existe aussi. Lequel des deux succède ? Hériteront-ils tous deux ? La dernière supposition est impossible. Il faudra donc qu'un seul succède. Qui succèdera ? Sera-ce le deuxième époux qui a cessé de l'être, qui ne l'est plus ? C'est impossible ; donc ce sera le premier. Pourquoi ? parce qu'il est époux. Donc, il faut être époux pour succéder, et celui dont le mariage est annulé ne peut aucunement succéder ; et cette impossibilité l'atteint lors même que l'époux véritable serait prédécédé, car ce prédécès n'a pas validé le deuxième mariage, ou ne l'a pas fait revivre après son annullation.

De plus, l'art. 767 C. civ. écartant de la succession l'époux divorcé, éloigne à plus forte raison celui dont le mariage est nul, et qui se trouve plus mal placé vis-à-vis de la succession que l'époux qui a fait divorce.

FIN.

# APPENDICE.

## Appendice au Titre 2, Chapitre 1er, Section 2, Nos 45 et 46.

45. — Au lieu de n'y avoir qu'un enfant légitime du premier et du second mariage il peut y en avoir un ou plusieurs du premier, un ou plusieurs du second ; cette position doit modifier nécessairement les comptes et le partage.

S'il y a deux enfans légitimes du premier mariage et un seul enfant légitime du second, en l'état de l'existence de deux enfans naturels reconnus, un durant chaque mariage, les droits de l'enfant naturel reconnu durant le premier mariage ne seront pas égaux à ceux du bâtard reconnu durant le second, ils lui seront au contraire inférieurs, en voici les motifs :

Nous avons vu que le droit de chaque bâtard ne se composait que de la détraction qu'il faisait sur l'enfant légitime né d'un mariage autre que celui durant lequel il a été reconnu. De là il suit que le bâtard reconnu durant le premier mariage, qui est censé ne pas exister vis-à-vis des deux enfans légitimes issus de ce mariage ne leur enlève rien, et ne déduit quelque chose que sur l'enfant légitime du second mariage avec lequel il concourt. L'enfant naturel reconnu durant le second mariage est dans une position meilleure; il ne réduit rien à la vérité sur l'enfant légitime du second mariage, mais il prend sur les deux enfans légitimes du premier mariage avec lesquels il concourt, et pour ce motif, il doit avoir plus que l'autre bâtard. Voici les comptes :

| | |
|---|---|
| Deux enfans légitimes du premier mariage... | F. 22,000 00 |
| Un enfant légitime du second mariage...... | 11,000 00 |
| Un enfant naturel reconnu durant le premier mariage.......................... | 1,000 00 |
| Un enfant naturel reconnu durant le second mariage,.......................... | 2,000 00 |

Ce compte est exact. En effet, si l'on réfléchit que sans l'existence du bâtard reconnu durant le second mariage, et parce que le bâtard reconnu durant le premier est censé ne pas exister, les deux enfans légitimes du premier mariage auraient eu 24,000 fr., qu'ils n'obtiennent réellement que 22,000 fr., on sera conduit forcément à accorder 2,000 fr. à l'enfant naturel reconnu durant le second mariage.

Et comme d'autre part l'enfant légitime du second mariage aurait eu 12,000 fr. s'il n'existait pas de bâtard reconnu durant le premier mariage, que ce bâtard lui enlève 1,000 fr. en le réduisant à 11,000 fr., on sera aussi amené à n'accorder que 1,000 fr. à l'enfant naturel reconnu durant le premier mariage.

En d'autres termes et sous une autre face nous dirons : il y a trois enfans légitimes qui auraient chacun 12,000 fr. mais qui sont réduits chacun à 11,000 fr. par l'existence bâtarde qui leur est opposable. Un des bâtards réduit deux enfans légitimes de 1,000 fr. chaque, il a donc 2,000 fr. montant de cette réduction. L'autre réduit un seul enfant légitime de 1,000 fr., il a donc ces 1,000 fr. seulement.

S'il n'y avait qu'un enfant légitime du premier mariage et deux enfans légitimes du second, les rôles seraient seulement intervertis quant aux deux bâtards, les droits de chacun des trois enfans légitimes restant les mêmes. L'enfant naturel reconnu durant le premier mariage réduisant de 2,000 fr. les deux enfans légitimes du second mariage, aurait 2,000 fr. au lieu de 1,000 fr., et l'enfant naturel reconnu durant le second mariage réduisant un seul enfant légitime, celui issu du premier mariage, et ne pouvant le réduire que de 1,000 fr., aurait ces 1,000 fr. et non 2,000 fr.

16. — Si au lieu de n'y avoir qu'un enfant légitime du premier mariage et un enfant légitime du second il y avait plusieurs enfans légitimes du premier mariage, la répartition se ferait de la manière suivante :

| | | |
|---|---|---|
| Deux enfans légitimes du premier mariage... | F. | 20,800 00 |
| Un enfant légitime du second mariage. ..... | | 10,400 00 |
| Un enfant naturel reconnu hors mariage.... | | 2.000 00 |
| Un enfant naturel reconnu durant le premier mariage.. ........ .. ......... ...... .. | | 1,000 00 |
| Un enfant naturel reconnu durant le second mariage......................... | | 1,800 00 |

Sans l'existence du bâtard reconnu durant le second mariage, comme celui qui a été reconnu durant le premier mariage est censé ne pas exister, à l'égard des deux enfans légitimes du premier mariage, ces deux enfans légitimes auraient eu, par leur concours avec l'enfant naturel reconnu hors mariage, 22,400 fr., ils n'obtiennent que 20,800 fr., c'est-à-dire 1,600 fr. de moins; ces 1,600 fr. sont ce que le bâtard reconnu durant le second mariage réduit sur eux et s'approprie.

Pour le même motif le bâtard reconnu durant le premier mariage ne réduisant qu'un enfant légitime, celui du second mariage, le faisant descendre de 11,200 fr. à 10,400 fr., lui enlevant 800 fr., se les approprie.

De plus, chacun de ces enfans bâtards fait descendre de 2,400 fr. à 2,000 fr. l'enfant naturel reconnu hors mariage, le réduisant tous deux de 400 fr., qui doivent se partager à égalité entr'eux, parce qu'ils sont chacun dans la même position à l'égard de ce bâtard reconnu hors mariage, et obtiennent par là 200 fr. de plus chacun.

Par conséquent, le bâtard reconnu durant le premier mariage a 1,000 fr., et celui qui a été reconnu durant le second mariage a 1,800 fr.

S'il n'y avait qu'un enfant légitime du premier mariage et deux enfans légitimes du second, les rôles seraient seulement intervertis quant aux deux bâtards reconnus durant mariage. Celui qui a été reconnu durant le premier mariage aurait 1,800 fr. au lieu de 1,000 fr., et celui qui a été reconnu durant le second mariage aurait 1,000 fr. au lieu de 1,800 fr.

---

## Appendice aux nos 127 et 128.

---

127. — S'il existe plusieurs enfans d'un des deux mariages, deux, par exemple, les comptes seront les suivans :

| | |
|---|---|
| Deux enfans légitimes du premier mariage.. | F. 16,500 00 |
| Un enfant légitime du second mariage...... | 8,250 00 |
| Portion disponible.................... | 9,000 00 |
| Un enfant naturel reconnu durant le premier mariage......................... | 750 00 |
| Un enfant naturel reconnu durant le second mariage......................... | 1,500 00 |

Ces comptes sont exacts. Les deux bâtards ne réduisent rien sur la portion disponible qui ne peut descendre au-dessous de 1/4 ou 9,000 fr.

Si le bâtard reconnu durant le second mariage n'existait pas, comme celui qui a été reconnu durant le premier mariage est censé ne pas exister à l'égard des deux enfans légitimes du premier mariage, ces deux enfans légitimes auraient tous deux 18,000 fr. (9,000 fr. chacun), au lieu de 16,500 fr. ; les

1,500 fr. qu'ils perdent sont produits par le concours du bâtard reconnu durant le second mariage, et sont la propriété de ce dernier.

Si le bâtard reconnu durant le premier mariage n'existait pas, comme celui qui a été reconnu durant le second mariage est censé ne pas exister à l'égard de l'enfant légitime du second mariage, ce dernier aurait 9,000 fr., au lieu de 8,250 ; la différence montant à 750 fr. est la réduction qu'opère l'existence du bâtard reconnu durant le premier mariage, et appartient à ce dernier.

S'il n'y avait qu'un enfant légitime du premier mariage et deux du second, toutes autres choses restant les mêmes, il n'y aurait qu'une interversion dans les droits des enfans naturels. Celui qui a été reconnu durant le premier mariage aurait 1,500 fr., au lieu de 750 fr., et celui qui a été reconnu durant le second mariage aurait 750 fr., au lieu de 1,500 fr.

128. — S'il existe plusieurs enfans d'un des deux mariages, deux; par exemple, les comptes seront les suivans :

| | | |
|---|---|---|
| Deux enfans légitimes du premier mariage.... | F. | 15,600 00 |
| Un enfant légitime du second mariage...... | | 7,800 00 |
| Portion disponible.... ................ | | 9,000 00 |
| Un enfant naturel reconnu hors mariage. .. | | 1,500 00 |
| Un enfant naturel reconnu durant le premier mariage......................... | | 825 00 |
| Un enfant naturel reconnu durant le second mariage............... ......... | | 1,275 00 |

Les deux bâtards reconnus durant mariage n'enlèvent rien à la portion disponible qui ne peut descendre au-dessous de 9,000 fr., ils n'enlèvent donc quelque chose qu'aux enfans légitimes et à l'enfant naturel reconnu hors mariage.

Sans eux, le bâtard reconnu hors mariage aurait eu 1/12 des 27,000 fr. qui restent après déduction du disponible, soit 2,250 fr., il n'obtient que 1/18 de ces 27,000 fr., soit 1,500 fr. ; il perd donc 750 fr. qui se partagent par 1/2 entre les deux autres bâtards et donnent à chacun d'eux 375 fr.

Sans le bâtard reconnu durant le second mariage, les deux enfans légitimes du premier mariage ne craignant rien de l'enfant naturel reconnu durant ce premier mariage, ne concourant qu'avec l'enfant naturel reconnu hors mariage, auraient eu 16,500 fr., soit 8,250 fr. pour chacun. Par le fait du concours du bâtard reconnu durant le second mariage, ils sont réduits à 15,600 fr., d'où une différence de 900 fr. revenant à ce bâtard.

Sans le bâtard reconnu durant le premier mariage, l'enfant légitime du second mariage ne craignant rien de l'enfant naturel reconnu durant ce mariage, ne concourant qu'avec l'enfant naturel reconnu hors mariage, aurait eu 8,250 fr., au lieu de 7,800 fr. ; de là une différence de 450 fr. revenant au bâtard reconnu durant le premier mariage.

Ainsi le bâtard reconnu durant le premier mariage a 825 fr. composés des 375 fr. qu'il enlève à l'enfant naturel reconnu hors mariage, et de 450 fr. qu'il enlève à l'enfant légitime du second mariage ; et le bâtard reconnu durant le second mariage a 1,275 fr., composés des 375 fr. qu'il enlève à l'enfant naturel reconnu hors mariage et de 900 fr. qu'il enlève aux deux enfans légitimes du premier mariage.

S'il n'y avait qu'un enfant légitime du premier mariage et deux du second, il n'y aurait que les droits des bâtards reconnus durant mariage qui se modifieraient ; celui qui a été reconnu durant le premier mariage aurait 1,275 fr., au lieu de 825 fr., et celui qui a été reconnu durant le second mariage aurait 825 fr., au lieu de 1.275 fr.

## Appendice aux Nos 134 et 135.

---

| | |
|---|---|
| 134. — Deux enfans légitimes du premier mariage | F. 19,250 00 |
| Un enfant légitime du second mariage | 9,625 00 |
| Portion disponible | 4,500 00 |
| Un enfant naturel reconnu durant le premier mariage | 875 00 |
| Un enfant naturel reconnu durant le second mariage | 1,750 00 |

La raison de ces comptes est la même qu'aux numéros 45 et 127; seulement, au lieu d'opérer sur 27,000 fr., après avoir déduit sur 36,000 fr. 9,000 fr. disponibles, on opère sur 31,500 fr. restant après déduction de 4,500 fr., qui sont le plus grand disponible autorisé par l'article 904 du Code civil.

| | |
|---|---|
| 135. — Deux enfans légitimes du premier mariage | F. 18,200 00 |
| Un enfant légitime du second mariage | 9,100 00 |
| Portion disponible | 4,500 00 |
| Un enfant naturel reconnu hors mariage | 1,750 00 |
| Un enfant naturel reconnu durant le premier mariage | 962 50 |
| Un enfant naturel reconnu durant le second mariage | 1.487 50 |

La raison de ces comptes est la même qu'aux numéros 46 et 128; seulement, au lieu d'opérer sur 27,000 fr., après avoir déduit 9,000 fr. disponibles, on opère sur 31,500 fr. restant après déduction de 4,500 fr., qui sont le plus grand disponible autorisé par l'article 904 du Code civil.

# RÉSUMÉ

DU

# MANUEL DU PARTAGE DES SUCCESSIONS.

## PREMIÈRE PARTIE.

### Des successions déférées par la loi seule.

---

## DEUXIEME PARTIE.

**Des successions déférées tout à la fois par la loi et par la volonté de l'homme.**

---

### PRINCIPES GÉNÉRAUX.

Pages

Pages

Pages

TITRE IV.

*Fixation de la réserve et de la portion disponible lorsque, n'y ayant que des enfans légitimes, il existe outre le don du disponible ordinaire, le don à l'époux du disponible de l'art. 1094 C. civ.*

Pages

## TITRE IX.

*Fixation de la réserve et de la portion disponible lorsqu'il existe des enfans légitimes et naturels, et le don de l'art. 1698 C. civ. fait à l'époux.*



### CHAPITRE 1er. — *L'art. 337 ne s'applique pas.*



#### SECTION Ire. — *Le disposant est majeur.*



#### SECTION II. — *Le disposant est mineur de 16 ans.*



### CHAPITRE II. — *L'art. 337 s'applique.*



#### SECTION Ire.



ART. 1er. — *Il existe des enfans légitimes du premier mariage, un enfant naturel reconnu durant ce mariage, et le don de l'art. 1098 fait à l epoux.*



ART. 2. *Il y a des enfans légitimes des deux mariages, le don de l'art. 1098 fait à l'époux, et des enfants naturels reconnus durant l'un de ces mariages.*



§ 1er. L'enfant naturel a été reconnu durant le 1er mariage.



§ 2. L enfant naturel a été reconnu durant le 2e mariage.



ART. 3. *Dans l'hypothèse de l'art. 1er, il y a en outre un enfant naturel reconnu hors mariage.*

Pages

## TITRE XII.

*Fixation de la réserve et de la portion disponible lorsqu'il existe des enfans naturels, des ascendants, des frères et sœurs légitimes ou descendants d'eux, et que le don de la plus grande quotité disponible a été fait à un autre.*



CHAPITRE I^er^. — *Le disposant est majeur.*



CHAPITRE II. — *Le disposant est mineur de 16 ans.*



## TITRE XIII.

*Fixation de la réserve et de la portion disponible lorsqu'il y a des enfans naturels, des frères et sœurs ou descendans d'eux, et que la plus grande quotité disponible a été donnée à un autre.*



CHAPITRE Ier. — *Le disposant est majeur.*



CHAPITRE II. — *Le disposant est mineur de 16 ans.*



## TITRE XIV.

*Fixation de la réserve et de la portion disponible lorsqu'il existe des enfans naturels, des ascendans dans une ligne, de simples collatéraux dans l'autre, et que la quotité disponible a été donnée.*



CHAPITRE Ier. — *Le disposant est majeur.*



CHAPITRE II. — *Le disposant est mineur de 16 ans.*



## TITRE XV.

*Fixation de la réserve et de la quotité disponible lorsqu'il existe des enfans naturels, de simples collatéraux, et un don du plus grand disponible.*

Pages

## TITRE XXIX.

*Fixation de la réserve et de la portion disponible lorsque, outre les ascendants et le don fait à l'époux, il existe le don fait à un autre du plus grand disponible de l'art. 915.*

### CHAPITRE Ier. — *Le disposant est majeur.*



### CHAPITRE II. — *Le disposant est mineur de 16 ans.*



## TITRE XXX.

*Fixation de la réserve et de la portion disponible lorsqu'il existe des ascendants, des frères et sœurs ou descendants d'eux, et le don du plus grand disponible de l'art. 1094 fait à l'époux.*



## TITRE XXXI.

*Fixation de la réserve et du disponible lorsque, au cas prévu par le titre 30, il existe, en outre, le don du plus grand disponible fait à un autre.*



## TITRE XXXII,

*Fixation de la réserve et de la portion disponible lorsqu'il existe des frères et sœurs ou des collatéraux, et que la plus grande quotité disponible a été donnée à l'époux ou à un autre, ou à tous les deux.*



## TITRE XXXIII.

*Fixation de la réserve et de la portion disponible dans la succession de l'enfant naturel décédé.*

Pages

## TITRE XXXIV.

*Sens des art. 201 et 202 C. civ. dans leurs rapports avec la réserve et la portion disponible.*



---

## APPENDICE.





FIN.

Marseille. — Imprimerie et litographie Veuve Marius OLIVE, rue Mazade, 28.

www.ingramcontent.com/pod-product-compliance
Ingram Content Group UK Ltd.
Pitfield, Milton Keynes, MK11 3LW, UK
UKHW020112200726
13856UKWH00002B/500

9 782013 371889